DELIUS KLASING

D1671630

WERNER BECK
Afrika hautnah

Ein Land Cruiser, zwei Grenzgänger und ein Kontinent

DELIUS KLASING VERLAG

Bibliografische Information der Deutschen Nationalbibliothek
Die Deutsche Nationalbibliothek verzeichnet diese Publikation
in der Deutschen Nationalbibliografie; detaillierte bibliografische
Daten sind im Internet über http://dnb.dnb.de abrufbar.

1. Auflage
ISBN 978-3-7688-3694-4
© by Delius, Klasing & Co. KG, Bielefeld

Lektorat: Birgit Radebold, Anja Ross
Fotos: Werner und Heti Beck
Karten und Zeichnungen: inch3, Bielefeld
Umschlaggestaltung: Buchholz.Graphiker, Hamburg
Satz: Axel Gerber
Druck und Bindung: CPI – Clausen & Bosse, Leck
Printed in Germany 2013

Delius Klasing Verlag, Siekerwall 21, D - 33602 Bielefeld
Tel.: 0521/559-0, Fax: 0521/559-115
E-Mail: info@delius-klasing.de
www.delius-klasing.de

Für meine kleinen Enkel Toni und Max

Damit ihr später versteht,
warum ihr beim Skypen
einen Laptop umarmt und geküsst habt

Inhalt

Meine Reise-Gebote

Respektiere dein Gegenüber wie dich selbst, egal welche Hautfarbe, Kultur oder Glaube.

Sei ohne Vorurteil, und denke nie schlecht über einen Menschen, bevor er dir einen Grund dafür gibt.

Schätze deine Frau, die mit dir durch dick und dünn geht, sonst lässt sie dich im Busch sitzen.

Verstehst du fremde Kulturen und ihre Menschen nicht, dann informiere dich besser.

Bleib neugierig und geh immer weiter, dann wirst du noch mehr sehen und noch mehr verstehen.

Sei mutig und zeige Stärke. Das ist dein bester Schutz, denn Ängstliche und Schwache sind die ersten Opfer.

Haben, Brauchen und Müssen nehmen dir den Blick für das Wesentliche in deinem Leben.

Mach nicht ständig das Gleiche, am Ende hast du nichts dazugelernt.

Nimm dich nicht so wichtig, denn ein Blick auf den Friedhof zeigt: Im Tod sind wir ohnehin alle gleich.

Bleib optimistisch, lächle, und das Leben lacht zurück.

Eine scheinbar einfache Frage

Tief im Urwald des Kongos sitzen wir neben Salims Bambushütte. Wir sind zum Abendessen eingeladen.

»Allein essen ist wie allein sterben«, zitiert Salim eine afrikanische Weisheit und reicht Pangolin, Affe und Nagetier im Schuppenpanzer oder Fell geräuchert.

Wir wissen, dass Ebola und andere Seuchen, die den Körper qualvoll von innen zersetzen, immer wieder im Kongo ausbrechen und von ebendiesen Urwaldtieren übertragen werden.

Satt essen müssen wir uns ja nicht, aber die Gastfreundschaft werden wir auf keinen Fall beleidigen. Aus dem Ofen duftet es nach frischem Brot. Salim jongliert mit einem schmalen Bambusrohr die Fladenbrote aus dem Ofenloch. Und jedes Mal fällt die Hälfte davon in den Staub. Den schmalen, verkohlten Brotschieber hat schon sein Vater benutzt. Und keiner der beiden kam je auf die Idee oder machte sich die Mühe, den Brotschieber zu verbreitern. Dieser Brotschieber bringt eine der Grundfragen Afrikas auf den Tisch: »Weshalb lassen zwei Generationen Brot in den Staub fallen?«

Eine einfache Frage, denken Sie? Von wegen!

Um dieser und noch einigen anderen Fragen nachzugehen, waren meine Frau und ich in den letzten 15 Jahren 150 000 Kilometer mit unserem Land Cruiser in Afrika unterwegs. Wir suchten nach den Gründen, weshalb dieser Kontinent so anders ist.

Werner Beck

Damit Sie wissen,
mit wem Sie es zu tun haben

Es gab drei Ereignisse, die meine Welt veränderten: Das erste ereignete sich vor 34 Jahren, als ich meine Frau Heti heiratete. Ohne sie wäre so ein turbulentes Leben und auch dieses Buch nicht möglich gewesen. Beinahe zehn Jahre unseres Lebens waren wir als moderne Nomaden unterwegs, anfangs noch mit unseren beiden Kindern.

Das zweite Ereignis warf meine Welt aus den Angeln und war nicht so schön wie der Hochzeitstag. Vor 30 Jahren diagnostizierten die Ärzte bei mir Diabetes und machten mir unmissverständlich klar, dass mein Leben ab sofort nach eisernen Regeln verlaufen muss. Sport oder gar Reisen waren damals für die Doktoren ein rotes Tuch.

Das Dritte erforderte unseren ganzen Mut. Während andere um ihren Arbeitsplatz froh waren, haben wir vor zehn Jahren unsere guten Jobs als Chefsekretärin und Fertigungsplaner gekündigt. Vor allem mit einer Familie ist der konsequente Schritt von der bequemen Sicherheit zum Aufbruch ins Abenteuer eine existenzielle Entscheidung mit offenem Ende.

Wir haben uns für den Aufbruch entschieden.

Aufbruch löst bei mir Herzklopfen, Unsicherheit und Angst vor dem Unbekannten aus. Aber er entfesselt auch meine Neugier und Sehnsucht nach der weiten Weilt. Die Fantasie eilt voraus. Wunderbare, aber auch schreckliche Träume verfolgen mich dabei.

Dieses Spannungsfeld der Gefühle ist für mich wie eine Droge. Eine Droge, die bei jedem anders wirkt. Mit unterschiedlicher Ethik und anderen Werten fällen wir beim Reisen unsere Urteile. Jeder erlebt aus einer anderen Perspektive sein eigenes Abenteuer, egal wie groß es ist, und jeder hat mit seinem persönlichen Urteil Recht.

Hätte meine Frau dieses Buch geschrieben, würden Sie etwas ganz anderes lesen, obwohl wir dasselbe erlebt haben. Somit gibt es »das Buch« über Afrika nicht. In diesem Werk habe ich versucht, nicht nur aus meinem Blickwinkel die afrikanischen Erlebnisse festzuhalten, sondern auch die überraschende Sichtweise vieler Afrikaner. Interessant ist ebenso die Perspektive aus der Sicht vor 15 Jahren, als der »nordafrikanische Frühling« noch eine Jahreszeit war und nicht ein Symbol der Revolution.

Das Buch spiegelt außerdem das Konfliktmanagement zwischen Heti und mir wider, beispielsweise kurz vor dem Verdursten in der Danakil-Senke oder im ganz gewöhnlichen Alltag mit Küche, Bad, Wohnzimmer und Flur auf den sechs Quadratmetern unseres fahrbaren Untersatzes.

Unser Plan ist keine Weltumrundung auf der kürzesten Route. Wir wollen den ganzen Kuchen, nicht nur ein paar Stückchen. Und davon wird nicht allein die Sahnehaube, sondern auch der trockene Boden gegessen.

Bisher machten wir uns mit Hundeschlitten, Tempelelefant, Esel, Seekajak und Kanadier auf den Weg zu Abenteuern. Dann entschieden wir uns für eine Reise zu uns selbst. Wir lebten ein Jahr vollkommen abgeschieden in einer Jurte am Baikalsee mit Bären und Wölfen als Nachbarn. Diese Erfahrungen habe ich im Buch *Auszeit am Baikalsee – Ein Jahr am Limit* aufgearbeitet.

Für unser Projekt »Welt«, um das es nun geht, brauchen wir einen fahrbaren Untersatz, der uns vor der arktischen Kälte Sibiriens ebenso wie vor der glühenden Hitze der Sahara schützt und dabei noch geländegängig ist.

Wir entscheiden uns gegen den Komfort elektrischer Scheibenheber und für die zuverlässige »Holzklasse«. Meine Wahl fällt auf das legendäre Buschtaxi, den HZJ Toyota Land Cruiser. Er soll uns auch dann noch vorwärtsbringen, wenn die Wege aufhören.

Doch erst muss ich den Pick-up umbauen. Die Pritsche ersetze ich durch unseren zukünftigen »Aufenthaltsraum«, in dem alles Notwendige Platz finden muss. Unter »notwendig« versteht Heti etwas ganz anderes als ich. Aus taktischen Gründen füge ich mich und baue eine Toilette, ein Bett, das nicht umgebaut werden muss, und dazu noch einige »Nice-to-have-Dinge« ein. Wer verheiratet ist, weiß, dass ohne Kompromisse in einer Ehe überhaupt nichts läuft. Und wer hat schon eine Frau, die bereit ist, mit ihrem Mann über lange Zeit auf sechs Quadratmetern zu leben?

Für mich ist das Wichtigste der Kühlschrank, nicht wegen des kühlen Bieres, sondern wegen meines wärmeempfindlichen Insulins. So wird aus dem geplanten Schneckenhäuschen ein Schneckenhaus, und es dauert, bis der HZJ reisefertig ist.

HZJ ist für uns nicht nur der Modellcode unseres fahrbaren Untersatzes, sondern auch ein Zuhause auf der Reise und zugleich der Code der Freiheit.

Mittlerweile waren wir mit unserem »Riesenbaby«, wie wir unser Fahrzeug liebevoll nennen, 16 Jahre und 400 000 Kilometer unterwegs. Etwa 100 Länder haben wir bereist. Zurzeit gibt es auf dem Planeten 193 Staaten, also noch viel zu tun. So betrachtet, stecken wir mitten in »der großen Reise«.

Die größte Etappe auf unserem bisherigen Weg war Afrika. Ein Kontinent, der geistig am weitesten von Europa entfernt ist. Wie es uns dort erging, erfahren Sie nur, wenn Sie weiterlesen.

Kaum ein Kontinent ist mit so vielen Vorurteilen belastet wie Afrika. Mir ging es darum, auch den eigenen Klischees auf die Spur zu kommen. So habe ich mich gefragt, warum in den Medien immer vom »armen Afrika« die Rede ist. Dem ging ich auf den Grund und gab bei Google »armes Afrika« ein. Ich bekam 633 000 Einträge angezeigt, bei »reiches Afrika« 3 730 000 Einträge. Das ist sechsmal so viel.

Noch weiter die Augen aufgerissen habe ich beim Stichwort »fauler Afrikaner«. Es erschienen 295 000 Einträge und bei »fleißiger Afrikaner« 5 240 000 Einträge, also 17-mal so viele.

Hätten Sie das erwartet? Ich nicht. Ich war irritiert. Und ertappte mich bei meinen eigenen Ressentiments: Hatte ich bisher doch nicht nur ein Bild vom armen, sondern auch vom zwangsläufig faulen Afrikaner im Kopf gehabt. Wie es scheint, sind Medien, Internet und Vorurteile schlechte Berater für den, der sich dem Kontinent fair nähern möchte. Deshalb machen wir uns auf die Suche nach »unserem« Afrika. Dabei hat dieser Kontinent mich mehr verändert als alle bisher erlebten Länder zusammen.

Sollten Sie länger in Afrika unterwegs sein, fürchten Sie sich nicht vor den Menschen, fürchten Sie um Ihre Seele.

Afrika war ein Labyrinth für meinen Geist. Er hat sich tief hineinbegeben, ohne zu ahnen, wie es ihn verändern wird.

Mein europäisches Denken stieß in diesem Labyrinth der Widersprüche immer wieder an eine Wand. Manchmal öffneten sich Türen, hinter denen sich einfache Lebensweisheiten verbargen. Dann wieder stieß ich auf Mauern, wo mein Geist nicht weiterkam und nichts verstand, wo Resignation die einzige Reaktion war.

»Weshalb erbt ein Mann nach dem Tod seines Bruders dessen Frauen mit allen Rechten und Pflichten?«

Eine Frage, auf die ich aus eigener Kraft keine Antwort finde. Wenn Heti und ich an so einem Punkt ankommen, und das geschieht häufig, bleibt uns nur ein leises Seufzen und die drei Buchstaben »TIA« – THIS IS AFRICA! »TIA« ist das Synonym für unser Unverständnis.

Begleiten Sie uns durch den Irrgarten Afrika, einen Kontinent mit 1000 offenen Fragen, der alle Sinne aufs Äußerste fordert.

Marokko

Hans und Jussuf in fremden Welten

»Klappe auf! Marrakesch die 43.!«
Fasziniert beobachte ich die zwei marokkanischen Tänzerinnen. Die Frauen sind außergewöhnlich schlank, außergewöhnlich groß und außergewöhnlich gut gewachsen. Ihr Kaftan ist so perfekt geschnitten, dass er trotz der Verhüllung zeigt, was darin steckt. Ein Hauch von Schleier über dem Gesicht stachelt meine Fantasie an, bis mich ein lautes »Klappe zu!« aus meinen Träumen reißt.

Der Regisseur springt auf, alles im Kasten.

Schade!

In Hetis Tagebuch lese ich am nächsten Tag: »Becky ist hypnotisiert von diesen Schönheiten. Nur unter Androhung von Gewalt geht er weiter.«

»Marrakesch die 43.« ist eine Szene aus dem 1998 gedrehten Kinofilm *Marrakesch* mit der Hauptdarstellerin Kate Winslet. Das Filmset breitet sich mitten auf dem »Platz der Gehenkten« aus, eine grandiose Kulisse für einen orientalischen Film. Hier pulsiert das Leben. Es herrscht ein Tohuwabohu aus Marktschreiern, Schlangenbeschwörern, Feuerschluckern, Gauklern und Wahrsagerinnen. Wasserträger in roten Umhängen und bestickten Spitzhüten machen mit Glöckchen auf sich aufmerksam. Auf einem Teppich wird den Leuten beim Hütchenspiel das Geld aus der Tasche gezogen, Betrug garantiert.

Mich faszinieren die zwei Welten, die hier aufeinandertreffen. In der einen sitzt der moderne Märchenerzähler auf dem Regiestuhl. Er braucht Stars und viel Technik. In der anderen sitzt der echte Märchenerzähler auf dem Randstein. Er braucht nur Stimme und Gestik, um das Gleiche zu erreichen, nämlich die Menschen in die Welt der Märchen zu entführen.

Ja, hier gibt es sie wirklich noch, die Märchenerzähler, wie wir sie sonst nur aus Geschichten kennen. Da die Berber keine eigene Schrift kennen, werden Überlieferungen durch Erzähler weitergegeben. Diese sind das leibhaftige Geschichtsbuch, die Zeitung, das Radio und der Fernseher in einer Person. Und wie ich sehe, genießt das der Herr im Anzug und mit Laptoptasche über der Schulter vor mir genauso wie der Analphabet neben mir.

Wollen wir die Märchenerzähler nicht mit dem Touristenpulk teilen, sollten wir uns antizyklisch verhalten und frühmorgens auf den Djemma-el-Fna-Platz kommen. Die Menschen eilen zur Arbeit oder warten auf den Bus. Um diese Zeit sind wir mit den Einheimischen allein. Wir sitzen nahe beim Geschichtenerzähler und sehen, wie die Leute an seinen Lippen hängen. Fasziniert beobachten wir, wie sie erschrecken, wenn er für eine plötzliche Theatereinlage aufspringt, belehrend den Zeigefinger hebt und die Augen rollt.

Ein Stückchen weiter hat Sayfuddin aus Algerien seinen Platz gefunden. Ihn belagern außerordentlich viele Menschen.

»Was verkaufst du?«, frage ich ihn.

»Etwas, was den Frauen gefällt«, zwinkert er und streckt mir einen erigierten Plastikpenis entgegen. Den verkauft er zwar nicht, aber asiatische Potenzpülverchen, genau dosiert und in Zeitungspapier verpackt.

»Mein Freund, die Dosierung ist entscheidend. Das ist Medizin und keine Quacksalberei«, betont er wichtigtuerisch. »Du wirst den Erfolg sofort spüren«, und schon reißt ihm ein Zuhörer das Wundermittel aus der Hand, bezahlt und verschwindet. Sayfuddin bedient offensichtlich eine Marktlücke.

Heti zerrt mich aus der Menge. »Schnell weg hier! Gerade wollte jemand deinen Rucksack öffnen. Ich beobachte die zwei schon eine Zeit lang. Jedes Mal, wenn du stehen geblieben bist, stoppten sie auch. Ihr Pech, dass sie nicht wussten, dass wir zusammengehören. Aber du kennst doch meinen Adlerblick, der hat sie das Fürchten gelehrt.«

Mein Sherif braucht nicht mal Pistolen …

Wir schlendern weiter und beobachten einen Touristen, der wirkt wie ein Relikt aus der Hippiezeit. In seiner zu engen, sehr kurzen Hose aus den 1970er-Jahren in Lila und einem orangefarbenen Achselshirt sticht er ins Auge. Wir nennen diesen Paradiesvogel Hans. Sein sonnenverbranntes Haupt beweist, dass er noch nicht lange im Land ist. Ihm gefallen die roten, mit viel Glitzer verzierten, typisch orientalischen Pantoffeln, die Babouchen. Er dreht und wendet sie, nirgends ein Hinweis auf den Preis.

»Wie viel kosten die?«

»Mein Herr, Sie haben einen außergewöhnlich guten Geschmack. Das ist mein bestes Paar. Für Sie mach ich einen Spezialpreis. 400 Dirham, das ist so gut wie geschenkt«, antwortet der Händler.

»Was? 400 Dirham, dafür bekomme ich in Deutschland zwei Paar.«

»Mein guter Herr, ich hab mir gleich gedacht, dass Sie aus Deutschland kommen. Die Deutschen sind ja so klug und so tüchtig. Ich liebe sie. Deshalb auch dieser Spezialpreis. Bedenken Sie, ein Schweizer bezahlt 1000 Dirham und ein Amerikaner sogar 2000.«

Hans stutzt, überlegt kurz: »Mensch, das ist dann ja ein Schnäppchen«, bezahlt und schlendert zufrieden weiter.

Immer wieder beeindrucken mich diese schlitzohrigen Händler, wie sie mit viel Fantasie und originellen Ideen den Touristen das Geld aus dem Portemonnaie zaubern.

Beim Feilschen um den besten Preis steht in arabischen Ländern immer der Mensch im Mittelpunkt. Die Verkäufer versuchen zum Kunden eine persönliche Beziehung aufzubauen und mit Tee eine heimelige Atmosphäre zu schaffen. Dabei verweisen sie auf ihre Seriosität und ihren Fachverstand. Sie verwickeln den Kunden in ein interessantes Gespräch, damit er nicht weitergeht. Feilschen ist ein Sport, gepaart mit Theaterspiel und Witz. Aber Feilschen ist auch angenehme Unterhaltung und alltäglicher

Zeitvertreib. Ein orientalischer Händler verkauft zuerst sich und dann erst die Ware.

»Wie viel ist zwei plus zwei?«, wird Ali gefragt.
»Kommt darauf an, kaufst du oder verkaufst du?«
Arabischer Witz

Mein marokkanischer Freund Jussuf hat mir einmal von seinem ersten Einkauf auf deutschem Boden erzählt: Er schlendert in seinem hemdartigen Umhang mit Schesch um den Kopf gewickelt durch das C&A-Kaufhaus in Kassel und ist tief beeindruckt von diesem blitzsauberen, gedeckten Basar. Er hat Schlappen gefunden und sucht nun den Boss, mit dem er den Preis verhandeln möchte. Höflich wird er zur Kasse geleitet. Dort legt er die Schlappen auf den Tresen.

»Schönes Fräulein«, strahlt er die Kassiererin wie eine aufgehende Sonne an, »was sollen diese einfachen Babouchen denn kosten?«

»Zwölf Euro 50, mein Herr.«

Jussuf weiß, handeln ist wie flirten. Auf keinen Fall darf er zu schnell zur Sache kommen, also nicht den Preis als Erster nennen. Das wäre strategisch unklug und kann viel Verhandlungsspielraum kosten.

»Wo bleibt denn nur der Tee? Wird hier wohl nicht Sitte sein«, denkt er und verzeiht großzügig diesen Fauxpas. Erneut nimmt er Anlauf.

»Liebes, gnädiges Fräulein, Sie ruinieren mich. Ich bin arbeitslos. Und schauen Sie sich einmal die Qualität an. Das ist kein gutes Plastik.«

»Zwölf Euro 50, bitte. Wollen Sie nun die Pantoffeln oder nicht?«, erwidert die Frau an der Kasse ungeduldig.

»Schon, aber meine Frau ist todkrank. Das kostet viel Geld, und meine acht Kinder haben nichts zu essen. Ich bin mir ganz sicher, ehrwürdiges Fräulein, Sie haben ein großes Herz.«

Die Schlange hinter Jussuf wird immer länger, und die Verkäuferin fordert mit Nachdruck: »Zwölf Euro 50, bezahlen Sie bar oder mit Karte?«

Das bringt Jussuf aus dem Konzept. Solche Methoden kennt er nicht. Er gibt nicht auf, denn er weiß, Zeit ist der beste Freund beim Handeln. Doch nicht in Deutschland. In Deutschland ist Zeit Geld. Das weiß auch das Fräulein hinter der Kasse und lässt Jussuf mit »Der Nächste bitte« stehen.

Irritiert geht der Berber in die Cafeteria und kauft sich seinen Tee selbst. »Eine komische Teezeremonie haben die Deutschen«, denkt er irritiert.

»Jeder sitzt allein am Tisch und trinkt nur eine einzige Tasse, in der ein Beutel an einer Schnur hängt.«

Jussuf erzählte mir auch, dass ihm später beim Besuch in seinem marokkanischen Bergdorf niemand diese Geschichte aus Deutschland glaubte.

Doch kehren wir nun zu Hans in Marrakesch zurück. Als wir mit ihm ins Gespräch kommen, meint er: Vor drei Tagen hätte er noch nicht gewusst, ob er seinen Kurzurlaub auf Mallorca, den Kanaren oder auf Ibiza verbringen würde. Dann hätte er im Internet folgendes Angebot gelesen: »Marokkorundreise, 7 Tage, Last Minute, vom Fünf-Sterne-Hotel direkt ins Beduinenzelt, all inclusive, mit Trinkgeldern, für 600 Mark.

Marokko für 600 Mark ist der Hammer. Da musste er zugreifen und buchte sofort die Reise. Danach ist er mit seiner Kultur und seinen Wertmaßstäben im Rucksack innerhalb von ein paar Stunden vom Himmel in eine fremde, arabische Welt gefallen.

Das Fremde beginnt für ihn hier im Nomadenzelt bei der All-inclusive-Teezeremonie, wo er ewig warten muss, bis das Getränk serviert wird. Und dann soll er auch noch drei Gläser von diesem bitteren Tee trinken. Er fühlt sich bei den bettelarmen Leuten, die weder Auto, Fernseher noch Kühlschrank besitzen, nicht wohl. Da muss man doch helfen, auch trotz »all inclusive«. Großzügig wirft er einen 20-Mark-Schein auf das Messingteetablett. Unter die frechen Kinder streut er Hände voll Süßigkeiten. Der armen Beduinenfrau schenkt er ein zu kleines T-Shirt. Und schon fühlt er sich wohler. Seine Stimmung steigt, aber nicht für lange. Denn in Marrakesch auf dem Platz der Gehenkten soll er für jedes Foto mehr bezahlen, als eine Postkarte kosten würde. Die Menschen sind so unverschämt, dass sie nur fürs Vorbeigehen Geld von ihm verlangen, und das bei »all inclusive«.

Die Bettler kosten ihn den letzten Nerv. Sie hängen sich an seine Hose, sodass er sie festhalten muss. Und dann passiert es! Ein Dieb schneidet unbemerkt den Tragegurt seiner neuen Nikon-Kamera durch und verschwindet mit ihr im Menschenwirrwarr. Das ist zu viel für Hans. Jetzt hat er die Bestätigung: Alle Araber sind Gauner, Terroristen oder kleine Bin Laden.

Durch den Düsenjet-Tourismus wird die Welt für Hans zum Dorf. Vorbei sind die Zeiten, wo es mühsam war, exotische Reiseziele zu erreichen, und wo Interessierte Zeit investierten, sich auf die Kultur vorzubereiten. Heute krachen Kulturen wie zwei Transrapid in einem eingleisigen Tunnel aufeinander und hinterlassen ein Trümmerfeld von schockierten Touristen und irritierten Einheimischen.

Ja, Sie haben Recht. Ohne Tourismus wäre dieses Land noch ärmer, und viele würden hungern. Trotzdem würde mich interessieren, wie es diese Menschen vor 50 Jahren überhaupt geschafft haben, ohne die Segnungen des Tourismus zu überleben, wo noch kein »Donnez-moi un stylo« durch die Gassen hallte.

Unkontrollierter Massentourismus erzeugt auf der einen Seite wirtschaftliche und auf der anderen Seite kulturelle Probleme. Ein Teil des wirtschaftlichen Problems wird uns deutlich bei Imran, der sich als Fremdenführer anbietet. Bevor wir seine Dienste ablehnen, kommen wir mit ihm ins Gespräch. Weshalb, sagt er, sollte er einen schlecht bezahlten Job als Tagelöhner mit Schwerstarbeit annehmen, wenn er als Fremdenführer oder Schlepper an einem Tag so viel verdient wie als Tagelöhner in einem Monat? Sogar durch Betteln wird mehr verdient als durch anständige Arbeit. Das führt so weit, dass Familien Bettelfirmen gründen. Sie verstümmeln ihre Kinder und stellen sie als Almosenempfänger an die Straße, damit sich das Mitleid der Touristen noch schneller in barer Münze auszahlt. Das Geschäft ist bestens organisiert, mit Gebietsschutz belegt, macht die Familie aber abhängig von den Fremden. Wehe, wenn das Bettelgeschäft nicht läuft oder die Konkurrenz zu groß wird, dann bleiben zum Überleben nur noch Raub und Diebstahl.

Die Regierung weiß, dass diese Auswüchse Marokko, das vom Tourismus lebt, letztlich schaden: Die Kuh, die gemolken werden soll, wird aus dem Land gejagt.

Ein Teil des kulturellen Problems zeigt sich bei Subida. Das junge, offenherzige Mädchen im Minirock stolziert mit High Heels neben einer keusch gekleideten Bäuerin über den Platz, präsentiert sich den Touristen und nickt uns freundlich zu. Für einen Moslem vom Land ist ihr Aufzug eine unverzeihliche Todsünde. In den Städten dagegen ist eine solche freizügige, westlich orientierte Kleidung zugleich ein Aufschrei der Frauen nach Selbstbestimmung. Größer könnten die Gegensätze in einem islamischen Land nicht sein, wo ledige Töchter von der ganzen Familie im Schichtbetrieb überwacht werden, damit die Jungfräulichkeit für die Hochzeitsnacht bewahrt wird.

Ist der Platz der Gehenkten tagsüber ein Tollhaus für die Augen, so wird er am Abend ein kulinarischer Angriff auf den Gaumen. Die meisten der orientalischen Speisen sind uns fremd. Wir probieren da und dort. Der Mut, Undefinierbares zu essen, wird belohnt. Es ist eine kulinarische Achterbahn. Ob das alles ein gutes Ende nimmt, wird sich morgen zeigen.

Heti ist ungewohnt tollkühn. Sie fragt nicht mehr, was auf den Teller kommt, sondern zeigt auf einen großen Tontopf in der hintersten Ecke.

»Ja, Becky, so ist das. Wer nichts riskiert, der nichts gewinnt!«, ist ihr Kommentar.

Dann genießt sie das zarte, etwas schleimige Fleisch in pikanter Soße. Neugierig, was ihr so gut geschmeckt hat, frage ich nach. Ich kann mir das Lachen kaum verkneifen. Meine Frau hat soeben »Nacktschnecke Marrakesch in 40 Gewürzen« verzehrt.

Ups, die restlichen drei Schnecken bleiben auf dem Teller ...

Ich weiß, dass sich meine Frau vor diesen großen, braunen, schleimigen Schnecken zu Hause im Garten ekelt.

Wortlos ist die kulinarische Achterbahn an ihrem Tiefpunkt, aber wir halten uns an das arabische Sprichwort:

»Hast du einen Tag in Marokko, verbringe ihn in Marrakesch. Hast du nur eine Stunde, verbringe sie auf dem Djemaa el-Fna.«

Schneller Sex und Blitzhochzeit

Auf Sand gebaut!
Im Sande verlaufen!
Jemandem Sand in die Augen streuen!
Mir scheint, Sand ist nur mit negativen Attributen besetzt. Und eines davon trifft auf mich zu, nämlich »etwas in den Sand setzen«. Das Etwas ist unser HZJ.

Zum Glück wissen wir noch nichts davon, als wir zu unserer allerersten Dünenfahrt in die Wüste abbiegen. Vergnügt steuere ich auf eine Bodenwanne zu. Urplötzlich werden wir mit einem Ruck wie von unsichtbarer Hand festgehalten. Der HZJ sackt ein, unser Kopf stoppt kurz vor der Windschutzscheibe, und eine grauweiße Staubfahne schießt in den Himmel.

Unser Fahrzeug steckt bis unter den Rahmen in pulverfeinem Treibsand. Auf einer dünnen Salzschicht hat sich ganz gewöhnlicher Sand abgelagert und das mehlfeine, gefährliche Sediment versteckt.

Es sieht aus, als würden wir in einem »tiefen« Problem stecken. Darum bin ich froh, dass ich auf meinen Freund Walter gehört habe. Der erfahrene Wüstenfuchs hat mir eingetrichtert: »Ein Wüstenauto ohne Sandbleche ist wie ein Schlauchboot ohne Pumpe.«

Während Heti und ich die Alubleche von der Halterung schrauben, geht mir schon wieder, aber leider zu spät, Walter mit seinen Wüstentipps durch den Kopf. »Lass unbedingt Luft ab, bevor du Sand in Angriff nimmst, aber ja nicht zu viel, sonst zieht es dir die Reifen von den Felgen.«

Es ist mir ein Rätsel, woher Walter weiß, wann er im Sand versinken wird und wann die Reifen von den Felgen springen.

Kann er hellsehen? Auf alle Fälle weiß er mehr als ich.

Ich weiß nur, Heti und ich müssen jetzt kräftig graben. Meine Frau setzt eine Mütze auf. Wenn das geschieht, haben wir entweder arktische Kälte oder Sonnenstich-Temperaturen. Nur bei diesen Bedingungen ist ihr die Frisur egal. Zu meiner Freude muss Heti in ihrem letzten Leben eine Wüstenwühlmaus gewesen sein. Sie legt mit bloßen Händen los und verschwindet in einer Staubwolke. Hustend und keuchend taucht sie schnell wieder auf. Die eifrige Wüstenwühlmaus gibt auf, bevor sie sich eine Staublunge holt. Mit Schaufel und einem Taschentuch um den Mund legen wir langsam die Achsen frei und schieben die Sandbleche unter die

Räder. Trotz aller Umsicht hängt der Staub in unseren Ohren, Nasen und Augenwimpern.

Es ist eine Plagerei, bis die vier Tonnen wieder Luft unter der Achse haben. Diese Schinderei wiederholt sich nicht einmal und nicht zweimal, nein, sie wiederholt sich fünfmal. Niemand weiß, wann ein Treibsandfeld wieder trägt. Als wir dann endlich festen Sand unter den Rädern spüren, sind wir glücklich. Wir hinterlassen mehrere Krater der Verzweiflung.

Wenn man davon absieht, dass wir aussehen, als ob wir in einen Mehlsack gefallen sind, hatten wir Glück. Denn oft konnten sich Fahrzeuge nur mit fremder Hilfe aus Treibsandfeldern befreien.

Der Anstrengung folgt ein ganz besonderer Genuss. Um dieses Gefühl zu beschreiben, fehlen mir schlichtweg die Worte. Es ist einfach nur schön! Heti ist hin und weg. Meine Wüstenwühlmaus fühlt sich hier wohl.

Mit passendem Reifendruck geht die Fahrt flott weiter, bis eine haushohe Düne den Weg versperrt. Voller Respekt schauen wir hoch, und wieder meldet sich Walter. Zum Glück rechtzeitig, denn von einer Düne kann man samt Auto hinunterkugeln. »Fahr eine Düne immer frontal hoch, und nimm oben das Gas weg!«

»Danke, Walter, ich werde mein Bestes geben.«

Unsere erste Düne ist steil, weich und hoch. Wir sind schwer, unerfahren und allein. Ehrfürchtig laufen wir erst zu Fuß den Sandberg hoch. Wie sieht wohl die Welt dahinter aus? Genauso wie davor, nur sind die Dünen noch höher. Heti bleibt oben stehen. Als mein Leuchtturm soll sie mir den Weg weisen. Ich rutsche flugs die Düne hinab, starte den Motor, Allrad rein, kleine Untersetzung, zweiter Gang und Vollgas. Mein Riesenbaby zieht den Hang hoch wie eine Rakete und genauso ist der Blick aus dem Fenster: »Oh, Walter, was erzählst du mir? Ich sehe nichts als Himmel. Wann bin ich oben?«

Jetzt aber Gas weg und Bremsfallschirm raus – zu spät. Beim freien Flug über die Dünenkante blicke ich in Hetis erschrockene Augen. Nur den Bruchteil einer Sekunde später schlägt der HZJ wie ein Meteorit ein. Der Motor heult auf, ein Schlag, dann Totenstille.

Ich Trottel, jetzt ist alles aus. Das war eine gleichzeitige Vergewaltigung von Motor, Getriebe und Fahrgestell. Da hätte ich genauso gut frontal gegen eine Mauer fahren können.

Ich mag nicht aussteigen, ich weiß, was mich erwartet. Heti klopft mit fragendem Blick ans Fenster. Ich öffne die Tür und wühle mich unters Auto.

»Siehst du was?«, will sie ungeduldig wissen.

»Heti, ich glaub es nicht. Alle wichtigen Teile sind dort, wo sie hingehören.«

Mit Freischaufeln und Sandblechaktion haben wir ja bereits Erfahrung. Ein Stoßgebet auf den Lippen, starte ich den Motor. Er läuft, oh, wie ich dieses Brummeln liebe. Ich lege den ersten Gang ein, lasse die Kupplung gaaaanz langsam kommen, und mein treuer Gefährte bewegt sich. Dieses Wahnsinnsfahrzeug ist hart wie Kruppstahl, zäh wie Leder und hat Kraft wie eine Rakete.

Die folgenden Dünen meistern wir mit Bravour. Inzwischen haben wir so viel Spaß mit der Dünenschaukelei, dass wir uns ums Lenkrad streiten.

Unerwartet öffnet sich eine rote Wüstenebene. In der Abendsonne blicken wir auf etwas derart Außergewöhnliches, dass es nur eine Sinnestäuschung sein kann. Der Anblick ist verrückt, aber wahr. Natursteine markieren einen Kreis. Im Zentrum erhebt sich eine Rampe, die aus genau gefertigten Lehmziegeln erstellt wurde. Eine Treppe führt hinauf, die sich himmelwärts verjüngt. Aber, bitte Vorsicht! Wer auf dem Weg in den Himmel nicht aufpasst, landet in der Hölle. In etwa 15 Metern Höhe bricht die Treppenrampe jäh ab. Ein Schritt mehr, und du stürzt in den Abgrund.

Kurz bevor die Sonne untergeht, in der Zeit des unwirklichen Lichts und der längsten Schatten, steigen wir die Himmelstreppe hoch. Eine seltsame Stimmung macht sich in meiner Seele breit.

Kennen Sie das Gefühl, wie sich langsam eine Gänsehaut aufbaut, wenn Sie in einer Vollmondnacht durch einen fremden Wald gehen?

Auch Heti wird es sonderbar zumute. Und als der Vollmond aufgeht, schwebt in absoluter Stille etwas Magisches über dieser Treppe. Wir lassen die Füße über dem Abgrund baumeln und wüssten gern, wer diese Himmelstreppe errichtet hat und wofür? Unser mysteriöser Sitzplatz stachelt unsere Fantasie an. Heti glaubt, die Treppe ist eine arabische Guillotine ohne Fallbeil, von der die Verurteilten in den Tod gestoßen wurden. Ich stelle mir vor, ich sitze auf der Gangway eines UFO-Landeplatzes. Am Ende kommen wir zu dem Schluss, dass der einzige Sinn Schönheit und Inspiration sein muss.

Im Nachhinein erfahren wir, dass der deutsche Künstler Hannsjörg Voth die Himmelstreppe gebaut hat. Er wollte damit »die Ahnung vom nichtfassbaren Jenseits« symbolisieren.

...

Entweder sind wir der leibhaftige Prophet oder die Königin von Saba. Denn alle selbst ernannten Guides, Schlepper und Bettler sind in Aufruhr, als wir in Südmarokko in Rissani anhalten. Ihr Anmarsch ist beängstigend und wird von lautem »tourist, money, cadeau ...« verstärkt.

100, nein, das ist zu wenig, eine unüberschaubare Masse schart sich um den HZJ und fordert aggressiv alles Mögliche.

»Donnez-moi un stylo«, »Schenk mir einen Stift«, ist das Harmloseste.

»Heti, was meinst du? Sollen wir es wagen?«

»Klar!«

Das Aussteigen gestaltet sich schwierig. Ihre Leiber drücken gegen die Tür, sodass wir sie aufstemmen müssen. Draußen überfällt uns ein Händestakkato. Wer uns als Erster die Hand drückt, rechnet sich die größte Chance aus, ins Geschäft zu kommen.

»Nimm mich, ich bin der beste Führer.«

»Nein, nimm mich, ich will kein Geld, ihr seid meine Gäste.«

»Nein, nein, nimm mich. Bei mir gibt Dünfahrt, niedrig Preis und Kamelreiten. Teezeremonie kost nix, in Geschäft nur mal gucken.«

Von alldem wollen wir nichts, wir wollen nur in die Stadt. Aber wie werde ich diesen Pulk los? Entweder ich ignoriere sie freundlich und zeige Nerven wie Drahtseile, oder ich hole den Coolman hervor mit selbstbewusstem Auftreten, der weit über dem Ganzen steht. Ich entschließe mich für Letzteres mit mäßigem Erfolg. Als sich der Staub gelegt hat, brechen wir ohne Guide auf. Bei der Stadtbesichtigung haben wir mehr Gefolgsleute als der Papst auf einer Pilgerreise.

Rissani ist sehenswert und hat orientalisches Flair mit seinen Gassen, in denen Männer vor sich hin dösen. Doch nur, bis sie uns erspähen. Schlagartig springen Alt und Jung hoch, halten uns Teppiche und sonstigen Kitsch unter die Nase. Meiner Frau wird das zu viel, zumal ihr der eine oder andere im Gedränge zu nahe auf Tuchfühlung geht.

»Mir reicht's, kehren wir um. Komm, Becky, wir verschwinden.«

Auf dem Rückweg geht Heti in einem Hotel auf die Toilette. Dort trifft sie Kate und Emily, zwei junge Touristinnen aus England. Die beiden verstecken sich auf der Toilette vor zwei Marokkanern, mit denen sie schlechte Erfahrungen gemacht haben. Die Männer wurden aufdringlich. Einer hat sich in Emily verliebt. Deswegen betrachtet er sie als seinen Besitz und will nun jeden ihrer Schritte überwachen. Aus Angst trauen sich die beiden Mädchen nicht mehr auf die Straße und flehen uns an, sie zu retten.

Während ich draußen warte, beobachte ich die Hütchenspieler bei ihren Tricks. Heti kommt aufgeregt zurück und erzählt mir sofort von den verzweifelten Mädchen. Natürlichen nehmen wir sie mit.

Vollkommen vermummt schleichen sich die Mädchen durch die Hintertür aus dem Hotel und steigen hinten in die Kabine. Wir müssen sofort alle Türen verriegeln und die Rollos runterlassen. Oh Gott, was die beiden wohl mitgemacht haben, sie zittern ja am ganzen Körper. Sie fallen Heti um den Hals, als sie erfahren, dass wir sie ins 25 Kilometer entfernte Erfoud bringen, von wo sie mit einem Überlandbus weiterkommen.

Unterwegs erzählen sie ihre Tragödie. Sie lernten Abu und Omar bei der Suche nach einer organisierten Dünenfahrt kennen.

»Die beiden waren sehr höflich und zuvorkommend. Sie luden uns auf einen Kaffee ein«, erzählt Kate. »Dann meinte Abu, wir sollen doch nicht so dumm sein und Geld für eine Dünenfahrt ausgeben. Wenn wir möchten, zeigen sie uns die Dünen umsonst und bringen uns zu einem Nomadenzelt, wo wir eine Original-Teezeremonie erleben können.«

Emily fährt fort: »Die beiden waren wirklich nett und sahen so seriös aus, also sind wir eingestiegen, und das war ein Riesenfehler. Die Dünenfahrt war noch wunderschön. Wir hatten viel Spaß miteinander. Richtig lustig ging es zu. Doch am Nomadenzelt waren wir vier überraschenderweise allein. Omar kochte Tee und bot uns Süßigkeiten an. Abu setzte sich ganz nah neben mich und hat mich angestrahlt. Mir wurde ein bisschen unheimlich. Plötzlich riss er mich in die Arme und wollte mich küssen. Mit aller Kraft stieß ich ihn zurück, und Kate stellte sich vor mich. Danach war uns klar, weshalb sie uns in die Wüste gebracht hatten.

Ich solle mich nicht so zieren, ich habe ihm doch schöne Augen gemacht und sei freiwillig mitgegangen. Er wisse genau, warum weiße Frauen mit in die Wüste gingen, schimpfte Abu.

»Fahrt uns sofort zurück«, schrie Kate sie an.

»Weder bitten noch drohen half, sie brachten uns nicht zurück. Wir mussten erst noch Tee trinken. Abu versuchte es noch einmal, aber Kate half mir, ihn abzuwehren. Omar lachte nur genüsslich«, erinnert sich Emily. »Wir hatten große Angst vor der Rückfahrt. Immer wieder schwor Abu mir, dass er mich liebe und dass ich bei ihm ein gutes Leben hätte. Es war die Hölle! Wir waren so froh, als wir endlich wieder in Rissani ankamen. Beim Abschied mussten wir versprechen, dass wir heute Abend seine Eltern besuchen. Er wollte mich ihnen vorstellen. Und dann seid zum Glück ihr gekommen.«

26

In Erfoud bringen wir die beiden direkt zum Busbahnhof und warten, bis der Bus abgefahren ist. Sie haben nur noch einen Wunsch: so schnell wie möglich nach Hause.

Ich glaube, Kate und Emily waren schlecht auf ihre Reise vorbereitet. Sie haben ihre Kulturmaßstäbe, die sie von Mama und Papa gelernt haben – sei nett und freundlich zu jedermann –, auch bei Abu und Omar gezeigt. Ein islamisch erzogenes Mädchen würde niemals mit einem fremden Jungen scherzen oder ihm womöglich schöne Augen machen. Es wäre für beide gefährlich. Sofort stünde die gesamte Verwandtschaft samt Brüdern auf dem Teppich. Sie würden den Jungen in der nächsten Seitengasse verprügeln, und das Mädchen dürfte nur noch mit Leibgarde aus dem Haus. Nichts ist für die Großfamilie wichtiger, als die Keuschheit und Ehre ihrer unverheirateten Töchter. Deshalb gibt es in der Hochzeitsnacht den Brauch mit dem weißen Laken. Das Betttuch mit dem Blut der Frau wird noch in der Hochzeitsnacht von den Gästen begutachtet. Erst dann ist die Ehre der Familie perfekt. Frauen, die bei der Entjungferung nicht bluten, helfen mit einem kleinen Schnitt in den Finger nach, um nicht verstoßen zu werden.

Für junge Männer ist vorehelicher Sex kein Problem. Es ist üblich, dass sie sich sexuelle Erfahrungen bei Prostituierten oder Touristinnen holen. Besonders begehrt sind Blondinen.

Das Problem einer offenen, freundlichen Touristin ohne Männerbegleitung ist, dass sie offen, freundlich und ohne Männerbegleitung ist. In der Moral der Männer stellt sie sich durch dieses Verhalten auf das Niveau einer Slut (Schlampe) oder gar Nutte. Anmache auf offener Straße mit Massage- oder Sexangeboten sind für sexhungrige, junge, islamische Männer legitim. Bei einer Ausländerin können sie sich guten Gewissens ohne Geld und ohne Angst vor Rache der Großfamilie sexuell befriedigen.

Wer unvorbereitet in ein islamisches Land reist, darf nicht überrascht sein, wenn er sich wie Hans in Marrakesch mit kurzen Hosen als frei laufendes Unterhosenmodel lächerlich macht. Und Frauen, die sich am Strand in knappen Bikinis räkeln, brauchen sich nicht wundern, wenn sie als ungläubige Touristinnen wahrgenommen werden, die für schnellen Sex und eine Blitzhochzeit gut sind. Eine Heirat ist immer noch die beste Methode, um schnell an ein Visum zu kommen.

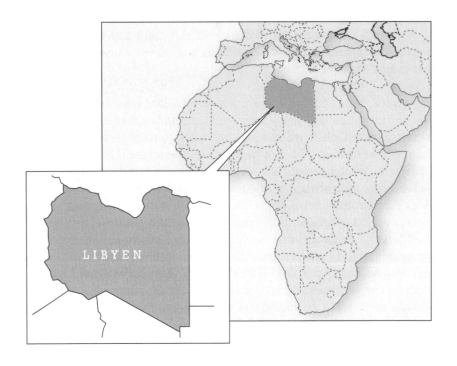

Libyen

Wo die teuersten Salatköpfe wachsen

März 1999, Grenze Tunesien–Libyen. Etwas nervös stehen wir mit unserem HZJ in einer düsteren Blechhalle. Diese Grenze hat bisher erfolgreich den Revolutionsführer Muammar al-Gaddafi, den Vater aller Schurken und weltweit meistgesuchten Terroristen, geschützt. Er übersät die Welt mit Gewalt und Schrecken und ist für etliche Bombenanschläge und Flugzeugabstürze verantwortlich. Es scheint ihm Spaß zu machen, wenn Menschen sterben. Bisher agierten die ausländischen Geheimdienste dilettantisch – er entkam allen Attentaten.

Gaddafi hat Angst und traut niemandem. In seinem Namen sind viele Doppelgänger unterwegs, und so ist nie klar, ob einem gerade der echte Gaddafi gegenübersteht. Er selbst wechselt ständig seine Unterkunft.

Keiner weiß, wo er steckt. Gaddafi kennt die Schlupflöcher der ausländischen Todeskommandos. Deshalb ist die Grenze vor uns mit modernsten westlichen Waffen gesichert.

Die Grenzbeamten sind gut gedrillt und bis an die Zähne mit Papierkram bewaffnet. Ausländische Besucher sind selten und werden entsprechend unter die Lupe genommen. Zeit spielt keine Rolle, wir sind in Afrika. Stunden vergehen, bis die vielen arabischen Stempel auf den vielen Formularen sind. Zwar können wir diese Hieroglyphen nicht lesen, aber wer nicht unterschreibt, kehrt um. Wir könnten soeben unser Todesurteil unterschrieben haben.

Die Zöllner sind emsig und suchen verschärft nach westlichen Versuchungen. Nein, wir haben nichts Hochprozentiges in den Wasserflaschen und auch keine Zeitschriften mit nackten Frauen unter der Matratze. Entnervt geben die Zöllner nach einer Stunde auf. Jetzt haben sie sich so lange bemüht und nichts gefunden, was sie beschlagnahmen könnten. Meine Freunde vom Zoll sind traurig.

»Vielleicht etwas Rauschgift zur Aufmunterung«, hätte ich beinahe gescherzt.

Erst nachdem wir unsere Nummernschilder durch libysche mit arabischen Schriftzeichen ersetzt haben, dürfen wir die Grenze verlassen. So können die Posten an den Checkpoints unser Kennzeichen lesen, und der Sicherheitsdienst weiß, wo wir uns bewegen.

Nach der Grenze kennt unser Kompass nur noch eine Richtung, und die heißt Süden, dort, wo Ghadames liegt.

Die Altstadt ist ein Bollwerk gegen Überfälle und Hitze. In den eng verwinkelten Gassen kommen kaum zwei Menschen aneinander vorbei, sodass sie guten Schutz vor unerwünschten Eindringlingen bieten. Das Gassenlabyrinth ist häufig überbaut oder von einem Mattengeflecht bedeckt. In dieser unteririschen Stadt herrscht Dunkelheit, als wäre sie für die Toten gebaut. In den Gassen dieser ältesten Wüstenstadt der Sahara erschrecken wir, als plötzlich eine Gestalt in weißem Gewand lautlos aus einer dunklen Ecke auftaucht, um gleich wieder hinter der nächsten zu verschwinden. Unsere Schritte hören sich seltsam dumpf an. Die Geräusche werden von den Lehmwänden verschluckt.

Über den Torbögen prangen mythische Zeichen. Wir wissen, das Quadrat ist das Symbol der Fruchtbarkeit, und ein Halbmond zeigt den Eingang zum geheimen Treffpunkt der Sufi-Bruderschaft.

Wir lassen uns treiben und verlieren bald die Orientierung. Nach dem

Rückweg zu fragen ist sinnlos. Wir sind allein. Die abgewetzten Türen aus Palmstämmen sind alle verschlossen. Bereits in den 1980er-Jahren wurden die Bewohner in die moderne Neustadt umgesiedelt.

Die hohen Lichtschächte über den Gassen wirken wie Kamine. Ständig zieht ein Lufthauch durch das Labyrinth und trägt entfernte Trommelrhythmen zu uns. Gespannt folgen wir den Klängen und werden von einem weiß gekalkten Platz geblendet. Wir haben den Himmel und die Menschen wiedergefunden. Männer in Djellabas, den langen, traditionellen Berbergewändern, wiegen sich mit vor der Brust gekreuzten Armen im Rhythmus der Trommeln. Dann schlagen sie mit den Händen auf ihren Brustkorb und rufen monoton »Horla, Horla ...« Einige Tänzer lösen sich aus dem Kreis und wirbeln in die Mitte. Dabei drehen sie sich immer schneller um die eigene Achse und recken die rechte Hand zum Himmel, bereit, Gott zu empfangen. Die Augen fixieren die linke Hand, die Richtung Mutter Erde zeigt.

Es ist ein weit verbreiteter Irrtum, dass das Ziel der Sufi-Tänzer Ekstase, Trance oder Bewusstlosigkeit ist. Ihr Ziel ist es, Gott so nahe wie möglich zu kommen. Dabei lassen sie ihren Körper, ihre Schwächen und ihre Wünsche hinter sich. Durch ständiges Sich-Drehen wird die sinnliche Wahrnehmung ausgelöscht. Der Geist verlässt den Körper und schüttelt das Ego ab. So fühlen die Sufis die wahre Liebe zwischen sich und Gott.

Sie preisen Allah, indem sie sich und ihren Körper für den »Augenblick der reinsten Seele« im Tanz aufgeben. Der Tanz ist ihre Moschee. Der Sufismus ist eine nicht materiell orientierte Strömung im Islam und deshalb die Religion des einfachen Volkes. Er verweigert sich dem Islam der Gelehrten und Intellektuellen. Deswegen hatte und hat er so viel Zulauf unter Analphabeten, Armen und Sklaven. Sufismus bedeutet »nichts zu besitzen und von nichts besessen zu werden«.

Der Tanz ist vorbei. Die Tänzer sind erschöpft, aber glücklich. Einer setzt sich zu uns auf die Steinbank. Es ist Ali. Er unterrichtet in der Schule und steht kurz vor der Rente.

»Woher kommt ihr?«

»Aus Deutschland.«

»Ihr Fremden seid verrückt. Euch ist kein Weg zu weit. Ich werde nie verstehen, wieso ihr nicht einfach zu Hause bleibt und süßen, starken Tee trinkt. Mein Vater war auch immer unterwegs. Für ein gutes Geschäft war ihm kein Weg mit der Karawane zu weit. Seitdem der Sklavenhandel vorbei ist, sind die Karawanengeschäfte nicht mehr so gut. Aber wir besitzen immer noch die süßesten Datteln, die jeder haben möchte.«

Ali erzählt von seiner Kindheit, in der Datteln das Geld der Sahara waren. Sie waren kompakt, haltbar und gut zu transportieren. Um sich beim Dattelhandel nicht in die Bücher schauen zu lassen, hatten sich seine Vorfahren geheime Zahlen ausgedacht. So wusste die Konkurrenz nie über ihre Geschäfte und Gewinne Bescheid.

»Das Wichtigste in einer Oase ist Wasser. So wichtig, dass wir früher ein hochentwickeltes Wasserrecht hatten. Entsprechend seinem Wasserrecht durfte jeder für eine genau bestimmte Zeit Wasser aus dem Hauptkanal ableiten. Dafür hatten wir unsere eigene Zeiteinheit, den Ghadames.«

Ali führt uns zum Häuschen des Zeitzählers und nimmt über dem Wasserbassin ein Tongefäß vom Haken.

»Was glaubst du, was das ist?«

»Ein Krug zum Trinken?«

»Nein, das ist eine Uhr, die nie Batterien braucht und funktioniert, seit Ghadames besteht.«

Er nimmt den »Ghadus« mit dem kleinen Loch im Boden und füllt ihn bis zum Eichstrich mit Wasser. »Wenn dieser Krug leer gelaufen ist, ist ein Ghadames vorbei beziehungsweise abgelaufen«, erklärt er. Er weiß auch, dass nach 480 Ghadames ein Tag vorbei war, und erzählt vom kleinsten Wasserrecht, dem Karit. Ein Karit ist das Recht auf etwas mehr als einen Liter Wasser. Wasser war wertvoller als Geld.

Wir begleiten Ali zurück in die Neustadt und laden ihn auf einen süßen, starken Tee ein. Er zieht einen 20–Dinar-Schein aus der Tasche.

»Nein, lass stecken, du bist unser Gast.«

»Danke, aber das ist nicht der Grund. Ich will euch auf dem Geldschein nur zeigen, weshalb das Feilschen um ein Karit Wasserrecht für immer vorbei ist. Wir sitzen nämlich auf einem riesigen unterirdischen Wassermeer, das Gaddafi angezapft hat, um aus Libyen einen Agrarexporteur zu machen. Schaut her«, dabei streicht er den Geldschein ehrfürchtig glatt und fährt fort, »hier seht ihr das größte Wasserprojekt der Erde. Unser Revolutionsführer Gaddafi taufte es Great Made-Man River, der größte von Menschen gemachte Fluss.«

Ali holt Luft und erklärt, dass sie bei der Ölsuche in der Sahara immer wieder auf Wasser gestoßen sind, das seit der Eiszeit dort unten liegt.

»Diesen Schatz müssen wir nur hochpumpen.«

Er zeigt auf die blauen Punkte auf dem Geldschein und erklärt weiter:

»Hier im Zentrum der Sahara sind die Tiefbrunnen. In ihnen wird das Wasser hochgepumpt, und das«, er zeigt auf blaue dicke Striche, die Richtung Norden ans Mittelmeer führen, »ist der große, etwa 1000 Kilometer lange unterirdische Fluss. In seinen Röhren könnte ein Lastwagen spazieren fahren. Durch die riesigen Rohre fließt ein Teil des fossilen Wassers in die Städte. Mit dem anderen Teil verwandeln wir die ganze Wüste in eine einzige Oase.«

Ali strahlt und ist stolz, als wäre er Gaddafi persönlich. Die Informationspolitik des Diktators hat funktioniert. Zufrieden schlürft Ali seinen Tee und verabschiedet sich, aber nicht, ohne uns süße Ghadames-Datteln zu schenken.

Zweifellos, der liebe Ali ist begeistert. Er ist einseitig informiert. Er weiß nicht, weshalb immer mehr Brunnen austrocknen und Oasen verdorren. Er weiß auch nicht, dass das Wüstenwasser vielleicht nur für eine oder zwei Generationen reicht. Sollten Gaddafi und seine Nachfolger die eiszeitlichen Wasserspeicher leer gepumpt haben, dann wird »Bar Bela Mar« (das Meer ohne Wasser) seinem Namen gerecht werden. Wenn alle Oasen trocken liegen, alle Brunnen zugeweht sind und keine Palme mehr zu sehen ist, dann ist die Wüste für alle Ewigkeit eine hundertprozentige Todeszone.

Auf dem Weg in die Neustadt wechseln wir innerhalb weniger Schritte von einer arabischen Märchenszene aus *Tausendundeiner Nacht* in die Ernüchterung der quadratisch-praktischen Betonwelt. Doch die hat einen Haken. Bei der Hitze entwickeln sich in den Betonklötzen Saunatemperaturen, die den Menschen den Schweiß nicht nur tagsüber auf die Stirn treiben. Da Tuareg und Berber traditionell keine begeisterten Saunagänger sind, pilgern viele zum Schlafen in ihre kühlen Lehmhäuser in der Altstadt. Die etwas Bequemeren bauen luftige Beduinenzelte gleich auf dem Parkplatz vor ihren Wohnungen auf, nur um ein wenig Schlaf zu finden.

Die Stadt lebt in einem Zwiespalt zwischen den aufgeheizten Wohnungen der modernen Neustadt und den kühlen Lehmhäusern der rückständigen Altstadt.

Gaddafi baut das moderne Libyen nur, um die Menschen in die Städte zu treiben, wo er seine Untertanen optimal überwachen kann. Das lässt er sich etwas kosten. Er verschenkt Häuser. Strom und Wasser sind umsonst. Und er bezahlt jedem eine lebenslange Ölrente.

Als wir Richtung Ghadames fuhren, sahen wir viele verlassene Häuser und Dörfer. Sogar die Nomaden mussten samt Herde in die Städte ziehen.

Durch diese aufgezwungene Lebensweise löscht Gaddafi geschickt die Kultur der Stämme und Nomaden aus. Damit nimmt er ihnen unter dem Mantel des Fortschritts ihre Identität und bricht so ihren Widerstand. Er demoralisiert sein Volk. Für die Welt aber zieht er die große Nomadenshow ab und präsentiert sich in goldfunkelnder Nomadenkleidung vor seinem überdimensionalen Nomadenzelt. Er spielt den volksverbundenen Oberhirten.

Sogar bei Staatsbesuchen zog er das Nomadenzelt einer Präsidentensuite vor.

...

Der Asphalt leidet schwer unter der Hitze. Ein guter Grund zu warten, bis die Sonne tiefer steht und die Temperaturen nachlassen. Erst dann brechen wir auf, sonst klebt mehr Teer an unseren Reifen als auf der Straße.

Bei Darj verlassen wir die Asphaltstraße und schwenken auf Kurs 130 Grad Süd-Ost in die Wüste ab. Die Hammadah al-Hamra, die Idhan Awbari und die Idhan Murzuq liegen vor uns. Das sind keine Wochenendausflugsziele, sondern etwa 1500 Kilometer Stein-, Sand- und Staubwüste. Wenn wir die Wüsten durchquert haben, hoffen wir, auf die Kraterseen des Wau an Namus zu blicken, die als achtes Weltwunder gelten, inschallah.

»Hammadah al-Hamra« bedeutet rote Erde. Sie hat mit einer Reiseprospektwüste nichts gemeinsam. Wer sich in der dunkelroten Ebene um 360 Grad dreht, wird nichts finden, woran sich sein Auge festhalten kann. Und wer beim Gehen vor sich hin träumt, wird bald stolpern und sich wehtun. Denn dieses Gebiet ist mit spitzen Basaltsteinen übersät. Während der Fahrt könnte ich das Lenkrad festbinden. Den Steinen kann ich eh nicht ausweichen, so eng liegen sie beieinander.

Mein Blick schweift umher, ohne auf ein Tier oder nur eine Tierspur zu treffen. Die Arche Noah ging hier sicher nicht an Land.

Hier ist einer der wenigen Plätze, wo ich tagelang das Lenkrad nicht bewegen muss und den Weltrekord im Geradeausfahren für das *Guinness-Buch* aufstellen könnte.

Aus der Einöde erhebt sich steil ein goldgelbes Sandgebirge, das die Geradeausfahrt abrupt abbremst. Endlich erblicken wir eine Wüste in vollendeter Form, erschaffen durch Sand, Erosion und Aeolos, den Gott des Windes. Aber wo liegt eigentlich der Ursprung einer Wüste? Alles fängt mit einem winzigen Sandkorn an, das durch Trockenheit und Erosion entstanden ist. Der Wind trägt es mit sich, bis ihn ein Stein abbremst, und er das Sandkorn in dessen Windschatten verliert. Langsam wächst hinter dem Stein eine Düne. Aus der Düne wird ein Dünengebirge, und viele Dünengebirge werden zur Sahara, die ein Drittel Afrikas unter sich begräbt. Tendenz steigend. Kleine Ursache, große Wirkung, das ist ein Grundgesetz der Natur.

Die Sahara ist die größte Wüste der Welt, doch nur ein sehr kleiner Teil hat Bilderbuchqualität. Uns faszinieren nicht nur die Wüstenlandschaften, sondern wir fühlen auch, wie die Ruhe, Monotonie und endlose Weite uns verändern. Die Einheimischen sagen, Allah hat alles Unnütze aus der Wüste entfernt, damit sich der Mensch auf das Wesentliche konzentrieren kann. Schon immer suchten Propheten in der Wüste, wo die hunderttausend Wichtigkeiten und die Bilder aus unserer hektischen Welt in der Sonne verblassen, nach Erleuchtung und Wahrheit. Der Kopf wird leer, hört auf zu denken, und du fragst dich, ob die Wüste dumm macht. Dein Geist kommt aus einer von Lärm verschmutzten Welt und ist über die Grabesstille irritiert, ja sogar erschrocken. Im Kopf hörst du dein Blut rauschen, der Herzschlag wird lauter. Du fühlst deinen Körper. Je mehr du dich auf ihn konzentrierst, umso mehr beruhigen dich die monotonen Körpergeräusche. Sie verjagen die bösen Geister aus dem Kopf und machen dich zu einem zufriedenen Teil dieser kargen Natur.

Diese leer gefegte Welt ist gut überschaubar. Wir sind überzeugt, absolut allein zu sein. Doch plötzlich steht wie aus dem Nichts ein Mensch vor uns. Wo kommt der her? Ist er aus dem Sand gewachsen? Hat uns die Wüste jetzt wirklich verrückt gemacht? Weder noch, Murat vor uns ist wahrhaftig. Ihm fehlt eine Hand. Er ist mit dem Zeichen eines Diebes gebrandmarkt. Obwohl die Scharia, das islamische Recht des Korans, in Libyen offiziell abgeschafft ist, verlieren in den versteckten Winkeln der Wüste Fehlgeleitete noch immer ihr Augenlicht oder ihre Gliedmaßen.

Murat ist ärmlich gekleidet und bewacht eine Pumpstation des umstrittenen libyschen Wasserprojekts. Er ist Patriot und stolz auf seine wichtige Aufgabe. Aber ich befürchte, er wurde strafversetzt in eine Gegend ohne Strauch, ohne Baum und ohne Menschen, wo ein Sandsturm die einzige Abwechslung bedeutet.

Er bittet um ein paar Zündhölzer. Wer weiß, wann die arme Kreatur zum letzten Mal etwas Warmes gegessen hat. Murat bekommt seine Zündhölzer sowie Mehl, Salz und Zucker dazu. Wasser hat er ja genügend. So viel, dass er sich darin ertränken könnte.

34

Wollte früher ein Libyer Flüsse sehen, musste er in fremde Länder reisen. Heute braucht er sich nur über einen Serviceschacht des größten je von Menschen gemachten Flusses beugen. Dort unten fließt ein Traum, der so alt ist wie die Sahara – Wasser in der Wüste. Es wird in vielen Reservoiren von der Größe eines Stausees gespeichert.

Ich finde es gut, wenn der Revolutionsführer mit dem Wüstenwasser die Lebensqualität der Menschen verbessert. Dadurch können sie auf das salzhaltige Wasser, das krank macht, verzichten. Zeigt das brutale Staatsoberhaupt eine menschliche Seite? Leider nicht. Das für unmöglich gehaltene Great-Made-Man-River-Projekt dient in erster Linie seinem Größenwahn und soll ihm in der arabischen Welt Ruhm und Ehre einbringen.

Ist es nicht purer Schwachsinn, dass Gaddafi mitten in der Wüste auf 100 Hektar großen Kreisfeldern, die sogar vom Weltraum aus zu sehen sind, genetisch übergroße Salatköpfe produziert? Dafür vergeudet er Unmengen von fossilem Wasser, das in der Zukunft fehlen wird.

Weiß er nicht, dass es einen besseren Kopfsalat für ein Zehntel auf dem Weltmarkt zu kaufen gibt? Er weiß es wohl. Aber er stellt sich auf die gleiche Ebene mit Allah, der aus der Wüste ein blühendes Land schaffen kann.

Das scheint auch Murat zu glauben. Neben Gaddafis Bild in der Pumpenstation hängt zwar nicht das Bild von Allah, da Abbilder von Gott verboten sind, dafür aber das des Propheten Mohammed.

Für uns wird es Zeit weiterzufahren. Es liegt noch viel Wüste zwischen dem Wau an Namus und uns. Der HZJ stemmt sich kräftig gegen den Wind, und wir kommen nur beschwerlich vorwärts. Der Wind wird zum Sturm. Mit ungläubigen Augen starren wir auf das, was sich da vor uns aufbaut. Eine Tsunamiwelle aus Sand und Staub rollt direkt auf uns zu. Mit voller Wucht prallt diese graue Wand auf unsere Breitseite. Mein Gott, wie wenig können wir dieser Naturgewalt entgegensetzen.

»Sie wirft uns um«, schreit Heti. Im letzten Moment reiße ich das Lenkrad herum. Frontal hat der HZJ weniger Angriffsfläche, und er kippt wieder auf seine vier Räder. Der Himmel verdunkelt sich, und in der Kabine wird es heiß. Dieser Sturm sammelt die gesamte Oberflächenhitze und drückt sie zusammen mit Sandstaub durch die feinsten Ritzen in die Kabine. Es ist, als wären alle Wüstendämonen erwacht und würden schabend und trommelnd Eintritt verlangen. Dieses brutale Anklopfen gibt uns umso mehr zu denken, da wir allein in dieser einsamen Gegend ausharren. Sandgeschoss auf Sandgeschoss knallt ununterbrochen auf Lack und Windschutzscheibe. Es heißt, nach einem Sandsturm sollen Autos so perfekt sandgestrahlt sein, dass sie ohne Vorbehandlung neu lackiert werden können. Für gewöhnlich wird dann auch gleich die blinde Windschutzscheibe ausgewechselt. Ich will weder einen neuen Lack noch eine neue Windschutzscheibe. Deswegen wäre es besser, wenn ich dem Sandstrahlgebläse das weniger empfindliche HZJ-Hinterteil entgegenstreckte.

»Bitte nicht!«, fleht Heti. »Du siehst doch nichts, und der Seitenwind schmeißt uns um.«

»Ich hab keine andere Wahl.«

Mit dem Lenkrad im Anschlag fahre ich so schnell wie möglich einen Halbkreis. Noch bevor die Naturgewalt richtig zupacken kann, stehe ich in entgegengesetzter Richtung.

Wer noch nie einen Sandsturm erlebt hat, wird nicht glauben, dass er bis zu 100 Millionen Tonnen Sand über Kontinente hinweg transportieren kann. Ein Kubikkilometer nimmt 1000 Tonnen Staub auf, und ein Teil davon liegt nun in unserem HZJ.

Der Sturm hinterlässt eine jungfräuliche Wüste, durch die wir nun endlich Richtung Wau an Namus fahren.

Der Sand wird immer dunkler, und vermischt mit Asche trägt er schlecht. Der Vulkan muss ganz in der Nähe sein. Doch nichts hebt sich vom Horizont ab, und ich glaube, ein Vulkankegel ist nicht leicht zu übersehen.

»Vielleicht wurde die Asche ja sehr weit getragen«, denke ich mir und gebe Gas.

Dann ist der Vulkan da. Vor lauter Staunen bringe ich die Räder erst kurz vor dem Krater zum Stehen. Ich bin wie elektrisiert. Heti krallt ihre Finger in meinen Oberschenkel. Wie die Schlange aufs Kaninchen starren wir vom flachen schwarzen Kraterrand in eine gewaltige Schüssel. Im Zentrum steht ein brauner Kegelschlot, bereit, feuriges Magma auszuspeien. Das trockene Wüstenklima hat die Naturkatastrophe eingefroren, als wäre die Zeit vor 100 Millionen Jahren stehen geblieben, wären da nicht das Schilfrohr und die vielen bunten Kraterseen, in denen Zugvögel baden.

Bei so viel Schönheit muss irgendwo ein Haken sein, denken Sie? Sie haben Recht, und der ist so schlimm, dass die Amerikaner dagegen Napalmbomben abwarfen. Der Haken sind Massen von blutrünstigen Moskitos, von denen der Krater seinen Namen hat.

Wegen Nahrungsmangel malträtieren diese Biester jedes Tier und jeden Menschen, die dem Vulkan zu nahe kommen. Aus diesem Grund umrunden wir den Krater auch nicht zu Fuß.

Leider ist der Kraterrand sehr weich. Immer wieder sandet das Auto ein. Aber irgendwie wühlen wir uns weiter.

Eigentlich sollten wir Luft ablassen und dadurch die Auflagefläche vergrößern. Aber wir sind zu faul. Und Faulheit rächt sich meistens.

Die Windböen wehen uns beinahe in den Krater. Etwas zu lange genieße ich den tollen Ausblick. Dann passiert's. Ich verziehe das Lenkrad, der HZJ gräbt sich in den Aschesand ein, Gegenlenken hilft nicht mehr. Zu spät! Wir rutschen in Richtung Krater. Sofort steige ich auf die Bremse.

»Mist! Sch...! Mist!«

Wir sind mit den rechten Rädern über den Kraterrand gerutscht. In den Böen wackelt das Auto. Ist mein Gewicht das Zünglein an der Waage?

Heti stellt sich auf meiner Seite außen auf das Trittbrett. Erst dann steige ich aus und inspiziere die Lage, und die ist beschissen. Der HZJ hängt mit den rechten Rädern im Kraterrand. Eine schnelle Lösung muss her, bevor meine Frau samt HZJ hinabkugelt.

Was tun? Ich könnte das Wasser des Tanks ablassen. Aber Verdursten ist keine wirkliche Lösung.

Ich könnte auf der dem Krater abgewandten Seite Luft ablassen. Das würde unser Riesenbaby gerader stellen. Ja, das könnte funktionieren.

Warum dauert das Luftablassen denn heute so lange? Heti hängt am Trittbrett, und die Angst steht ihr ins Gesicht geschrieben. Doch sie macht mir keinen Vorwurf. Zwar streiten wir um Nichtigkeiten auf Teufel komm raus, aber in prekären Situationen konnten wir uns schon immer aufeinander verlassen. Da funktioniert jeder, und wir ziehen an einem Strang.

Endlich, die Luft ist draußen. Der HZJ steht stabil. Wir sind gerettet. So gut es geht, schützen wir uns mit Tüchern vor dem Aschestaub, den der Wind ständig in Nase, Mund und Augen weht.

Eine Herkulesarbeit steht uns bevor. Wir müssen die gesamte linke Seite am Hang abgraben und die rechte mit Sandblechen sichern.

Irgendwann ist es geschafft, und wir stehen wieder auf sicherem Terrain. Und genau dann hört der Wind auf!

Wir reden nicht darüber, was durch meinen dummen Fehler alles hätte passieren können. Lieber genießen wir den letzten Blick auf dieses außergewöhnliche Stück Erde und den wieder blauen Himmel.

Glück gehabt.

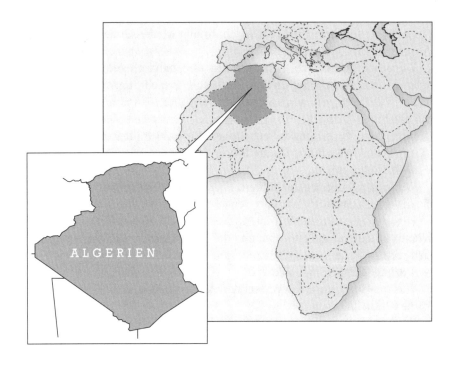

Algerien

1523 Dünen bis zur nächsten Bäckerei

D as Schönste in der Wüste sind die idyllischen Übernachtungsplätze. Keine nervenaufreibende Suche nach einem ruhigen Plätzchen in einer Stadt, einem Dorf oder irgendwo auf dem freien Feld, wo in der Nacht immer wieder einmal neugierige Polizisten anklopfen und uns überzeugen wollen, dass wir hier nicht sicher sind.

Frei wie der Wind schaukeln wir durch endlose Dünenlandschaft. Keine Piste zwingt uns, ihr zu folgen. Ohne zu blinken, biegen wir ab und stoppen in einem Dünental. Das ist unser Zuhause für heute Nacht. Die Freiheit zu stehen, wo man will, finden wir nur in der Wüste. Ein Ort, an dem sich Menschen naturgemäß nicht auf die Füße treten.

Längst hat die Sonne schlapp gemacht, und nach der Hitze des Tages

38

treiben uns die angenehmeren Temperaturen an, etwas zu tun. Hunger und eine Bäckerei, die 1523 Dünen entfernt ist, sind überzeugende Argumente, unser Brot selbst zu backen. Unser Holzstoß ist auf der Motorhaube festgebunden und wächst mit jedem Stecken, den wir am Wegesrand auflesen.

Für den Fall, dass Sie irgendwann einmal zu viele Dünen von einem Bäcker entfernt sind und Hunger bekommen, gehe ich etwas näher auf die Wüstenbäckerei ein.

Sie besteht aus Sand, wer hätte das gedacht, und einer Feuerstelle. Das Lagerfeuer muss den Sand auf Backtemperatur aufheizen. Und schon haben wir einen Ofen.

Heti hat den Teig bereits geknetet. Niemand mag steinhartes Brot, deshalb muss er aufgehen. Die Wärme des Lagerfeuers ist dafür perfekt. Damit der Laib nicht zu viel Hitze abbekommt, drehe ich ihn regelmäßig. Danach räume ich die Glut zur Seite, hebe eine Sandkuhle für das Brot aus und decke es mit heißem Sand zu. Als Oberhitze schiebe ich die Glutstückchen darüber.

Der nächste Arbeitsschritt ist entspannend. Wir schenken uns ein Glas Rotwein ein, den wir zwischen der Schmutzwäsche ins Land geschmuggelt haben. Hungrig warten wir, bis das Brot fertig ist.

Schon bald dringt durch den Sand verführerischer Brotduft in unsere Nase. Auf dieses Zeichen haben wir gewartet. Voller Vorfreude grabe ich den Laib aus, klopfe den Sand ab und schneide ihn noch ofenwarm an.

Glauben Sie mir, dieses Sandbrot schmeckt unerhört lecker, und das Beste ist die knusprige Kruste. So schade, dass ich Sie nicht kosten lassen kann. Da bleibt uns nichts anderes übrig, als alles allein aufzuessen.

Rundum zufrieden und satt erfreuen wir uns am Sternenhimmel, der ohne Luftverschmutzung durch Städte oder Industrie spektakulär klar ist. Der Mond ist so nahe, dass es so aussieht, als bräuchte ich ihn nur noch in die Tasche zu stecken. Dieses Wüstenkuriosum erleben wir auch am Tag. Wenn wir meinen, die nächste Düne ist in einer halben Stunde erreicht, sind wir garantiert zwei Stunden unterwegs.

Wir brauchen Zeit, bis wir uns an die absolute Stille gewöhnt haben. Inzwischen ist unser Gehör so sensibel, dass wir einen Käfer im Sand krabbeln hören.

Entsprechend unserem Hochgefühl lege ich im kolossalen Wüstenkonzertsaal das Musikstück *Bolero* auf und drehe den Lautstärkeregler auf Rechtsanschlag. Mucksmäuschenstill lauschen wir mit einem frisch gefüllten Glas Wein in der Hand unserer Lieblingsmusik. Wir sind erfüllt von dieser wunderbaren Melodie, dem Flackern des Lagerfeuers, dem Tanz der Schatten und dem Wissen, allein zu sein. Nur wir zwei. Eine Atmosphäre, die unter die Haut geht.

Plötzlich funkeln unangemeldete Lichter in der Dunkelheit. So spät noch? Wer ist da unterwegs? Wo will er hin? Sucht er uns? Sind es gar moslemische Fundamentalisten?

Sofort lösche ich das Lagerfeuer mit Sand, verstecke den Wein und drehe *Bolero* aus. Zu spät! Die Lichter werden größer und kommen direkt auf uns zu. Flucht ist sinnlos. Vielleicht ist es ja nur ein Militärfahrzeug. Aber mitten in der Nacht?

Ich schalte die Scheinwerfer ein. Wir müssen sehen, mit wem wir es tun haben. Auch das noch, zwei Land Cruiser, auf deren Pick-ups vermummte Gestalten sitzen, halten an. Die beiden Fahrer steigen aus.

»Salam Aleikum.«

Kopf und Gesicht sind mit dem Schesch bedeckt. So kann ich ihre Mienen nicht einschätzen. Freund oder Feind? Auf unsere Fragen »Wer seid ihr, wohin geht ihr« antworten sie nicht. Entweder wollen oder können sie nicht Französisch sprechen. Mit den Fingern zählend, fragen sie, wie viele wir sind. Ohne um Erlaubnis zu bitten, leuchten sie in die Fahrerkabine und diskutieren auf Arabisch, während sie den HZJ genau inspizieren.

Ich überlege, wie ich mich im Fall des Falles verhalte. Sie haben Kalaschnikows und ich irgendwo versteckt eine Schreckschusspistole. Die zwei Fahrer sind nicht nur unfreundlich zu uns, sie streiten auch untereinander und gestikulieren wild mit den Händen. Immer wieder blicken sie herüber. Es geht um uns. Obwohl mir nicht wohl in meiner Haut ist, zeige ich mentale Stärke, suche Augenkontakt und starre sie prüfend an.

Heti stellt sich hinter mich. Alles ist möglich. Da mischt sich ein Dritter ein, versucht zu schlichten. Daraufhin drücken die beiden Fahrer die Zigaretten in den Sand und verabschieden sich mit dem gleichen unhöflichen »Salam Aleikum«, mit dem sie gekommen sind.

Endlich verschwinden die Lichter in der Nacht, aber sie hinterlassen zwei Menschen, die nicht wissen, was sie zueinander sagen sollen. Keiner möchte übertrieben ängstlich reagieren, aber den außergewöhnlichen Vorfall auch nicht herunterspielen.

»Das war jetzt seltsam. Haben die uns ausspioniert? Vielleicht sind es Entführer, die Geiseln suchen«, meint Heti.

»Weiß nicht, dann hätten sie uns ja gleich mitnehmen können.«

»Die wissen jetzt, dass wir allein und leichte Beute sind, und kommen bestimmt heute Nacht zurück.«

Zu gern würde ich »uns« beruhigen, aber ich finde kein überzeugendes Argument. Abhauen ist keine Lösung. Sie brauchen nur unseren Spuren im Sand zu folgen. Ja, wenn der HZJ fliegen könnte, dann …

Ein Abend, der so romantisch begann, endet in einer schlaflosen Nacht, und wir sind froh, als endlich die Sonne aufgeht und nichts passiert ist.

Wahrscheinlich waren unsere nächtlichen Besucher nur Nomaden, die des Weges kamen und, von unserem Lagerfeuer angelockt, nach dem Rechten sahen. Wir haben uns selbst verrückt gemacht und zu viel Negatives gehört und geglaubt.

Einige Jahre später lesen wir folgende Schlagzeilen, und das gibt uns dann doch zu denken:

»Im Februar und März 2003 wurden von der GSPC oder einer ihrer Splittergruppen insgesamt 32 Sahara-Touristen aus Deutschland, der Schweiz, Österreich und den Niederlanden entführt. Eine Geisel starb am 28. Juni 2003 an einem Hitzschlag. 17 der Geiseln wurden bei einer gewaltsamen Befreiungsaktion der algerischen Kommandos am 13. Mai 2003, die 14 anderen nach Verhandlungen am 18. August 2003 in Mali freigelassen. Die Geiselnehmer setzten sich in den Tschad ab.«

de.wikipedia.org/wiki/Al-Qaida_im_Maghreb

Von Wein, Islam und Höllenfeuer

A lgerien ist ein islamischer Staat, aus dem der Prophet Mohammed den Alkohol ganz bewusst verbannt hat.

> »Ihr Gläubigen! Wein, das Losspiel, Opfersteine und Lospfeile
> sind ein wahrer Gräuel und Teufelswerk. Meidet es!«
>
> Koran Sure 5:90

Bereits in vorislamischer Zeit war übermäßiger Alkoholkonsum ein alltägliches Laster. Dem wollte Mohammed, der Prophet Allahs, ein Ende machen. Sein Ansatz, alles zu verbieten, was den Menschen schadet, war klug. Vor allem, wenn wir bedenken, dass in Deutschland jeder pro Jahr zehn Liter reinen Alkohol oder 800 Gläser Bier trinkt. Das Ergebnis ist, dass jährlich 75 000 Menschen an Alkohol sterben.

Ich bin kein Puritaner und sage niemals Nein zu einem Gläschen guten Cabernet Sauvignon. Dennoch hat Mohammed mit seinem totalen Verbot Recht. Alkohol ist und bleibt eine Droge.

Seinem Verbot geht es wie der Prohibition in Amerika zwischen 1919 und 1933. Auch dort war Alkohol per Gesetz verboten. Ohne Erfolg. Im Gegenteil, der Schwarzmarkt produzierte mehr Alkohol als die gesamte Alkoholindustrie vor dem Verbot.

Selbst Mohammeds Drohung mit dem Höllenfeuer, in dem die Betrunkenen schmoren werden, brachte nicht den gewünschten Erfolg. Der Beweis sind die Weinberge, an denen wir seit Längerem in Nordalgerien entlangfahren. Das islamische Algerien ist der größte Weinexporteur im außereuropäischen Raum. Ist das zu glauben?

Diese herrlichen Pinot-Noir-Trauben werden nicht aus der Obstschale, sondern aus der Weinflasche genossen. Der gute Tropfen geht nicht nur in den Export, sondern wird auch auf dem Schwarzmarkt angeboten und gern gekauft. Dass die Weinproduktion staatlich überwacht wird, ist umso schlimmer, weil Mohammed auch den Handel, ja sogar die bloße Berührung bestraft.

Die meisten Kulturen haben die berauschende Wirkung von Alkohol genossen. Und die wenigen, die ihn verboten haben, brachten die Menschen so weit, aus dem Dilemma einen Ausweg zu suchen, wie die Kabylen in Nordostalgerien. Raffiniert fanden sie einen Weg, das Alkoholverbot des

Propheten bis heute legal zu umgehen. Sie lassen überreife Feigen so lange liegen, bis diese gären. Dann werden sie in großen Mengen gegessen. Die Wirkung ist derart berauschend, dass der Zustand dieses Deliriums »betrunken wie ein Kabyle voller Feigen« genannt wird.

Das ist aber nur ein kleines Problem in Algerien. Das wirkliche Problem des Landes sind Entführungen von Touristen und Terroranschläge durch fundamentalistische Moslems. Jeden Monat sterben Hunderte von Menschen im Kampf zwischen Staat und islamischen Terrorgruppen.

Warum töten Gläubige ihre Glaubensbrüder? Warum sehen sie Töten als legitimes Werkzeug, um ihre extreme Glaubensauslegung durchzusetzen?

Während unserer Asienreise haben wir den islamischen Glauben auch als eine friedliche Religion kennengelernt. Die Menschen gingen in ihrem Glauben auf und akzeptierten die religiösen Vorstellungen eines anderen.

Ein Grund für den Extremismus könnte das Vermächtnis des im Jahre 632 verstorbenen Propheten Mohammed sein. Er rief zum »Kampf gegen die Ungläubigen« auf. Sofort nach Mohammeds Tod stürzten sich seine Statthalter, die Kalifen, mit ihren Armeen in die Schlacht. Dabei verbreiteten sie nicht nur ihren Glauben, sondern unterwarfen nebenbei ganze Völker.

So hatten die Soldaten des Kalifen nur 25 Jahre später Pakistan, Ägypten, Armenien und Persien erobert.

100 Jahre danach beherrschten sie bereits ganz Nordafrika, Zentralasien und einen Großteil der Iberischen Halbinsel.

Dank Bin Laden und seiner Al Qaida kam das Virus des Fundamentalismus und der Gewalt nach Algerien. Die Al Qaida finanzierte die FIS (Front islamique du Salut, Islamische Heilsfront). Die Heilsfront wollte einen islamischen Staat und eine islamische Gesellschaft in Algerien einführen. Wie einst der Prophet rief sie zum Heiligen Krieg, zum Dschihad auf, und hätte gesiegt, wenn die algerische Armee es nicht verhindert hätte. 1991 stoppte sie deren Machtübernahme. Als bei der Präsidentenwahl bekannt wurde, dass die FIS bei der Auszählung bereits 48 Prozent der Stimmen hinter sich hatte, rief das Militär in letzter Sekunde den Notstand aus und erklärte die Wahl für ungültig.

TIA – THIS IS AFRICA!

So einfach geht das. Ansonsten wäre Algerien heute vermutlich ein Gottesstaat wie der Iran.

Aufgrund dieser schlechten Erfahrungen wurde die FIS verboten. Daraufhin ging sie in den Untergrund und entfachte einen Bürgerkrieg, der 100 000 Menschen das Leben kostete. Von der »Islamischen Heilsfront« spalteten sich einige extrem gewaltbereite Gruppen ab, die das Land bis heute terrorisieren.

Infolgedessen werden wir alle paar Kilometer von Militärposten gestoppt und sehr genau überprüft. Das kostet uns viel Zeit und Geduld auf unserem Weg nach Ideles im Hoggar-Gebirge.

Am Horizont fängt ein Punkt unseren Blick ein. Als wir näher kommen, erkennen wir ein weißes Kamel, auf dem eine stolze Gestalt sitzt, nein, thront. Der Mann ist in ein weites schwarzes Gewand gehüllt. Ein langes, ebenfalls schwarzes Tuch, den Schesch, trägt er um den Kopf gewickelt. Wir sehen nur seine Augen. Hände und Füße sind hellhäutig. Ein Zeichen, dass auf dem Kamel ein Adeliger sitzt.

Dieser stolze Tuareg beeindruckt uns. Ich verstehe, dass Feinde bei seinem Anblick Reißaus nehmen. Bewegungslos blickt er mir in die Augen. Keine Regung, kein Wort! Das Kamel trägt den Kopf mindestens so stolz wie sein Herr. Die Situation ist spannend. Selten hat mir jemand so lange und so tief in die Augen geblickt, von ein paar schönen Frauen abgesehen.

Es wirkt schon arrogant, wie die beiden von da oben auf uns herabschauen. Dann ein kurzer Fingerzeig Richtung Nomadenzelt und ein Wink, wir sollen folgen. Der Mann scheint Gehorsam gewohnt zu sein.

Am Zelt angekommen, springt er leichtfüßig vom Kamel. Der Ritter der Wüste ist ein großer und feingliedriger Mann. Er zieht den Schesch, seinen Gesichtsschutz, weiter nach unten, schiebt die Ärmel zurück und begrüßt uns mit Handschlag. Danach führt er seine Hand zu den Lippen, was bedeutet, ich habe euch ins Herz geschlossen. Ihr seid mir sympathisch.

Wir schenken ihm die gleiche Achtung, denn für nichts ist ein Tuareg dankbarer als für Respekt und Würde. Er führt uns zu einem Kind mit schlimm entzündeten Augen. Dicker Eiter verklebt die Wimpern. Der arme Wurm kriegt die Augen nicht mehr auf. Zum ersten Mal hören wir seine überraschend weiche Stimme. Er spricht Französisch.

Sein Name ist Ibrahim, und er fragt, ob wir helfen können. Heti kocht Kamillentee und tränkt darin eine Slipeinlage. Damit weicht sie den verkrusteten Eiter auf, reinigt vorsichtig die Augen und schließt das Ganze mit Augentropfen ab. Ein Kinderlachen ist ihr Dank.

Ein Alter klagt über eine entzündete, wieder aufgebrochene Wunde am Knöchel. Das Fleisch an den Rändern ist bereits schwarz. Die Verletzung sieht übel aus und riecht auch so. Heti muss sich überwinden, die Wunde zu reinigen. Als sie die Blessur desinfiziert, zuckt der alte Tuareg erschrocken zusammen. Schnell legt sie noch einen Salbenverband als Schutz vor dem ständigen Staub auf. Mehr kann sie nicht tun. Die Wunde kann nun heilen, hoffentlich!

Wir werden ins blitzsaubere Zelt gebeten und nehmen auf dem Teppich vor der Feuerstelle Platz. Ibrahim ist uns gegenüber sehr höflich. Doch sobald er seinen Untertanen Anweisungen erteilt, wird sein Ton kurz und scharf.

Kinder sind im Lager mit Abstand in der Überzahl. Alle Frauen sind schwanger. Die Tuareg praktizieren die Einehe. Sie sind alles andere als Parademoslems, da sie außer Allah noch ihre Naturgötter verehren. Das ist den strengen Islamisten bis heute ein Dorn im Auge. Ebenso wie die Fetische, die die Tuareg in einem Lederamulett am Hals tragen. Ibrahims Frau lüftet ihr Geheimnis. Sie zeigt uns den Inhalt ihres Amuletts. Ein Pergament mit einer Sure des Korans, ein Fingernagel von wem auch immer und ein paar Krümel geheiligter Erde sind ihr Schutz gegen die bösen Geister.

Alles ist vorbereitet, das lange Ritual der Teezeremonie kann beginnen. Es im Detail zu beschreiben würde dauern. Nur so viel: Wieder und wieder wird Wasser gekocht, in die Kanne gegossen und ausgeschüttet, um sie vorzuwärmen und die Teeblätter zu schwenken. Zum Schluss ist der Gastgeber an der Reihe. Damit viel Sauerstoff den Tee belebt, gießt er ihn aus etwa einem Meter Höhe zielsicher in Teegefäße von der Größe eines Schnapsglases. Kein Tropfen geht verloren. Das Ritual wird nach jedem Glas von vorn begonnen. Jeder trinkt drei Gläser. Das Getränk schmeckt von Glas zu Glas bitterer.

»Teezeremonie ist wie das Leben«, sagen die Tuareg. »Das erste Glas ist süß wie die Kindheit. Das zweite Glas ist stark wie das Erwachsenenleben, und das dritte Glas ist bitter wie der Tod.«

Wer für die Zeremonie nicht genügend Zeit mitbringt, ist fehl am Platz und wird die Gastfreundschaft verletzen. »In der Wüste liegt überall Zeit«, ist ein Sprichwort, das nicht aus einer Welt mit Terminplänen stammt.

Ibrahims Zelt ist aus dunkelrot gegerbten Ziegenfellen zusammengenäht. Gekocht wird auf einer kleinen Feuerstelle unter dem Vordach. In einer Ecke finden der Mahlstein und das Kochgeschirr ihren Platz. Am filigran geschnitzten Stützpfahl in der Mitte hängt ein kleines Kreuzschwert, das heimtückisch unter der Gandurah, dem langen Umhang, getragen wird. Am Eingangspfosten baumelt die Guerba, der Wasserbehälter aus Ziegenfell, das wichtigste Utensil in der Wüste. Ohne sie wäre die Wüste wahrscheinlich menschenleer. Überall ist die Guerba mit dabei, und wehe, sie ist leer und du bist zu weit von der nächsten Wasserstelle entfernt. Darum baumelt sie für den Fall der Fälle möglichst immer voll an Kamelen, Eseln, Lkw oder Land Cruiser.

Ibrahims Untertanen kochen Bakbouka. Das ist der Fettdarm des Hammels, gekocht mit Kürbisstückchen. Nein, nicht fettarm, schön wär's, es ist das krasse Gegenteil.

Extra für meine Frau und mich haben unsere Gastgeber eine Mahlzeit mit Fleisch zubereitet. Sie reichen uns die besten, also die fettesten Brocken. Für die Tuareg ist es ein Festessen, und für uns sagt das Gebot der Gastfreundschaft »Augen zu und durch«.

Heti kaut vorsichtig auf einem Stück Fettdarm herum und schiebt es von einer Backe in die andere. Dabei blickt sie mich versteinert an. Sie kaut ungewöhnlich lange. Dann überwindet sie sich und würgt es am Stück hinunter. Ich betrüge meine Geschmacksknospen auf der Zunge und bilde mir ein, gerade Tintenfischringe zu genießen. Sie haben etwa die gleiche Form und Konsistenz. Womit schon alle Gemeinsamkeiten erklärt wären. Der außergewöhnliche Geschmack elektrisiert meine Geschmacksfühler, und die sind kritisch wie selten. Sie haben die wichtige Aufgabe, noch vor dem Hinunterschlucken zu prüfen, ob das Essen dem Magen schadet, um es notfalls sofort auszuspucken. Der ranzige Geschmack ist eher ein Signal fürs Ausspucken. Doch unser Wille siegt. Wir bringen die Sache mit Anstand hinter uns und haben die Gastfreundschaft geachtet.

Und wären es auch rohe Hühnerdärme gewesen – zum Teufel mit dem Ekel –, wir hätten sie genauso gegessen. Gastfreundschaft ist ein hohes Gut, und es verletzt die Ehre des Gastgebers oder des Gastes, wenn sie beleidigt oder gar abgelehnt wird.

Bei den Nomadenvölkern ist genau festgelegt, wie lange Gastfreundschaft gewährt werden muss, und das sind mehrere Tage. Dabei geht es nicht nur um Essen und Trinken. Gastfreundschaft ist ein Rundumpaket, das schwerwiegende Folgen für den Clanchef haben kann.

Nach dem dritten Glas Pfefferminztee stehen auch wir unter dem Schutz der Gastfreundschaft. Im Notfall würde Ibrahim uns verteidigen, und wenn es sein muss, sogar mit dem Leben.

Ohne die Gastfreundschaft wäre früher, als es noch keine Infrastruktur und keinen McDonald's gab, Reisen und Handeln nicht möglich gewesen.

Für uns war es ein interessanter und angenehmer Nachmittag – abgesehen vom Fettdarm.

Als Dankeschön lassen wir Augentropfen, Salbe und Verbandsmaterial zurück. Wir verabschieden uns von Menschen, die uns Zeit geschenkt haben, die sie vielleicht nicht haben, die uns mit Essen verwöhnten, das sie vielleicht selbst bitter nötig haben, und die uns ein Gefühl des Willkommenseins in der Ferne gaben.

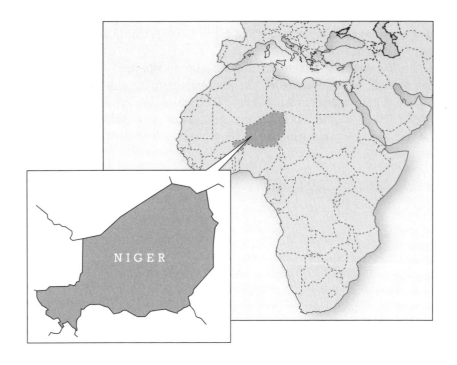

Niger

Angst vor Rebellen

Bilma ist mehr als ein Wort mit fünf Buchstaben. Schon der Klang setzt Emotionen frei. In jedem Ohr klingt es anders. In jedem Gehirn produziert es eine andere Fiktion, und in jeder Seele erzeugt es eine andere Stimmung. Der eine hört das Pfeifen des Sandsturms, in dem Kamele schreien. Der andere sieht eine grüne Palmenoase im gelben Sand flimmern, und der Nächste empfindet die Unendlichkeit der Wüste.

Bilma löst bei mir eine Sehnsucht nach Fremde aus und nach Menschen, die abgeschieden wie vor 1000 Jahren von ihrem Salz leben. Heti verbindet mit dem Namen Weite und Ruhe irgendwo im Nichts. All die Vorstellungen sind Spekulationen. Die Wahrheit können wir nur vor Ort erfahren.

Für mich ist Bilma das Synonym für Abgeschiedenheit. Die kleine Oase ist auf jeder Afrikakarte eingezeichnet, obwohl keine Straße dorthin führt. Dessen ungeachtet, werden wir sie dennoch finden, sofern man uns lässt. Niemand weiß, wie lange der legendäre Karawanentreffpunkt mit seinen Salzsalinen noch erreichbar ist. Denn die Gegend ist im Aufmarschgebiet der Tuaregaufstände. Hier prallen Kulturen aufeinander: hellhäutige Tuaregnomaden aus der Sahelzone und sesshaftes, negrides Bauernvolk aus Schwarzafrika. Eine explosive Konfliktzone. Die Sesshaften herrschen, und die Nomaden werden beherrscht.

Ich bin ehrlich, meine Sympathie gehört den Tuareg, die politisch und wirtschaftlich ganz bewusst an den Rand der Gesellschaft gedrängt werden. Endlich wollen auch sie an den Urangewinnen und politischen Entscheidungen teilhaben. Dieses Wollen stößt auf Schwierigkeiten, denn in ihrem Nomadendenken kommen Staatsgrenzen und Zentralverwaltung, die sie dann respektieren müssten, nicht vor. Traditionell sind die Tuareg nicht sesshaft. Ihr Lebensraum ist über Libyen, Mali, Algerien und den Niger verstreut. Sie sind überall und nirgends. Ihnen fehlt eine Machtstruktur mit einheitlicher Stimme. Demzufolge besinnen sich die »Ritter der Wüste« auf ihre Tradition und kämpfen zunehmend mit Gewalt um ihr Recht.

Bevor die Gewalt eskaliert und die Region zur No-go-Area wird, möchten wir die Oase der Oasen sehen.

...

Staub liegt in der Luft und auf den Straßen. Sogar die Häuser sind daraus gebaut. Er kratzt in unseren Augen und liegt als graue Dunstglocke über einer Stadt, zu der besser der Name »Sandy City« als Agadez passt. Kamele und stolze Tuareg bevölkern die heimliche Hauptstadt der Nomaden. Nomade und Hauptstadt? Wie geht das zusammen? Doch wenn ich genauer hinsehe, passt es durchaus. Wie so oft ist der schnöde Mammon der Grund dafür. Die Nomaden können in der Stadt mit Handel und Verkauf von Souvenirs schneller und mehr Geld verdienen als mit Salzkarawanen, die monatelang unterwegs sind, bevor die Münze in der Kasse klingelt.

Die Wüstenstadt Agadez liegt am Fuße des Aïr-Gebirges im Norden Nigers. In ihren Gassen geht das Leben einen langsamen Gang. Hier gibt es keine hektischen Hupkonzerte, Stinkefinger und regenbogenfarbene Hochhausfassaden. Die Häuser ducken sich wegen der Hitze an den Boden und haben die Farbe des Lehms.

Das höchste Gebäude ist das Minarett. Es wurde wie alle anderen Lehmgebäude als ewige Baustelle geboren. Ungebrannter Lehm ist empfindlich, löst sich bei Regen auf und zerfließt. Die Lehmbauwerke müssen ständig repariert werden. Deshalb sind die Stütz- und Gerüststämme am Minarett nie abgesägt worden.

Unser Ziel heißt nach wie vor Bilma. Bevor wir aufbrechen, erkundigen wir uns in einem Hotel nach der aktuellen Sicherheit im Aïr-Gebirge und in der Ténéré.

»Was, ihr wollt ins Aïr? Mutig, mutig! Ihr habt gefragt, also bekommt ihr eine ehrliche Antwort. Die Rebellen werden euch schnappen und auf Nimmerwiedersehen mit euch im Aïr verschwinden, sobald ihr nur einen Fuß vor die Stadt setzt. Wenn es denn sein muss, kann ich euch nur einen Rat geben: Nehmt einen erfahrenen Guide, seid vorsichtig und posaunt euer Vorhaben nicht herum.«

Spekuliert der Hotelier auf ein schnelles Geschäft mit unserer Angst? Macht er eine große Show, oder gibt er uns wirklich einen guten Rat?

Wir sind vorsichtig. In dieser sensiblen Zone, die an jeder Ecke neugierige Ohren hat, wäre es unklug, unser Vorhaben an die große Glocke zu hängen. Wir bestellen eine Cola und warten. Sollte er ein Abzocker sein, wird er bald mit dem besten Guide der Stadt, nämlich seinem Schwager oder Bruder, bei uns am Tisch sitzen.

Nach der zweiten Cola sind wir noch immer allein. Also bezahlen wir und gehen Richtung Ausgang. Er schenkt uns ein kurzes »Au revoir«, das war's. Test bestanden.

Wir machen auf dem Absatz kehrt und fragen, ob er einen vertrauenswürdigen Guide kennt, der ein wenig Englisch spricht.

»Hmmm?«, er überlegt und zieht die Stirn in Falten. »Elias, ja Elias. Fragt nach Elias beim Goldschmied. Sagt, Issa schickt euch.«

Kurz danach sitzen wir beim Goldschmied im Hinterzimmer. Ein Tuareg im indigoblauen Tekatkat mit weißem Schesch, der nur seine Augen freilässt, betritt den Raum. Es ist Elias. Er will wissen, was wir vorhaben.

»Wir möchten auf der alten Karawanenroute ins Aïr und weiter nach Bilma. Geht das?«

Sofort schließt Elias die Tür und zieht den Schesch etwas weiter aus dem Gesicht.

»Es geht, die Ténéré ist kein Problem, aber im Aïr müssen wir vor den Rebellen auf der Hut sein.«

Elias ist ein sehr angenehmer Mensch, und wir vertrauen ihm als Guide. Schnell sind wir handelseinig. Bevor wir gehen, fragt er: »Liebt ihr Überraschungen?«

»Kommt drauf an, ob gute oder schlechte«, antworte ich besorgt.

»Unterwegs zeige ich euch etwas Einmaliges, etwas, das ihr garantiert noch nie gesehen habt. Mehr verrate ich nicht. Noch eine Bitte, erzählt niemandem von unserem Ziel!«

Am nächsten Morgen wollen wir um vier Uhr früh im Schutz der Dunkelheit losfahren. Pünktlich wartet Elias mit einem alten Toyota samt Fahrer Jamal, und wir folgen ihm mit unserem HZJ.

Wir holpern durch schwarze Gebirgslandschaft, in deren Tälern sich der gelbe Ténéré-Sand sammelt. Am Abend sind wir in der Nähe des Dorfes Erfauane mitten im Aïr. Wir meiden es und verstecken uns in einem Dünental abseits der Piste. Das Lagerfeuer brennt auf Sparflamme, wir sind alle satt und unterhalten uns. Elias erzählt, für ihn gebe es nichts Schöneres, als im Sattel eines edlen Kamels zu sitzen. Immer im Winter, von März bis November, ist er der glücklichste Mensch. Da führt er Karawanen.

»Glaubt mir, wer ein Kamel hat, hat alles. Fleisch, Milch, Haut und Wolle. Dieses fantastische Tier kann Lasten bis zur Hälfte seines Körpergewichts tragen. Und wenn es dabei ein Drittel seines Gewichts verliert, wird es im Gegensatz zu vielen Autos trotzdem ankommen. Das Kamel ist eine Wüstenüberlebensmaschine. Nein, es ist viel mehr. Es ist Ata Allah, ein Geschenk Gottes. Es ist alles, was ...« Abrupt springt er auf, löscht hastig das Feuer und robbt den Dünenhang hinauf. Jamal und ich folgen. Jetzt höre auch ich leises Brummen. Keine 100 Meter von uns entfernt schleichen drei Autos durch die Mondnacht. Wir beobachten sie, und erst, als Elias nichts mehr hört, steigen wir von der Düne.

»Rebellen?«, frage ich.

»Vielleicht. In der Dunkelheit weißt du nie, wer unverhofft am Lagerfeuer auftaucht.«

Es ist Zeit fürs Bett. Unsere beiden Begleiter wühlen eine Kuhle in den Sand und legen sich hinein. Ar Tufut, gute Nacht.

Je näher wir der Ténéré kommen, desto sorgloser wird Elias. Die Berge werden zu Hügeln, die Hügel zu Steinen und die Steine zu Sand. Das Rebellenversteck Aïr-Gebirge liegt hinter uns. Unser Führer zeigt auf einen schwarzen Stein. »Hinter ihm beginnt die Wüste der Wüsten mit 100 Kilometer langen Sanddünen und keinem einzigen Baum.«

»Wie groß ist die Ténéré?«

Das weiß er nicht. Er kann nur sagen, wie weit die Strecke nach Bilma ist, nämlich 85 große und 390 kleine Dünen.

»Aber sei nicht zu genau mit mir«, schmunzelt er spitzbübisch. »Mit der Karawane gehe ich bis zu 16 Stunden am Tag. Da schlafe ich beim Gehen gern ein. Kann sein, dass mir die eine oder andere Düne entging«, zwinkert er mit den Augen.

Bevor wir in baumlose Wüste aufbrechen, sammeln wir möglichst viel Holz. Die nahezu pistenlosen Sanddünen gehören zu den schwersten Strecken in der Sahara. Willkommen in der Ténéré, dem Sandozean der Einsamkeit.

Von einer Sekunde auf die andere beschleunigt Jamal und schießt mit dem Toyota über die Dünen. Ja sind wir mit Verrückten unterwegs? Sie jagen tatsächlich mit ihrem Auto Gazellen und riskieren dafür Kopf und Fahrzeug. Sie müssen doch wissen, wie heimtückisch die Walfischdünen der Ténéré sind. Sie steigen harmlos an und brechen wie eine Walfischflosse oder eine Schischanze steil ab. Sturzflug und Stoßstangenlandung mit Überschlag können für das Fahrzeug Totalschaden und für die Insassen den Tod bedeuten. Die Lightversion der Flugübung sind gebrochene Felgen und zerfetzte Reifen. Schon das wäre Fiasko genug.

Unser Fahrer Jamal hat bereits im felsigen Aïr seine zwei maroden Secondhand-Reifen zerschnitten. Die Reise konnte nur weitergehen, weil er meine beiden Ersatzreifen montieren durfte.

Als er von der erfolglosen Jagd zurückkommt, stelle ich ihn zur Rede: »Wieso bringst du uns wegen einer dummen Gazelle in Gefahr?«

»Warum Gefahr? Ich hab doch nur eine Gazelle gejagt. Das macht jeder Tuareg. Werner, du solltest mir lieber helfen. Mit zwei Autos steigen die Chancen enorm.«

»Bitte, Jamal, lass es bleiben«, versuche ich ihn zu beeinflussen. »Wir sind nicht in Agadez, sondern in der Ténéré, wo uns im Umkreis von mehreren hundert Kilometern kein Mensch hilft.«

»Hast du schon einmal Gazellenfleisch gegessen?«

»Nein!«

»Eben!«

Vielleicht tue ich den beiden ja Unrecht. Für mich bedeutet Wüste Gefahr und Verdursten, für sie Zuhause und Gazellenbraten. Im Notfall brauchen sie keine Technik. Sie finden ihren Weg immer mithilfe der Sterne und wissen auch, wo und wie weit es zum nächsten Brunnen ist. Mit einer Handvoll Datteln und etwas Wasser in der Guerba laufen sie weit. Die Wüste ist ihr Wohnzimmer.

Am nächsten Tag erwartet uns ein anderes Gesicht der Ténéré, ein glattes, weites.

Oh nein, nicht schon wieder Gazellen. Ich habe es geahnt. Erneut packt die beiden das Jagdfieber, und Jamal startet schon wieder durch. Lautes, aufgeregtes Hupen lädt mich zur Jagd ein. Das Gelände ist eben, also will ich ihnen den Braten nicht verderben. Ich drücke das Gaspedal durch, die Hatz beginnt. Da schreit Heti mich an: »Bist du jetzt genauso verrückt wie gestern die beiden? Denk doch an unser Auto.«

Die Gazellen flüchten. Jamal deckt die rechte Flanke ab und ich die linke.

»Pass auf!«, schreit Heti aufgeregt. Eine Gazelle bricht aus. Ich will ihr den Weg abschneiden. Doch sie entkommt mit einem weiten Sprung über die Motorhaube. Elias deutet erregt auf die letzte Gazelle vor uns. Jamal und ich parieren jeden Ausbruchsversuch. Wir sind ein gutes Team. Dann ein Rumps. Die Federn des HZJ schlagen auf die Achsen durch. Mist, das war eine Bodenwelle. »Ja bin ich denn des Wahnsinns?«

»Becky, Achtung, sie will ausbrechen.«

Ich vergesse die Federn und schneide ihr gekonnt den Weg ab. »Gut gemacht!« Ich bekomme ein Lob. Auch Heti hat das Jagdfieber gepackt.

Schon wieder bricht die Gazelle aus – pariert!

»Super, Becky!« Wieder eine Bodenwelle. Der gleiche Knall. Jetzt ist aber Schluss! Mit dieser blöden Jagd ruiniere ich mir das Auto.

Da wird die Gazelle langsamer und legt sich in den Sand. Elias steigt aus. Er ist nur noch wenige Meter von dem erschöpften Tier entfernt, das nach Luft pumpt. Mit einem Riesensatz springt die Gazelle haarscharf an seinem Kopf vorbei und entkommt. Sofort verfolge ich sie. Schon nach kurzer Zeit ist sie am Ende ihrer Kräfte. Sie lässt mich bis auf zwei Meter heranfahren. Schnell springe ich aus dem Auto und will sie schnappen. Aber Elias kommt mit einem lauten »Stopp, stopp! Nicht, das ist gefährlich«, angerannt.

Vorsichtig nähert er sich dem Tier, wirft sich schnell auf dessen Hinterbeine und packt es gleichzeitig am Hals.

»Werner, wenn du die Gazelle falsch nimmst, schlägt sie dir mit den scharfen Hinterläufen den Magen durch.«

Jamal bringt ein Glas Wasser und tröpfelt es in ihr Maul. Diese Geste soll dem Tier unseren Respekt zeigen. Professionell schneidet Elias der Gazelle die Kehle durch. Die Jagd ist vorbei. Die beiden danken Allah und schlachten die Gazelle.

In diesem Augenblick schlägt das Wetter um. Die Grenze zwischen blauem Himmel und gelber Wüste löst sich auf. Vom Wind getrieben, beginnt der Sand zu fließen und nimmt die Eigenschaft von Wasser an. Überall ist Sand. Wie mir scheint, vor allem in unserem Gazellenbraten. Doch obwohl die Körner zwischen den Zähnen knirschen, ist Gazellenfleisch ein Gaumenschnalzer. Jetzt verstehe ich Jamal.

Mittlerweile peitscht der Wind den Sand in alle Gesichtsöffnungen. Vielleicht sollte ich die Chance nutzen und meinem Körper ein Sandsturmpeeling gönnen. Aber Heti möchte keinen aalglatten Mann. Sie liebt meine Macken und Ecken. So flüchten wir lieber ins Auto.

Am nächsten Morgen bin ich beim Frühstück ungeduldig und sehr gespannt. Heute können wir Bilma erreichen, inschallah!

Auf dem Weg zwischen dem Brunnen Achegour und Bilma treffen wir auf einen alten, heillos überladenen Laster, von dem niemand weiß, ob er je wieder anspringen wird. Die 200 Flüchtlinge auf ihm sind nicht das Problem. Das Problem ist deren Hausstand. Teppiche, Plastikstühle, Matratzen und Wasserpfeifen stapeln sich weit übers Fahrerhaus hinauf. Die armen Passagiere sitzen obenauf, halten sich gegenseitig fest, hängen seitlich an den Zurrstricken oder balancieren ohne Halt auf dem Kabinendach des Lkw. Wer herabfällt, hat verloren. Und wer beim Pinkeln zu lange braucht, bleibt zurück in der Wüste, wo ihn niemand sucht und wo ihn die nächste Wanderdüne begräbt. Denn bezahlt wurde vorab, und jeder Zurückgelassene spart Sprit, Wasser und Verpflegung. In diesem Fall wären die 100 Euro für das Ticket nach Libyen ein Fahrschein in den Tod. Mit diesen Seelenverkäufern flüchtet die Zukunft Afrikas. Es ist die Intelligenz. Lehrer, Ingenieure und Krankenschwestern sind auf der Suche nach illegaler Arbeit – egal wo.

Einige von ihnen ziehen tatsächlich das große Los und erreichen nicht nur Libyen, sondern auf lumpigen Bootswracks Lampedusa. Die kleine Insel zwischen Libyen und Italien ist Europas Eingangstor für Afrikaner, die vor Krieg und Armut flüchten. Nur wenige erreichen diese Insel. Die meisten versinken samt Boot im Mittelmeer.

»Und was geschieht, wenn der Lkw-Fahrer den Motor nicht mehr zum Laufen bringt?«, frage ich Elias. Er antwortet lapidar: »Das Gleiche wie auf den Flüchtlingsbooten im Mittelmeer. Sie werden im Sandmeer ertrinken.« Und er gibt mir den Rat: »Solltet ihr irgendwann allein einem dieser Havaristen in der Wüste begegnen, haltet euch unbedingt fern. Verdurstende und Verhungernde sind gefährlich. Diese armen Seelen stürzen sich auf euch und nehmen euch alles; wenn es sein muss, auch das Leben.«

•••

Ein grüner Streifen am Horizont kündigt eine der abgelegensten Oasen der Sahara an. In Bilma findest du kein Hotel und keine Touristeninfo, nur warmes Wüstenbier in einer Bar, durch die der Sand weht. Dieser Karawanenknotenpunkt existiert dank der uralten Formel »Salz in den Süden, Getreide in den Norden«.

Seit langer Zeit schleppen Kamele Salz aus Bilma Richtung Süden an den salzlosen Tschadsee. Auf dem Rückweg bringen sie Tee, Zucker und Hirse mit, ohne die die Oase nicht überleben kann. Das ist der Kreislauf der Jahrtausende.

Bilmas Salz bildete sich während der Erdentstehung. Diese Ablagerung des Urmeeres ist kaum von Sand bedeckt und kann deswegen mit einfachsten Mitteln abgebaut werden.

In den Löchern der Salinen ist es so heiß, dass sich die Männer alle paar Stunden abwechseln, um nicht auszutrocknen. Aber die Schinderei lohnt sich. Ihr Salz ist begehrter als das industriell aufbereitete Meersalz. »Wassersalz«, wie sie es abschätzig nennen, ist lange nicht so mit Mineralien und Spurenelementen angereichert wie dieses Wüstensalz. Salz aus Bilma ist aufgrund seiner besonders hohen Qualität geschätzt.

Können Sie sich vorstellen, dass eine Kultur nur für Salz 50 verschiedene Bezeichnungen hervorgebracht hat? Das zeigt ganz klar die Bedeutung dieses Minerals. Es ist für Mensch und Tier so wichtig und kostbar, dass es nach Form, Konsistenz und Anwendung genau unterschieden wird. Die Bandbreite reicht von feinstem Speisesalz bis zum mit Lehm vermischten Salzbrocken, an dem die Tiere lange lecken können.

Durch Schwitzen verlieren wir mit jedem Tropfen Schweiß lebensnotwendiges Salz. Ohne dieses Mineral funktionieren weder Gehirn noch Muskeln, eine schreckliche Vorstellung. Salz ist Leben.

Deshalb decken sich Elias und Jamal mit reichlich Salz ein. Auch ein paar Säcke Datteln, die einzigen Früchte, die in den Palmenhainen zuverlässig wachsen, wandern ins Auto.

Nach der Oase Fachi erreichen wir einen Ort, der aus zwei Gründen denk-

würdig ist: Zum einen hat es hier in der Ténéré am 26. Februar 2002 geregnet, ein eher seltenes Ereignis. Zum anderen stand an dieser Stelle der
einzige Baum im Umkreis von 400 Kilometern. Schon erstaunlich, wie ein
Lkw-Fahrer diese einzige Schirmakazie 1973 »rein zufällig« überfahren
konnte.

Immer wieder passieren solche unglaublichen Dinge, obwohl sie statistisch nur alle 100 000 Jahre passieren dürften. Genauso unfassbar ist die
Geschichte zweier Wüstenfahrer: Sie trafen sich zufällig in der Sahara,
einer Wüste so groß wie Europa, ganz exakt auf einem Dünenkamm, wo es
zu einem folgenschweren Frontalzusammenstoß kam.

Zurück zum Arbre du Ténéré. Der Baum war der letzte Überlebende aus
einer Zeit, in der es in der Sahara noch mehr Wasser gab. Der Brunnen in
der Nähe ist 35 Meter tief. Genauso tief mussten sich die Wurzeln hinab-
graben. Der Arbre du Ténéré war eine Institution und seit jeher der einzige
feste Orientierungspunkt im Sandmeer für die Wüstenbewohner und die
Karawanen. Nach Wochen im Nichts war diese halb vertrocknete Akazie
ein Ereignis, dem sie entgegenfieberten. Sie war das Symbol für Leben,
Wasser und Rast. Ein neues Wahrzeichen wurde aus dicken Eisenrohren
zusammengeschweißt, dem auch ein betrunkener Panzerfahrer nichts
anhaben kann. Nun steht ein Eisenbaum anstelle der Schirmakazie. An
den Ästen hängen Chromfelgen, die von Weitem in der Sonne glitzern und
die Richtung signalisieren.

Unsere Zeit in der Ténéré geht bald zu Ende, und wir warten noch immer
auf Elias' Überraschung. Meine Nachfrage quittiert er stets mit »Geduld,
Geduld«.

Wir sind verdutzt, als er an einem Brunnen einen Berber fragt:
»Weißt du, wo meine Frau ist?«

Was sind denn das für Sitten? Ein Mann fragt einen anderen, wo sich die
eigene Frau rumtreibt, und das mitten in der Wüste? Doch Elias erklärt uns,
dass seine Frau während seiner Abwesenheit mit den Kindern, Kamelen
und Ziegen als Nomadin in der Wüste umherzieht. Der Berber meint, sie
müsse ganz in der Nähe sein.

»Wenn ihr mögt, besuchen wir sie. Dann kann ich ihr auch gleich
Nahrungsmittel bringen.«

Von Wasserloch zu Wasserloch sind wir auf Nomadenschnitzeljagd.
Elias sucht immer nach irgendwelchen Zeichen, die seine Frau hinterlassen hat, damit er sie findet. Sobald er jemandem begegnet, erkundigt er

sich nach seiner Frau. Jeder weiß ein bisschen was. Zum Schluss ist das Puzzle fertig, und Elias ist sicher, wo er seine Familie finden wird. Und tatsächlich, wie ein Spürhund führt er uns in ein Dünental, an dessen Ende ein paar Kamele und Ziegen dösen und ein kleines Berberzelt steht. Die Schnitzeljagd ist vorbei. Vor dem Zelt sitzt eine bildhübsche Frau, viel zu jung für Elias. Seit zwei Monaten ist sie mit den kleinen Kindern allein in der Wüste unterwegs. Das wird ein Empfang werden, denken wir und halten Distanz. Wir wollen auf keinen Fall die Wiedersehensfreude stören.

Ungläubig beobachten wir aus der Ferne, wie kühl und distanziert sich die beiden nach einer zweimonatigen Trennung begrüßen. Das kleinste der zwei Kinder weint, als es der Vater auf den Arm nimmt. Elias gibt seiner Frau den Rest der Gazelle, Salz und die steinharten Datteln, was sie wortlos entgegennimmt.

Ich kann nicht sagen, ob die beiden in einer Ehekrise stecken oder ob dieses reservierte Verhalten Tuaregtradition ist. Wenn Heti und ich uns so verhalten, haben wir Zoff miteinander.

Abends wandern wir mit Elias durch die Dünen und erklimmen die höchste. Oben ruft er stolz: »Voilà!« Elias hatte mehr als Recht. Noch nie haben wir etwas Derartiges gesehen. Ja, es könnte sogar sein, dass nur wenige Menschen je so etwas zu Gesicht bekommen haben. Vielleicht ein paar Paläontologen. Uns fehlen die Worte. Wir blicken auf einen Jurassic Park mitten in der Wüste. In einem sandlosen Dünental ragen etwa zehn versteinerte Sauriergerippe aus dem Boden. Unser Herz schlägt bis zum Hals, als wir zwischen 100 Millionen alten Saurierknochen stehen. Die Oberschenkelknochen und Wirbel sind so groß, dass wir darauf Platz nehmen können. Mit aufgerissenem Schlund liegen die Saurier da. Zähne stecken noch im Kiefer. Wir wissen nicht, was wir zuerst betrachten sollen.

Nur kurz haben die Wanderdünen ihr Geheimnis für uns gelüftet. Schon bald werden sie den Saurierfriedhof wieder unter sich begraben. Elias legt einen großen versteinerten Knochen frei. Er wurde vom »Ténéré-Sandstrahlgebläse« abgefräst und gibt wie ein Spintomograph das Innere eines Saurierknochens frei. Aus dem Mark entstanden Bergkristalle, die wie Diamanten im Abendlicht funkeln.

»Willst du ihn haben? Er soll euch immer an mich und an unsere Zeit erinnern. Ach ja, eines hätte ich beinahe vergessen. Am Tag, bevor wir aufgebrochen sind, wurde im Nord-Aïr eine Gruppe Italiener entführt. Ihr Pech war, dass sie keinen so guten Schutz hatten wie ihr.«

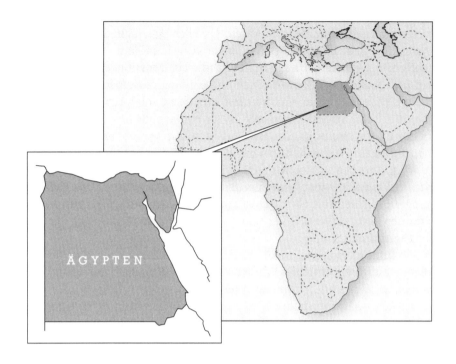

Ägypten

Seitensprung auf Ägyptisch

»Felukenfahrt, günstige Felukenfahrt, kostet fast nix!«
In Assuan sind 100-mal mehr Felukentourverkäufer auf den Füßen
unterwegs, als Feluken im Wasser schwimmen. Einige der Schlepper posaunen ihr Angebot laut hinaus. Andere flüstern es uns unter dem Siegel der Verschwiegenheit ins Ohr. Und die Aggressivsten folgen mir bis auf die Toilette.

»Nein, ich kaufe nichts!«, ist eine Antwort, die sie nicht verstehen.

»Was, du kaufst nichts? Warum bist du dann überhaupt hier?«

Eine Frage, die zeigt, dass Touristen längst nicht mehr als Gäste willkommen, sondern zur Funktion verkommen sind. Und die Funktion heißt: bezahlen. Egal wie viel, egal wofür, egal an wen! Bezahlen, bezahlen, bezahlen ...

Wir funktionieren nicht. Selbst die günstigste Felukentour ist für unser Budget zu hoch. Erst bei Saijds Angebot kommen wir ins Wanken. Es ist so günstig, dass wir vorher die Feluke auf Schwimmfähigkeit inspizieren. Eine Feluke ist ein Holzboot mit einem großen Segel ohne Motor. Mit Feluken waren bereits die Pharaonen unterwegs, doch ich vermute, ihre sind größer und komfortabler gewesen als die, in der wir gerade stehen. Okay, der Preis ist klein, da kann das Boot nicht größer sein.

Der Mast, an dem das dreieckige Lateinersegel hängt, ist am Fuß mit Teppich umwickelt. Hinter der Verzierung versteckt Saijd den abgebrochenen Mast, den nur noch verrostete Eisenschellen zusammenhalten. Unter dem Bodenlattenrost dümpelt so viel Wasser, dass er Forellen züchten könnte.

Saijd, du altes Schlitzohr mit Turban! Darum dieser Dumpingpreis.

Aber Saijd braucht unbedingt Geld, weil seine Frau und die beiden Kinder hungern. Nun ja, das hören wir von Händlern nicht zum ersten Mal. Irgendwie ist uns dieser Typ sympathisch. Um ein Geschäft zu machen, würde er sogar eine Felukenfahrt zum Mond anbieten. Doch wir sind bescheiden und möchten nur ein paar Tage auf dem Nil segeln, ohne Programm, aber mit Vollpension. »Kein Problem, da seid ihr bei mir genau richtig. Ich verspreche euch, diese Fahrt werdet ihr nie vergessen.«

Schnell werden wir uns einig. Wir schlagen ein. Bevor es losgehen kann, braucht Saijd natürlich einen Vorschuss für Lebensmittel und Petroleum.

Wie abgesprochen, sind wir am nächsten Morgen um neun Uhr am Boot. Saijd ist schon mal nicht da. Hamada, der Bootsjunge, klettert zerknittert aus der Koje. »Saijd kommt gleich, er kauft nur noch Lebensmittel.« Da trottet er auch schon mit einer winzigen Plastiktüte an, in der ein paar Fressalien stecken. Davon wird keine Maus satt. Das fängt ja gut an, aber für einen Rückzieher ist es zu spät. Heti bereut schon jetzt unsere Entscheidung und fragt sich, ob wir wohl zurückschwimmen müssen.

Nachdem ich Kapitän Saijd erklärt habe, wie viel wir gewöhnlich so essen, zieht er erneut los und kommt bald mit ein bisschen mehr Verpflegung zurück.

Bei steifer Brise schießen wir mit weißem Segel durch tiefblaues Wasser an goldgelben Sanddünen vorbei. Auf einem Teppich, der noch aus Zeiten der vorchristlichen Grabräuber stammen könnte, genießen wir die Ruhe und das Murmeln des Kielwassers.

Gegen Mittag zerstört laute Hektik unsere Tagträume. Saijd liefert sich ein wildes Wortgefecht mit einem Fellachen, der auf einer Düne sitzt. Hamada wirft den Anker und erklärt: »Das ist Saijds Freund.« Freund? Ich glaube, sie sind Todfeinde. Die beiden schreien sich an und feilschen wild, als ginge es um Leben und Tod. Ein Bündel ägyptischer Pfundnoten wechselt gegen etwas, das schnell in Zeitungspapier gewickelt wird, den Besitzer. Das Geldbündel kommt mir von heute Morgen her bekannt vor. Das Zeitungspapierpäckchen verschwindet in der Kajüte.

Inzwischen hat Hamada auf dem kleinen Petroleumkocher etwas Leckeres gezaubert. Für den, der nicht viel erwartet, ist dieses ausgezeichnete Mittagessen die große Überraschung.

Am Abend legen wir in der Nähe eines Dorfes an und beobachten, wie Re, der Sonnengott, seine Scheibe hinter dem Nil verschwinden lässt.

Heti muss mal, aber wo? Hamada drückt ihr einen Kochlöffel in die Hand, mit dem sie ein Loch fürs große Geschäft gräbt. Hätten wir zur teureren Tourvariante gegriffen, würde sie jetzt in einem Beiboot mit Kühlschrank und Küche bequem auf der Toilette sitzen und nicht zwischen Wasserbüffeln, die blöd glotzen.

Unser Magen knurrt, doch Hamada macht keine Anstalten zu kochen. Saijd verschwindet im Ort und kommt mit einer Überraschung zurück. Wir sind bei seiner Familie zum Essen eingeladen. Familienbesuch war kein Programmpunkt, umso mehr freuen wir uns. In dem kleinen Lehmhüttendorf wohnt seine ganze Familie, und so, wie er begrüßt wird, lebt in jedem Haus mindestens ein Cousin. Zu Hause stellt er uns Vater, Schwester und Frau mit den beiden Kindern vor. Falafel (frittiertes Kichererbsenmus), Reis, Brot, Gemüse, Spinatsoße sowie Köfte (Hammelfleischbällchen) schmecken sehr gut.

Von wegen hungernde Frau und Kinder – die ganze Familie sieht propper aus. Saijd ist ein großer, aber sehr netter Schlingel. Sein Vater ist 75 Jahre alt und blind. Er sorgt noch immer für Saijds Familie, während der Herr Sohn in Assuan ein freies, westliches Leben führt. Ebenda verdient er Geld mit Touristen, das er für Marihuana ausgibt. Der alte Mann dagegen steht jeden Morgen um vier Uhr auf, geht fünfmal am Tag in die Moschee und hört dazwischen Koranlesungen im Radio.

Beim Abschied fragt er: »Lebt eigentlich mein Freund Hitler noch?«

»Nein!«

»Oh, schade, das war ein guter Mann. Er hat viele Juden über den Jordan gebracht.«

Zurück bei der Feluke fehlt Hamada, und die Kajüte ist abgeschlossen. Saijd ist stinksauer und schlägt die Kajütentür ein, damit wir an unsere Schlafsäcke kommen, denn wir möchten an Deck schlafen. Zufrieden kuscheln wir uns auf dem Teppich aus der Pharaonenzeit in die Schlafsäcke und warten auf Sternschnuppen, die noch ein paar Wünsche Wirklichkeit werden lassen. Die Grillen zirpen, es ist eine romantische Nacht.

Kaum eingeschlafen, weckt uns ein Gezeter. Hamada ist zurück und streitet mit Saijd. Daraufhin holt Saijd das Zeitungspapierknäuel hervor, und die beiden drehen sich mit der eingepackten Glückseligkeit einen langen Joint. Jetzt ist mir klar, was sie mit unserem Vorschuss gemacht haben. Anstatt reichlich Lebensmittel für uns haben sie reichlich Marihuana für sich gekauft.

Da nun die Kajütentür fehlt, hängt Saijd ein Laken davor, und die beiden machen Party. Die Marihuana-Fete auf unserer Feluke ist eine lautlose Veranstaltung gegenüber den Nilkreuzfahrtschiffen, die mit Tanzmusik und grölenden Partygästen vorbeiziehen. Die großen Liner werfen hohe Wellen, und wir müssen aufpassen, dass wir bei dem Geschaukel nicht vom Teppich rollen. Trotz allem fühlen wir uns hier wohler als auf diesen schwimmenden Städten mit genormtem Reiseablauf.

Unser Reiseablauf bleibt offen. Er hängt von den beiden Marihuana-Junkies in der Kajüte und von den Sternen am Himmel ab. Am nächsten Morgen bringe ich die beiden Drogenleichen nur ins Leben zurück, indem ich drohe, das gesamte Marihuana dem Nilgott zu opfern. Wohlwollend betrachtet, ist unsere Crew heute relaxed. In Wirklichkeit ist sie aufgrund der Drogen antriebslos und fix und fertig. Dennoch schaffen es die beiden, den Anker zu lichten, und wir segeln bedächtig auf dem blauen Nilband durch Wüstenlandschaft.

Den heutigen Tag verbringen wir mit Baden, Schwimmen und Faulenzen. Saijd spielt auf seiner Oud, einer ägyptischen Gitarre, melancholische Musik. Hamada schöpft fleißig Wasser aus dem Boot in den Nil zurück und singt ein Lied von Traurigkeit und Liebe. Heti fühlt sich in der kleinen Schaluppe auf dem alten Pharaonenteppich wie Cleopatra in der königlichen Feluke.

Bevor die Marihuana-Wirkung nachlässt, werden schnell neue Joints gereicht, sogar uns. Saijd meint, wir dürften ruhig zugreifen, denn nur selten hätte er so relaxte Kundschaft. »Ihr werdet es nicht glauben, aber es ist harte Arbeit, wenn ich alte Touristinnen in der Kajüte sexuell befriedigen muss ...«, stöhnt er. Ach, er tut uns ja so leid.

Durch die Joints wird seine Bewusstseinsverschiebung immer extremer. Aufgrund der rosaroten Haschischbrille sieht er sich nicht nur als Kapitän eines Nilluxusliners, sondern gleich als Besitzer einer ganzen Flotte. »Die fetten Touristinnen soll jetzt befriedigen, wer mag«, sind seine letzten Worte. Dann nickt er weg.

Anstatt eines Kapitänsdinners mit Wunderkerzen am Abend verblüfft uns die Zwei-Mann-Crew mit einer Einladung auf eine traditionelle ägyptische Hochzeit. Wir vermuten, Schlaumeier Saijd hat die ganzen Einladungen arrangiert, um die knappen Nahrungsmittel an Bord zu sparen.

Die Hochzeit von Heti und mir damals in Deutschland begann morgens um zehn Uhr in der Kirche. In Afrika ist alles anders. Hier beginnt die Hochzeit um 23 Uhr vor dem Haus der Braut. Hunderte bunter Glühlampen sind von Lehmhaus zu Lehmhaus gespannt. Sie verleihen dem staubigen Platz einen prächtigen Glanz. Das Brautpaar sitzt vor dem Haus der Brauteltern auf einer Bank. Die Freude und Glückseligkeit Jungverliebter versprühen die beiden nicht gerade.

Mir wurde gesagt, dass in Ägypten neun von zehn Ehen nicht aus Liebe, sondern wegen Geld, Ansehen oder Familienzwang geschlossen werden. Ist das der Grund, weshalb die beiden in aufrechter Haltung, mit den Händen brav im Schoß wie auf einer Büßerbank sitzen?

Der Bräutigam trägt bescheiden eine weiße Galabija. Dagegen funkeln die Perlen und der Strass auf dem champagnerfarbenen Hochzeitskleid in den Farben der Glühlampen. Schwarze Korkenzieherlocken umrahmen das Gesicht der Braut. Jeder freie Fleck der Haut ist kunstvoll mit Henna verziert. An Make-up in den Farben Lila, Gold, Blau und Blutrot wurde nicht gespart. Schade, dass der schöne schokoladenbraune Teint mit weißem Puder übertönt ist. Doch sie erklären uns, dass weißer Teint Macht und Geld symbolisiert. Heti ist begeistert von dem Make-up, das sicher Stunden gedauert hat. Mich fesseln die geheimnisvollen schwarzen Augen. Diese Braut sieht aus wie eine perfekte Barbiepuppe im ägyptischen Stil.

Bei der Hochzeit wird als Erstes die »Morgengabe«, die finanzielle Absicherung der Braut, herumgereicht, damit sieht jeder, wie wertvoll die Frau für ihren Mann ist. Am Hochzeitsmorgen muss der Bräutigam der Braut kostbaren Goldschmuck schenken. Der Wert wurde vorher zwischen den Familien ausgehandelt. Die Morgengabe gehört im Gegensatz zum Brautpreis der Braut und soll sie im Fall einer Scheidung absichern. Der Brautpreis entschädigt die Brauteltern für den Verlust einer Arbeitskraft.

Steigende Goldpreise, wertvolle Morgengaben und niedrige Löhne werden für die Männer zu einer Last, die sie immer schwerer stemmen können. Heiratswillige müssen sich hoch verschulden oder so lange sparen, bis sie alte Männer sind. Doch Hassan, unser Bräutigam, hat es vorher geschafft.

Auf dem großen Platz sitzen Männer, Frauen und Kinder auf Stühlen und Teppichen. Die Männer beginnen zu tanzen. Sie stehen nebeneinander in einer Reihe. In ihren langen Gewändern und Turbanen wiegen sie sich im Zeitlupentempo melancholisch zur Musik. Zwischendurch erklingt ein schrilles, mit der Zunge erzeugtes Tremolo der Frauen.

Wir sind tief in Ägypten und doch nur ein kleines Stück vom Touristenzentrum Assuan entfernt. Dort werden Ehen auf einer ganz anderen, moderneren Basis geschlossen. Diese moderne Ehe nennt sich Urfi-Ehe. Dafür reichen ein Stift und ein Stück Papier, auf dem die Liebenden formlos schreiben, dass sie heiraten wollen. Schnell zwei Unterschriften darunter, zwei Zeugen, kurz die Familie informieren – das war's. Und schon sind die beiden ein Paar. Ohne teuren Brautpreis und ohne Morgengabe ist ab sofort Sex mit dem Segen Allahs und der Familie erlaubt.

Diese Form der Ehe ist ein nicht einzuschätzendes Risiko für die Braut, aber ein großer Vorteil für den Bräutigam. Meist existiert nur ein Schriftstück des Ehevertrags, und das besitzt der Mann. Vernichtet er diesen Vertrag bei Eheproblemen, gibt es keinen Beweis für diese Ehe, denn offiziell wurde sie nie registriert. So ist auch keine Scheidung möglich.

Eine Frau mit Urfi-Vergangenheit wird wegen ihrer verlorenen Jungfräulichkeit nur schwer einen neuen Ehemann finden und von Familie und Gesellschaft verstoßen.

Am härtesten bestraft die Urfi-Ehe die in ihr entstandenen Kinder. Sie haben keinen Anspruch auf den Namen des Vaters und sind auch nicht erbberechtigt. Ohne Geburtsurkunde und Pass können sie nicht einmal eine Schule besuchen und auch das Land nicht verlassen. Für das System existieren sie nicht. Eine Urfi-Mutter kann nicht beweisen, dass ihr Kind ihr Kind ist. Wenn es den Männern gerade passt, gehen sie einfach weg und heiraten ohne Risiko und Kosten eine zweite, eine dritte Frau ...

Trotzdem sollten wir nicht zu schnell den moralischen Zeigefinger erheben, denn ursprünglich war die Urfi-Ehe eine gute Sache und als Heiratsmöglichkeit für Arme gedacht. Der heutige Missbrauch damit zeigt die Grundprobleme der historischen Religions- und Moralvorstellungen. Traditionell erlaubt der Islam keinerlei Sex außerhalb der Ehe. Ein heiratswilliger Ägypter muss auf den Brautpreis, das glanzvolle Hochzeitsfest, die Wohnungseinrichtung und die Morgengabe oft länger als zehn Jahre sparen. Da rücken Familie und sexuelles Vergnügen in weite Ferne und werden zum Wunschtraum. Das ist einer der Hauptgründe für eine Urfi-Ehe. Zwischenzeitlich wird die Hälfte aller Ehen in Ägypten auf Urfi-Basis geschlossen und ist vom Islam akzeptiert.

Einmal mehr zeigt sich: Wo Tradition und Moderne aufeinanderstoßen, hinterlassen sie oft Probleme und Ungerechtigkeit für die Menschen.

All diese Erlebnisse und Einblicke verdanken wir dem Schlitzohr Saijd, auch ohne Programm. Und er hatte Recht, als er sagte: »Ich verspreche euch, diese Fahrt werdet ihr nie vergessen.«

Weshalb war Tutanchamun ein armer Pharao?

- 17. November 1997, Luxor, 58 Touristen am Hatschepsut-Tempel erschossen.
- 7. Oktober 2004, Nuweiba, 34 Touristen erschossen und 120 verletzt.
- 7. April 2005, Kairo, drei Touristen auf dem Basar in die Luft gesprengt

19. November 2005, Theben, Tal der Könige.

Wir stehen mit gut gelaunten Touristen in der Warteschlange vor dem Sicherheitscheck. Unser gemeinsames Ziel sind die Pharaonengräber, die gefährlichste Touristenattraktion überhaupt, was Terroranschläge anbelangt.

Die oben genannten Attentate sind nur die bekanntesten. Fakt ist, in Ägypten wurden in zehn Jahren etwa 130 Touristen von radikalen Fundamentalisten erschossen oder in die Luft gesprengt. Genauso viele sind verletzt worden. Hätten Sie gedacht, dass im gleichen Zeitraum in ganz Afrika, in den sogenannten Krisenländern wie Algerien, Niger, Mali und so weiter, keine Handvoll Touristen getötet worden ist.

In Ägypten wurden die Menschen immer an den Highlights des Tourismus umgebracht. Einzig das Tal der Könige blieb bisher verschont. Kein gutes Omen für einen Besuch.

Trotz der Anschläge strömen Jahr für Jahr Millionen Erholungssuchende ins Land. Ob ihnen dieses Risiko vom Reisebüro wohl klar gesagt wurde? Diese Frage stelle ich ganz bewusst, denn Heti und mir wird oft vorgeworfen, dass wir unverantwortlich sind, wenn wir in Problemländern unterwegs sind, vor denen das Auswärtige Amt warnt. Aber das Auswärtige Amt warnt aufgrund eines übersteigerten Sicherheitsdenkens sehr schnell und nimmt seine Warnungen nur ungern wieder zurück. Die Vorwürfe gegen uns gehen so weit, dass sich fremde Menschen sorgen, ob der deutsche Steuerzahler für den Rücktransport unserer Leichen bezahlen muss, falls wir erschossen werden sollten. Aber es wird lautlos akzeptiert, dass ein Land, das zu den gefährlichsten Reiseländern zählt, vom Massentourismus überschwemmt wird. Ob alle Pauschaltouristen für den Fall der Fälle vorgesorgt haben, weiß ich nicht. Wir jedenfalls haben vorgesorgt, und unsere Leichen würden, ohne den Steuerzahler zu belasten, nach Hause überführt.

Wir wissen, Unterwegssein bedeutet Gefahr und Risiko, ob bei einem Ausflug in die Lüneburger Heide oder im unsicheren Pakistan mit Terroristen, Taliban und Bin Laden.

Wir zwei sind es gewohnt, mit Gefahren umzugehen. Vor und während unserer Reisen informieren wir uns und wägen ab. Dabei verlassen wir uns nicht auf medienwirksame Schlagzeilen, sondern auf unsere Erfahrung und auf Menschen, die schon einmal dort waren.

Am Sicherheitscheck angekommen, wartet hochmoderne Technik auf uns. Eine Leibesvisitation mit Ganzkörperscan, der die versteckte Kalaschnikow im Gürtel und die Granaten in der Hosentasche aufspüren soll, repräsentiert die Angst der Verantwortlichen.

Terroranschläge gegen Touristen müssen unbedingt verhindert werden. Es geht um viel Geld. Urlauber schwemmen jedes Jahr einen zweistelligen Milliardenbetrag in die Staatskasse. Die Einnahmen durch den Tourismus sind das Rückgrat des Staates. Und genau das wollen die Fundamentalisten brechen. Zudem sind sie gegen alles Westliche, das sie als dekadent verurteilen. Die ungläubigen Touristen sollen sich vor Terroranschlägen im Land der Pharaonen fürchten und zu Hause bleiben.

Das Tal des Todes ist nicht eingezäunt und dadurch eine Einladung für Terroristen. Während wir alle brav bezahlen und akribisch wie beim Check-in am Flughafen untersucht werden, könnten mutmaßliche Gotteskämpfer bequem von der Hauptstraße aus das Areal stürmen.

»Nichts in dieser Welt ist sicher, außer Tod und Steuern«, sagte Benjamin Franklin, und wir stimmen ihm zu.

· · ·

Ägypten, Tal der Könige, Tutanchamun, Blutschande, Krüppel und ein jämmerliches Ende.

Ich gebe zu, ein etwas schneller Einstieg zu dem meiner Meinung nach bekanntesten Ägypter seit der Steinzeit, zu Tutanchamun und seinem tragischen Leben.

Wir stehen vor KV 62. Diese nüchterne Bezeichnung könnte ebenso wie die schräge Rampe, die tief in den Fels führt, zu einem Luftschutzbunker passen. Doch der Schacht endet im Totenreich des Kind-Pharaos Tutanchamun. Im Alter von neun Jahren wurde er auf den Thron gesetzt und starb schon mit 19 Jahren.

3000 Jahre ruhte Tutanchamun samt seinen Schätzen da unten in stickiger Luft, bis 1922 seine ewige Ruhe durch Grabräuber gestört wurde. Archäologen wühlten sich durch Geröll und stießen auf eine zugemauerte und versiegelte Tür, in die sie mit einer Brechstange ein Loch schlugen. Sie hielten eine Kerze hinein, um zu prüfen, ob tödliche Faulgase entströmen. Der nächste Moment ist wie folgt überliefert:

> *»... als sich meine Augen an die Lichtverhältnisse gewöhnt hatten,*
> *sah ich Details des Raumes. Aus dem Staub erschienen seltsame Tiere,*
> *Statuen und Gold, überall schien der Glanz des Goldes.«*
> Howard Carter 1922

Howard Carter und Lord Carnarvon hatten den bedeutendsten archäologischen Fund aller Zeiten entdeckt. Die Gruft Tutanchamuns war bis unter die Decke mit über 5000 fein verzierten nützlichen und unnützen Gegenständen vollgestopft, vom vergoldeten Streitwagen bis zur Fliegenklatsche, dekoriert mit Lapislazuli. Die Grabbeigaben sollten dem gottähnlichen Pharao im Jenseits ein angenehmes Weiterleben ermöglichen.

50 Tage dauerten die Bergungsarbeiten. Dabei wurde das Gold nicht in Unzen, sondern in mehreren hundert Kilogramm gewogen. Überrascht war Carter über 300 vergoldete Zepter, bis sich herausstellte, dass es Gehhilfen waren.

Wozu braucht ein Gottkönig Krücken, fragte sich die ganze Welt. Der Mythos vom starken Pharao war zerstört.

Wie einst die Entdecker steigen auch wir hinab. Dabei haben wir den Vorteil, nicht wie sie durch Geröll kriechen zu müssen, um am Eingangstor der Grabkammer zu stehen. Im Inneren blicken wir auf die Kopie seines Sarkophags und staunen mit offenem Mund über die Verzierungen. Das Original wog 110 Kilogramm und war aus purem Gold. Das Gesicht auf dem Sarkophag ist meiner Meinung nach sogar für einen Pharao viel zu makellos.

Heute wissen wir, dass der kleine Pharao von Pausbacken, Gaumenspalte und einer seitlich verkrümmten Wirbelsäule gezeichnet war und sich nur mit Krücken und fremder Hilfe fortbewegen konnte. Er bot sicher keinen Anblick von Schönheit und Grazie.

Lange Zeit wunderte sich die Welt, weshalb die 18. Dynastie im Zenit urplötzlich unterging. Moderne DNA-Untersuchungen brachten die intimen Details dieses Herrschergeschlechts ans Licht. Cousine heiratete

Vetter, Bruder seine Schwester und Vater die Tochter. Ein Fall ist bekannt, in dem ein Großvater seine Enkelin heiratete. Inzest war kein Tabu. Über Sexualität sprach man nicht hinter vorgehaltener Hand. Sie gehörte zum Alltag wie die Götter, deren Darstellungen auch mit Fruchtbarkeits- und Sexualattributen verbunden waren. Eine Statue zeigt ein Ehepaar beim Geschlechtsakt, während die Kinder davor spielen. Die ersten Götter sollen durch Masturbation des Gottes Atum entstanden sein.

Einer Sage zufolge hat einmal die Göttin Hathor den traurigen Sonnengott Re wieder aufgeheitert, indem sie ihr Kleid hochhob und ihm ihre Scham zeigte.

In diesem Zusammenhang gibt es eine nette Geschichte zur Untreue. Sie handelt von Pharao Sesostris. Er beleidigte den Nilgott Hapi. Dafür bestraften ihn die Götter, und er wurde blind. Nach zehn Jahren war die Schuld gesühnt. Um wieder sehen zu können, sollte er die Augen mit dem »Wasser eines Weibes« waschen, das nur mit ihrem eigenen Mann geschlafen hatte. Als Erstes testete Sesostris seine Ehefrau, vergeblich. Danach versuchte er bei vielen anderen verheirateten Frauen sein Glück und war erfolglos. Als er endlich durch den Urin einer treuen Frau geheilt wurde und wieder sehen konnte, bestrafte er alle untreuen Weiber, indem er sie verbrennen ließ. Verbrennen war die schlimmste Strafe überhaupt, denn nur mit unversehrtem Körper konnte ein Verstorbener im Jenseits weiterleben.

Heti und ich stehen noch immer in der Gruft. Surrende Klimaanlagen stören die Stille. Denn heute werden die klimatischen Bedingungen in den Grabkammern durch die vielen Besucher gestört. Auch wir gehören dazu.

Über 3000 Jahre wurde das menschliche Gewebe dort unten ungestört und perfekt konserviert, sodass wir anhand der DNA-Spuren direkt in die Vergangenheit blicken können. Tutanchamun wurde nicht allein beigesetzt. Ganz unüblich sind auch zwei Föten mumifiziert, die das Inzestdesaster der 18. Dynastie zeigen.

Tutanchamuns Vater war Echnaton, der mit seiner schönen Cousine Nofretete verheiratet war. Doch die DNA deckte einen bis dato unbekannten Seitensprung auf. Echnaton vergnügte sich mit einer Frau, die von den Archäologen »Young Lady« genannt wurde und seine Schwester oder gar seine Tochter war. Das Kind dieses Inzests war Tutanchamun. »Tut« wurde mit seiner Halbschwester verheiratet, aus deren Ehe wahrscheinlich die beiden Inzestföten stammen.

Nach 250 Jahren Blutschande vereinigten sich in dem Krüppel alle negativen Gene. Eine gesunde Fortpflanzung war nicht mehr möglich, und die Königssippe verabschiedete sich durch sexuelle Exzesse an ihrem Höhepunkt aus der Geschichte.

Waren die Pharaonen pervers?

Nein, sie hatten wie alle Reichen und Mächtigen einfach nur Angst vor Machtverlust und Neidern. Inzestehen hatten zugegeben einen großen Vorteil. Macht und Reichtum blieben in der Familie. Sie mussten nicht mit Fremden geteilt werden, so gab es auch keine Machtkämpfe und Neider von außen.

Ein guter und zugleich problematischer Plan, der nur einige Generationen funktionierte.

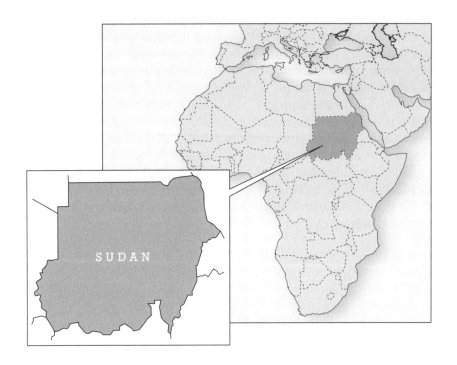

Sudan

Die Nuba zwischen Glaube, Tod und Petrodollar

Hubschrauber dröhnen im Tiefflug mit peitschenden Rotorblättern über die heiße Stadt. Plötzlich stoppt eines dieser Flugobjekte direkt über mir. Schwebend fokussiert es den strategischen Verkehrsknoten, senkt den Kopf, verliert an Höhe, als wolle es zuschlagen. Straßendreck, Plastiktüten, Mützen und Lose wirbeln durch die Luft. Dann dreht der Helikopter ab und sucht nach neuen Opfern. Der Verkäufer neben mir jagt seinen Losen hinterher. Fluchend kommt er nur mit einem Bruchteil seines Geschäftes zurück. In diesem Moment rast ein vollbesetzter Militärjeep mit jaulender Sirene und Höchstgeschwindigkeit knapp an uns vorbei. Der wütende Losverkäufer flüstert in mein Ohr:

»Sie wollen uns Angst einjagen, aber sie werden es nicht schaffen.«

»Das wünsche ich euch, bleibt stark!«, flüstere ich verunsichert zurück und setze besorgt meinen Weg zur deutschen Botschaft fort.

Es ist der 15. Januar 2011, und wir sind heute in Khartum angekommen. Vor drei Tagen haben die Wahllokale wegen des Referendums zur Abspaltung des Südsudans geschlossen. Wird sich das größte Land Afrikas spalten, und wird das friedlich vonstattengehen? Die Abstimmung ist beendet, das Ergebnis jedoch noch unbekannt. Deshalb ist die Regierung sehr nervös.

In der deutschen Botschaft erkundige ich mich nach der aktuellen Situation im Land. Die junge Dame hinter der Glaswand serviert mich mit einem knappen »Keine Auskunft!« unfreundlich ab. Hier wird nach dem Prinzip gearbeitet: Ich sage lieber nichts, nicht dass jemand sagt, ich hätte etwas gesagt!

Und ich sage: »Vielen Dank für Ihre mutige Hilfe.«

Bei den Ausländern spüre ich überall Angst. War es richtig, gerade zu diesem Zeitpunkt hierherzukommen? Ob richtig oder falsch, wird sich zeigen. Ich musste einfach kommen. Denn ich möchte mehr über die Nuba erfahren. Mich verfolgt der Geist der Nuba. Seit ich durch Leni Riefenstahls Buch *Die Nuba – Menschen wie von einem anderen Stern* zum ersten Mal von diesem faszinierenden Stamm erfuhr, ließ sich das Gespenst in meinem Kopf nicht mehr vertreiben.

Nachdem die Filmregisseurin und Fotografin Leni Riefenstahl durch ihre Nazi- und Propagandafilme einen zweifelhaften Ruf erlangt hatte, widmete sie sich den Nuba. Zwischen 1962 und 1969 lebte sie immer wieder bei ihnen, erforschte ihre Kultur und hielt die graziösen, meist nackten Menschen auf Bildern fest.

Ich würde jeden Umweg in Kauf nehmen, um die Heimat der Geister in meinem Kopf zu besuchen. Wir müssen sowieso durch den momentanen Krisenkorridor Sudan, wenn wir runter nach Südafrika wollen. Tschad und Eritrea, die Länder links und rechts davon, sind überhaupt nicht oder noch gefährlicher zu durchqueren.

Wenn wir den Umweg in den Zentralsudan zu den Nuba wagen wollen, sind zuverlässige Informationen zur aktuellen Sicherheitslage noch wichtiger. Also versuchen wir unser Glück beim Tourismusministerium. Dort ist es nicht so fein und sauber wie in der deutschen Botschaft, dafür sind die Menschen freundlich und hilfsbereit. Hinter einem abgewrackten Sekretär, einem Relikt aus der Kolonialzeit, sitzt ein Mann meines Alters in einem speckigen Anzug. Als wir eintreten, schießt der Beamte wie eine Rakete hoch, als würde sein Präsident vor ihm stehen. Er zeigt beim Lachen makellose Zähne und stellt sich uns als Abdul vor: »Willkommen im Sudan!«, dabei reißt er meine Hand an sich und schüttelt sie mit ehrlicher Freude, bis sie beinahe abfällt. Wir zwei Glatzköpfe sind uns sofort sympathisch.

»Es gibt überhaupt keine Probleme. Wir haben alles im Griff. Sie sind im Sudan 100 Prozent sicher«, beruhigt er uns.

Als er sofort ein Reisepermit mit der gewünschten Route ausstellt, bin ich euphorisch. Heti bleibt skeptisch.

Meist sind wir uns einig, welches Risiko wir für spannende und interessante Erfahrungen bereit sind einzugehen. Dieses Mal nicht. Heti sagt nicht Ja und nicht Nein. Das Dazwischen hasse ich. Doch ich halte ein Permit mit allen offiziellen Stempeln in der Hand. Es gibt uns die Chance, eine Region zu besuchen, die äußerst interessant ist und, wenn überhaupt, nur selten bereist wurde.

Ohne zu wissen, wie und ob wir die Nuba finden werden, brechen wir auf. Wir fahren tagelang durch afrikanische Savanne mit riesigen Baobabbäumen. Dieser Baum, der für mich der schönste Afrikas ist, soll der Legende nach ein Werk Satans sein. Der Teufel soll während eines Tobsuchtanfalles den Baum ausgerissen und ihn anschließend mit den Zweigen wieder in den Boden gestoßen haben, sodass die Wurzeln noch heute in den Himmel ragen. Obwohl er unfruchtbar aussieht, ist er ein Baum des Lebens. Neben einem Baobab muss niemand verhungern oder verdursten. Sein Faserstamm ist ein gigantischer Wasserspeicher, den die Buschmänner anzapfen, um nicht zu verdursten. Wem Wasser nicht schmeckt, kann aus dem Fruchtfleisch Bier gären. Bei Hunger können die Blätter zu Spinat verarbeitet werden. Seine Früchte sind gigantische Vitaminlieferanten. Der Baobab wird bis zu 3000 Jahre alt und dabei nur 20 Meter hoch. Sein Stamm dagegen erreicht einen Durchmesser von zehn Metern.

Über Obeid erreichen wir auf löchriger Teerstraße Kadugli. Die Stadt ist der letzte nennenswerte Ort vor den unzugänglichen Nubabergen. Am Ortseingang stehen große weiße UN-Zelte. Neugierig fahren wir vor das Eingangstor. Als ich am Maschendraht rüttle, tauchen zwei skeptische

Blauhelmsoldaten in schusssicherer Weste auf, gefolgt von einem jungen Mann in Zivil. In Badeschlappen und Shorts sieht er aus wie ein Tourist, der auf dem Weg zum Strand ist. Aber er ist der Chef der ägyptischen Blauhelmtruppe. Den habe ich mir ganz anders vorgestellt. Ich frage, was ihr Auftrag ist. Er druckst ein bisschen herum, doch als er erfährt, dass wir Deutsche sind, beginnt er zu plaudern. Ihr Auftrag ist die Bewachung der UN-Zelte. Sie erwarten nach Bekanntwerden des Referendums große Flüchtlingsströme aus dem Süden und dem Norden. Die Christen aus dem muslimischen Norden werden wegen Verfolgung in die südliche Heimat fliehen, und die Araber, die bisherigen Herren des Südens, werden sich in einem freien Südsudan nicht mehr sicher fühlen. Und genau hier, bei Kadugli, ist der Brennpunkt dieses Konflikts, denn die neue Grenze soll nur einige Kilometer weiter südlich gezogen werden.

Was treibt Machthaber in den Irrglauben, dass willkürlich gezogene Grenzen, die sich nicht an Stammes- oder Kulturgrenzen orientieren, Probleme lösen?

Wir fahren weiter, und ein buntes Plakat, groß wie eine Kinoleinwand, zieht unsere Aufmerksamkeit auf sich. Werbewirksam ist weniger der Text als das Bild selbst: Ein Mann steht vor einer Wahlurne, wirft den Wahlzettel ein und die hinter ihm Stehenden können es kaum erwarten, bis sie an der Reihe sind. Das verstehen auch Menschen, die nicht lesen können, und das ist hier die Masse.

Das Wahlplakat hat seine Zwecke mehr als erfüllt, denn einige Distrikte melden eine Wahlbeteiligung von über 120 Prozent.

In Kadugli sind viele Militär- und UN-Fahrzeuge unterwegs. Wo sollen wir in diesem Getümmel einen sicheren und ruhigen Übernachtungsplatz finden? Nach langem Suchen führt uns der Zufall zu der ehemaligen SPLA-Kaserne (SPLA = Sudan People's Liberation Army). Das verfallene Wachhäuschen und der offene, ramponierte Schlagbaum wirken nicht einladend. Es dauert, bis ich endlich einen muslimisch gekleideten Mann mit der traditionellen langen Djellaba und Türkenmütze finde. Achmed ist hier Lehrer, denn zurzeit wird die Kaserne als Schule genutzt. Das ist gut so und gefällt mir. Eine heruntergekommene Schule ist immer noch sinnvoller als eine herausgeputzte Kaserne.

Als Erstes führt mich Achmed in das Allerheiligste, in das Büro des ehemaligen Kommandanten. Voller Stolz zeigt er auf ein farbiges Poster an der Wand. Nein, auf ihm ist kein erotisch lächelndes Pin-up-Girl abgebildet, sondern es zeigt alle Landminentypen, die hier in der Gegend vergraben wurden. Mit Hingabe erklärt Achmed die Funktion der großen Minen, die einen kompletten Panzer in die Luft sprengen. Dann beschreibt er die sensiblen kleinen Minen, die sogar auf winzige Kinderfüße reagieren. Er lacht dabei. Damit hat er sich geoutet, und ich weiß, auf welcher Seite der Front er steht. Aber er ist freundlich, und wir dürfen in der Schule gern übernachten. Im ehemaligen Kasernenhof würden wir garantiert nicht belästigt und können uns absolut sicher fühlen, beteuert er.

Trotz der stickigen Hitze schlafen wir gegen 22 Uhr bereits tief. Wildes Klopfen gegen unser Auto reißt uns aus dem Schlaf. Bis ich mich zurechtfinde und schnell eine Hose angezogen habe, reißt ein Verrückter beinahe die Türschnalle heraus.

Ich habe den Schlüssel noch nicht ganz herumgedreht, da wird die Türe schon aufgerissen. Draußen stehen wild gestikulierende Soldaten, die sich mit Maschinengewehren Zutritt ins Auto verschaffen wollen. Außer »Passport« spricht keiner ein Wort Englisch. Der Pass bleibt in meiner Tasche und die Soldaten draußen. Im Gegensatz zu uns können sie sich in keiner Form ausweisen.

Wütend ziehen sie unverrichteter Dinge ab.

Wieder im Bett und erneut eingeschlummert, wecken uns quietschende Bremsen, stampfende Schuhe und laute Stimmen! Durchs Fenster beobachte ich, wie etwa zehn Soldaten von einer Pritsche springen und unser Auto umstellen. Dann erst steigt ein Hüne von Mann aus dem Pick-up. Er läuft um den HZJ herum und inspiziert alles. Erst dann klopft er höflich an die Tür. Damit ich die Lage zumindest optisch unter Kontrolle habe, schalte ich die Außenbeleuchtung an.

Forsch reiße ich die Tür auf und versuche, diesem Riesen möglichst selbstsicher entgegenzutreten. Doch er lässt mich ins Leere laufen und entschuldigt sich freundlich und in gutem Englisch für die späte Störung. Er stellt sich als Abdullah vor und ist verantwortlich für die Sicherheit. Auf meine Frage, warum wir trotz Permit des Tourismusministeriums so schlecht behandelt werden, antwortet er:

»Alles nur zu Ihrem Schutz.«

Abdullah prüft unsere Papiere und versucht uns nach unseren Plänen auszufragen. Ihn interessiert, warum wir in Kadugli sind. Die Papiere sind in Ordnung, und er verabschiedet sich mit der Bitte, dass wir morgen wegen der Registrierung zu ihm kommen.

Heti und ich sind uns einig. Da stimmt was nicht. Aber was? Zuerst der nervöse »Beinaheüberfall«, danach das viele Militär und dann ein extrem freundlicher Sicherheitschef.

Der dritte Anlauf zum Schlafen ist von Erfolg gekrönt. Endlich ist Ruhe, wenn man von den heulenden Hunden absieht.

Am Morgen frage ich als Erstes Achmed, ob er das Nubadorf Todoro kennt. Er kennt es nicht. Auch keiner der umherstehenden Zuhörer weiß von diesem Ort. Dann meldet sich ein alter Mann zu Wort. Er meint, es müsste südlich der Nubaberge in der Nähe von Reikha liegen. Aber wie man dorthin komme, könne er nicht sagen.

Heti wird aggressiv und schimpft über die Aussichtslosigkeit dieses Vorhabens, über die vielen Straßensperren, die wir hinter uns haben, über die massive Soldatenbelästigung von gestern Abend, über die Hitze und, und, und ...

Auch ich bekomme leichte Zweifel. Je weiter wir in den Süden vordringen, umso nervöser und aggressiver werden die Araber. Die bevorstehende Bekanntgabe des Referendums hängt wie ein Damoklesschwert über ihnen. Aber ich weiß auch, dass wir nur noch maximal 100 Kilometer vom Ziel entfernt sind und dass wir seit Khartum 1000 Kilometer schlechte Straßen hinter uns gebracht haben. Jetzt aufzugeben wäre das Gleiche, als würde ein Einhundertmetersprinter zehn Meter vor der Ziellinie umkehren.

Wir raufen uns zusammen und brechen auf.

Schon um neun Uhr stehen wir bei Abdullah im Büro. Er schläft noch. Seine Helfer registrieren uns, und wir verlassen die Stadt, ohne den neugierigen Araber von unserem Plan zu erzählen. Wir machen uns auf den Weg, ohne genau zu wissen, wo Todoro liegt. Kurz hinter Kadugli führen viele Pisten Richtung Süden. Wir entscheiden uns für die meistbefahrene. Zuerst führt sie uns durch Gras- und Buschland und dann in ein ausgetrocknetes Flussbett. Ständig versperren Bäume und Steinblöcke den Weg, sodass wir uns immer wieder wie eine Kletterziege über »Steintreppen« hinaufquälen müssen.

»Wir« stimmt nicht. Quälen muss sich unser unverwüstlicher Toyota Land Cruiser HZJ 75. Seit 14 Jahren sind wir drei gemeinsam auf der halben Welt unterwegs. Fast noch nie ließ er uns im Stich.

Im ersten Gang mit Untersetzung und Allrad erklimmt unsere Bergziege langsam eine Stufe nach der anderen. Der Wagen hat Kraft, denn unter seiner Haube arbeitet nicht der originale 4,2-Liter-Saugdieselmotor mit 134 PS, sondern das baugleiche Turbodieselkraftpaket mit Direkteinspritzung und 186 PS.

Endlich verlässt die Piste das Flussbett, um sich wie ein Fächer in viele Einzelspuren aufzulösen.

»Welche nehmen wir?«, frage ich Heti.

»Ene, mene, muh, und dran bist du!«, Heti beziehungsweise der Kinderreim hat entschieden.

Leider verliert sich die gewählte Spur nach kurzer Zeit im Sand der Savanne. Also nehmen wir die nächste. Jetzt bin ich dran. Nach ein paar weiteren Irrungen zeichnen sich am Horizont tatsächlich Berge ab. Wir finden ein von Hand gegrabenes Wasserloch. Ein Anzeichen, dass wir in der Nähe von Menschen sind. Ein Stück weiter tritt plötzlich ein Mann mit einer Hacke auf dem Rücken hinter einem Strauch hervor. Erschrocken und irritiert wendet er sich sofort wieder zurück, bleibt aber dann doch stehen.

Ich erkundige mich, wo das Dorf »Reikha« liegt. Das angespannte Gesicht lächelt erleichtert, und er zeigt wortlos in Richtung eines uralten Baobabbaumes. Den nehme ich ins Visier. Dort angekommen, sehen wir in etwa einem Kilometer Entfernung Hütten. Das muss Reikha sein.

Es dämmert schon, und wir übernachten gleich hier. Am nächsten Morgen fragen wir im Dorf bei der ersten Hütte nach Todoro. Alle schütteln den Kopf und schieben uns ein paar Hütten weiter. Dort sitzt ein Mann auf einem Stuhl. Auch bei ihm erkundige ich mich nach Todoro und nach Leni Riefenstahl. Er nickt und wiederholt »Leni«.

Na also! Da kennt doch noch einer die alte Dame und spricht sogar Englisch.

Zu früh gefreut. Ich komme nur mit Zeichensprache weiter und versuche zu erklären, dass wir den Ort Todoro suchen, dort, wo Leni Riefenstahl gelebt hat. Vielleicht hat er mich doch verstanden, denn er läuft zu unserem HZJ, steigt ein und deutet Richtung Süden. Nach einer sprachlosen Stunde Fahrt lässt er mich anhalten, winkt ein paar Männern und spricht zu ihnen in strengem Befehlston. Die Männer schwärmen aus. Wir warten, ohne zu wissen, worauf.

Es dauert eine Weile, dann schlendert ein junger Mann auf uns zu und spricht mich auf Englisch an:

»Hallo, mein Name ist Lucca, kann ich Ihnen helfen?«

Und ob er das kann! Als Erstes muss ich wissen, wer der Mann neben mir im Auto ist. Es ist der Mak, der Häuptling dieser Gegend, erfahre ich. Er ist der Herr über 35 Dörfer und 80 000 Nuba. Das war ein Volltreffer.

Dann will ich wissen, wo Todoro ist und wo Leni Riefenstahl lebte. »Leni kennt hier jeder, und Todoro ist nicht weit entfernt«, antwortet Lucca.

»Finden heutzutage auch noch Ringkämpfe statt?«

»Natürlich, sehr oft. Heute Nachmittag ist ein Kampf. Wenn ihr wollt, bringen wir euch dorthin.«

Und ob wir wollen! Euphorisch brechen wir sofort auf.

Eigentlich dachte ich, dass wir die schlechtesten Pisten auf dem Weg hierher bereits befahren haben, aber weit gefehlt. Nach nervenaufreibender Rütteltour erreichen wir einen Ort namens Buam. Am Ortseingang versperrt uns Militär den Weg und bringt uns in eine Kaserne.

»Lucca, was soll das?«

»Alles okay! Ihr müsst euch nur registrieren.«

Ein Soldat führt mich in einen schummrigen Raum. Am Schreibtisch sitzt ein Offizier. Mit böser Miene fragt er mich, was ich hier will.

»Wir sind Touristen und möchten zum Ringkampf«, erkläre ich ihm freundlich und lege unsere Papiere aus Khartum auf den Tisch. Sein Blick wechselt von böse zu aggressiv:

»Hier ist nicht Khartum!«, schreit er mich wütend an. Der Name »Khartum« scheint ein rotes Tuch für ihn zu sein. Er befiehlt, dass wir sofort zurück nach Kadugli fahren. Ich bemühe mich weiterhin um Freundlichkeit und wage zu fragen: »Warum? Wir haben doch alle erforderlichen Permits.«

Der Vulkan explodiert. Der Offizier springt auf. Sein Kopf nähert sich meinem, und er wird noch lauter: »Ihr verschwindet sofort! Kein Wort mehr!« Dann verlässt er den Raum. Sein menschenverachtendes Verhalten zeigt mir, weshalb diese unterdrückten Menschen in den Nubabergen nach Freiheit lechzen.

Auch Lucca und der Mak sind erschüttert und eingeschüchtert. »Vielleicht können wir vor der Abfahrt doch noch den Ringkampf ansehen?«, frage ich. »Um Himmels willen, nein! Die Araber sind gefährlich, unberechenbar und ohne jeglichen Humor«, erwidert Lucca.

Leider hat auch der Häuptling über 80 000 Nuba keinerlei Einfluss auf diese Entscheidung. Der König ohne Königreich wird missachtet wie ein zahnloser Hofhund. Die Nuba haben ihre Stimme verloren. So bleibt uns keine Wahl, und wir machen uns zähneknirschend auf den Rückweg.

Heti und ich wollen nicht glauben, dass wir diese ganze hundsmiserable Strecke umsonst gefahren sind.

Da wir heute unmöglich, wie befohlen, Kadugli erreichen können, einigen wir uns mit Lucca und dem Mak, dass wir jetzt noch Todoro, unser eigentliches Ziel, besuchen, danach bei Lucca übernachten und morgen frühzeitig aufbrechen. Der Nubabesuch wird also sehr kurz werden.

Als wir direkt auf einen Berg zufahren, entdecke ich runde, lehmrote Hütten mit spitzen Strohdächern, die sich an den Hang schmiegen – Todoro! Mein Puls steigt.

In höflichem Abstand halte ich an und glaube nach den vielen Strapazen nicht, was ich sehe und wo ich stehe. Alles sieht noch genauso aus, wie von der Riefenstahl fotografiert und beschrieben. Noch immer strecken sich die hohen Rundhütten zwischen Steinfindlingen und uralten Bäumen Richtung Himmel. Hier wurde die Zeit eingefroren.

Während wir uns nähern, bespitzeln uns heimlich die scheuen Kinder, die sich hinter Steinen oder Hütten verstecken. Nie steht eine Hütte allein. Immer bilden fünf Häuser einen burgähnlichen Kreis. So entsteht ein großer geschützter Innenhof. Zu ihm zeigen alle Eingänge der fensterlosen Hütten. Von außen ist das Burginnere nur durch einen einzigen großen Durchschlupf in Form eines Schlüssellochs zu erreichen. Er kann bei Kämpfen und im Krieg schnell verteidigt und geschlossen werden.

In einem Innenhof sitzt ein gebrechlicher Nuba auf einem Holzschemel. Lucca stellt ihn vor: »Das ist Kawa. Er ist ein Freund von Leni Riefenstahl und war viel mit ihr zusammen. Damals war er der Mak und auch ein berühmter Ringkämpfer.«

»Bei uns kennt jedes Kind den Namen Leni. Wenn sie da war, hat sie immer in ihrem Auto gelebt. Leni wollte alles ganz genau wissen. Sie hat viel fotografiert und geschrieben. Sie hat uns mit Nahrungsmitteln geholfen. Sie war eine gute Frau. Sie gehörte zu uns«, erinnert sich der einstige Freund.

Der ehemalige Ringkämpfer will wissen, ob Leni noch lebt. Als er hört, dass sie tot ist, wird er tieftraurig. Er erinnert sich gern an die gute alte Zeit ohne Bürgerkrieg, Missgunst und Unterdrückung.

Der alte Mann sinniert: »Die strohbedeckten Hütten stehen noch immer am selben Platz. Der große Baum am Ringkampfplatz wirft noch immer seinen Schatten. Axt, Messer und Stoßeisen sind noch immer unsere einzigen Werkzeuge. Sorghum wird noch immer auf der Steinplatte gemahlen. Nichts hat sich bis heute verändert, nur das Wissen in unseren Köpfen und die Tatsache, dass wir nicht mehr nackt herumlaufen. Aber das ist auch das

Einzige. Dafür haben wir unsere Tradition und Zufriedenheit geopfert, nur um zu erkennen, dass wir arm sind.«

Die Dämmerung bricht herein. Lucca treibt zum Aufbruch. Wir wollen sein Zuhause noch bei Tageslicht erreichen. Die schlechte Piste verkommt zum Fußpfad. Der Dornen- und Savannenbewuchs gibt nur so viel frei, dass sich unser HZJ mit Mühe durch das Buschwerk kratzt. Dabei wird er seinem legendären Namen »Buschtaxi« gerecht.

Bei unserer Ankunft wirkt der Anblick fast zu schön und erinnert an die Klischees von Afrika-Bildbänden. Die Natur zieht alle Register. Wie bei einem Scherenschnitt heben sich die schwarzen Hütten am Berg vor blutrotem Abendhimmel ab. Johlende Kinder, stolze Männer, zahnlose Alte und Mütter mit schreienden Babys auf dem Rücken rennen uns entgegen. Tiefschwarze Gesichter, aus denen weiße Augen leuchten, strahlen Lucca an. Wie ein Held steigt er aus dem fremdartigen Auto. Wir, die noch fremdartigeren Gestalten, werden in Augenschein genommen.

Ein Fragenwasserfall bricht über den Helden herein. Die Familie ist neugierig, will alles wissen, und zwar sofort. Doch als Erstes kommt der Anstand, und Oma, Opa sowie Vater und Mutter werden uns vorgestellt.

Das Essen für die Familie steht im großen Holztrog bereit. Die Nuba essen zweimal am Tag: morgens um sechs Uhr und abends um sechs Uhr. Essen ist pure Nahrungsaufnahme und kein Gourmeterlebnis. Sie ernähren sich hauptsächlich von Sorghumbrei. Sorghum oder Dira ist eine Art Getreide. Ähnlich wie Mais wächst es an etwa 1,5 Meter hohen Stauden in Kolbenform. Die Kolben werden gedroschen, und die runden Kerne im Mörser zu Mehl gestampft. In guten Zeiten wird das Mehl mit Milch und in schlechten Zeiten mit Wasser vermischt. Für europäische Geschmäcker eine ungewürzte, geschmacklose Pampe. Aber sie muss extrem nahrhaft sein. Denn vor allem die jungen Männer haben einen Körper wie griechische Athleten. Sie wären von jeder Werbeagentur als Model für Unterwäsche heiß begehrt.

»Hörst du die Hochzeitstrommeln?«, fragt mich Lucca beim Essen. »In diesem Jahr gab es eine gute Ernte, deshalb werden viele Hochzeiten gefeiert. Ist die Ernte schlecht, sind es nur wenige.«

»Und wenn ihr nicht genügend erntet?«, fasse ich nach.

»Dann sterben die Nuba. Nuba feiern, und Nuba sterben.«

Nachdem alle Kalebassen leer sind, will ich von Lucca wissen, wo er Englisch gelernt hat, und lausche gespannt seiner Geschichte. Er hat in

Kawlah bei seinem Onkel, der Lehrer ist, Englisch gelernt. Seit Lucca sich erinnern kann, kennt er nur Krieg. In den letzten 20 Jahren regierten in den Nubabergen Elend, Rache und Tod. Zwei Millionen Menschen, meist Zivilisten, wurden getötet und vier Millionen vertrieben oder für den Norden versklavt. Immer wieder – und das ist bis heute so – wurde das Volk der Nuba von Wellen der Bombardierung und Erschießung überschwemmt. Wer nicht floh oder ein gutes Versteck fand, war tot. Luccas Familie versteckte sich tief in den entlegenen Nubabergen. Er selbst wurde zu seinem Onkel nach Kawlah in Sicherheit gebracht. Dort lernte er Englisch, und zwar im Selbststudium.

»Am schlimmsten war es nach 1992, als General Bashir an die Macht kam«, erinnert sich Lucca. »Er wollte alle Nuba ausrotten. Sein Hass war so groß, dass er persönlich in diese ›gottverlassene‹ Gegend kam, um den Dschihad – den Heiligen Krieg – auszurufen. Dieser Todesstoß traf uns ins Herz, denn wir sind Christen. Wegen unseres Glaubens sind die Nuba in diesem Staat geächtet. Politisch gehören wir zum muslimischen Norden und kulturell zum christlichen Süden. Das Volk der Nuba sitzt zwischen allen Stühlen, und das ist unser Verderben. In den Augen der Araber sind wir weniger wert als ein Stück Vieh. Frauen und Kinder wurden nicht getötet, denn mit ihnen konnte Geld verdient werden. Sie wurden als Sklaven in den Nordsudan verschleppt. Für 15 Dollar konnte ein Kindersklave gekauft werden.«

Die Informationen im Netz bestätigen später Luccas Bericht.

»Gemäß nordsudanesischen Regierungsquellen sind bis heute noch über 35 000 Menschen im Nordsudan versklavt. Die meisten Sklaven wurden während des Bürgerkrieges zwischen dem Norden und dem Süden (1983–2005) im Südsudan von nordsudanesischen bewaffneten Gruppen verschleppt.«

www.csi-de.de/sudan_kein_stabiler_staat.php vom 30.6.2011

Und das Schlimmste ist: Diese Gräueltaten wurden von der Weltöffentlichkeit überhaupt nicht wahrgenommen oder wollten nicht wahrgenommen werden. Zu all dem kommt noch der Fluch des »Schwarzen Goldes«. 1970 wurde in der Nähe Öl entdeckt, um das sich jetzt alle streiten. Die Gier und der Kampf um den Ölreichtum und die Pipeline, die durch Nubagebiet führt, sorgen bis heute für Angst und Schrecken. Dabei dürfen die Nuba zuschauen, wie die Petrodollar an ihnen vorbeifließen. Sie haben nicht Teil am Gewinn aus dem Ölvorkommen auf ihrem Boden.

»Deshalb findest du bei uns keinen Ansatz einer Infrastruktur – keine

Schule, kein Krankenhaus, keine Straßen, nur Gewalt«, meint Lucca resigniert.

Erst 2005 nach dem Friedensabkommen zwischen SPLA-Rebellen und der Regierung ließ die Gewalt etwas nach, und die Nuba kehrten langsam in ihre Heimat zurück. So wie seine Familie und er.

»Als wir wieder herkamen, war ich der Einzige, der Englisch sprach«, erklärt er stolz. »Und dieses Geschenk gebe ich in einer Strohhütte weiter. Ich möchte den Kindern eine Stimme geben. Eine, die die ganze Welt versteht.«

Auf meine Frage, was das Referendum bringen wird, erhalte ich eine Antwort ohne Hoffnung:

»Dasselbe wie immer! Gewalt und Tod!«

Es ist spät, und der heiße nächtliche Wind pfeift von den Bergen herab. Lucca geht in seine Hütte und ich in mein Schloss auf vier Rädern. Tief erschüttert und nachdenklich finde ich lange keine Ruhe. Seit 40 Jahren, seit Leni Riefenstahl hier war, ist über dieses geschundene Volk nur Unglück, Leid und Tod hinweggefegt. Jeder hat sich an diesem wehrlosen Volk in abscheulicher Weise vergangen, egal ob im Namen der Religion, Gesellschaft oder Politik.

Am nächsten Morgen sagt Lucca beim Abschied sorgenvoll: »Passt auf, geht den Araber aus dem Weg. Ihr steht auf der roten Liste. Gute Reise, und vergesst die Nuba nicht.«

»Wie könnten wir? Wir werden der Welt von euch erzählen.«

Richtung Norden, nur wenige Kilometer hinter Reikha, schießt auf dieser Rumpelpiste ein Pick-up mit viel zu hoher Geschwindigkeit direkt auf uns zu. Die armen Kreaturen auf der Pritsche werden wild durcheinandergewirbelt und drohen jeden Augenblick herunterzupurzeln. Der entgegenkommende Toyota ist ein fahrendes Skelett und nur mit dem unbedingt Notwendigen ausgestattet: Räder, Motor, Lenkrad und als Sitzfläche eine alte Munitionskiste. Dessen ungeachtet, wird das Geschoss immer schneller. Will uns dieser Verrückte auf die Hörner nehmen? Mit einer Vollbremsung schlittert er uns entgegen und kommt nur kurz vor unserer Stoßstange in einer gewaltigen Staubwolke zum Stehen. Nachdem der Staub den Blick freigibt, steht ein Mann drohend, mit seitlich ausgestreckten Armen vor unserer Stoßstange. Mit grimmiger Miene starrt er uns an. Irritiert steige ich aus. Er spricht kein Wort Englisch! Aber seine Befehle sind militärisch eindeutig – wir müssen ihm folgen!

Er weist sich nicht aus und hat keine Legitimation für sein Vorgehen. Darum steige ich wieder ins Auto und will an ihm vorbei, unsere Fahrt fortsetzen. Als er begreift, was ich vorhabe, sprintet er schnell zum Pick-up, reißt eine Kalaschnikow aus dem Auto und baut sich mit ihr im Anschlag erneut vor unserer Stoßstange auf. Der Blick in einen Gewehrlauf verändert schlagartig die Sicht der Dinge. Es ist ernst! Langsam steige ich wieder aus. Er kontrolliert jede meiner Bewegungen. Vorsichtig nähere ich mich den Leuten auf der Pritsche. Versteht hier jemand Englisch? Fehlanzeige! Also greife ich wieder auf die Körpersprache zurück. Händeringend erkläre ich, wer wir sind, wohin wir wollen und zeige das Permit vom Tourismusministerium in Khartum. Null Reaktion! Lesen kann er also auch nicht. Mit offenen Handflächen gestikuliere ich in verschiedene Himmelsrichtungen. Ich will wissen, nein, ich muss wissen, wohin er uns bringt. Wieder keine Reaktion. Abrupt unterbricht er die einseitige Unterhaltung, indem er mit dem Gewehrlauf unmissverständlich in die entgegengesetzte Richtung zeigt. Ich zögere. »Klick«, die Kalaschnikow ist entsichert.

Okay, gegen eine durchgeladene Kalaschnikow gibt es kein Argument. Wortlos steige ich ein und blicke in Hetis leichenblasses Gesicht. Sie ist verzweifelt. Wir wissen nicht, wo uns diese Fahrt hinführen wird, und wir wissen nicht, wo sie endet ...

Diese Totenstille im Auto treibt mich in den Wahnsinn. Ich versuche die Situation herunterzuspielen, indem ich erkläre, dass es auf der Welt nicht nur böse Menschen gibt und dass wir in den vielen Jahren unseres Unterwegsseins nie negative Erfahrungen gemacht haben. Damit will ich Heti beruhigen.

Das war ein großer Fehler!

Sie holt tief Luft, als hätte sie nur auf diesen Anstoß gewartet und konfrontiert mich mit wilden Vorwürfen. Für sie ist klar: »Diese Bande wird uns an einen abgelegenen Ort bringen, ausrauben und dann irgendwo verscharren!«

Ich dagegen hoffe, dass dieser »Wahnsinnige« in Wirklichkeit ein Soldat oder ein Polizist ist, der uns in eine Kaserne oder Polizeistation bringt, wo wir alles klären können.

Die hektische Fahrt führt über Dornenbüsche, Felsen und durch tiefe Spurrillen. Der leichte Pick-up vor uns springt viel zu schnell über diese Hindernispiste, und unser schwerer HZJ leidet mit Ächzen und Knarren.

Endlich nach drei Stunden begegnen uns Menschen. Wir nähern uns einem Ort und stoppen vor der Kaserne. Die kenne ich doch. Wir sind in Buam, wo wir bereits gestern waren. Aber lieber hier als irgendwo im Nirgendwo verscharrt!

Heti darf im Auto bleiben. Ich werde sofort auf die Station in den mir gut bekannten schummrigen Raum geführt.

»Oh nein«, denke ich.

Wieder sitzt dort dieser arrogante Offizier von gestern. Ich muss stehen, er sitzt. Sein böser Blick lässt Schlimmes erahnen.

Wütend zischt er: »Wo wart ihr Spione die letzte Nacht? Warum habt ihr euch meinem Befehl widersetzt?«

Einbrechende Dunkelheit, schlechte Wege und fehlende Ortskenntnis akzeptiert er nicht. Er will genau wissen, wo wir waren, was wir dort gemacht haben, welchen Beruf ich habe, wo ich arbeite und weshalb wir überhaupt hier sind. Für ihn sind wir westliche Journalisten oder Spione!

Ich erkläre ihm, dass wir irgendwo in der Wildnis bei Reikha übernachtet haben. Ungläubig schüttelt er den Kopf!

Dass wir hier auf den Spuren von Leni Riefenstahl an der Kultur der Nuba interessiert sind, übersteigt seinen militärischen Stahlhelmhorizont.

Es folgen immer und immer wieder dieselben Fragen mit denselben Antworten, die nur durch hektische Telefonate unterbrochen werden. Dabei wird der Offizier immer nervöser. Plötzlich hat der Spuk ein Ende. Er steht auf, blickt mir tief und hasserfüllt in die Augen: »Ihr fahrt sofort zurück nach Kadugli. Dort werdet ihr euch vor der Kommandantur verantworten.«

Er setzt uns zwei Soldaten ins Auto, die dafür sorgen, dass wir auch in Kadugli ankommen, wo sie uns sofort zum Kommandeur schleppen. Dieser erwartet uns bereits und beginnt im Militärstil ein stundenlanges Verhör: »Seid ihr Journalisten? Wieso seid ihr ausgerechnet zu dieser Zeit in den Nubabergen unterwegs? Habt ihr Fotos und Filmmaterial? Werdet ihr es im Internet veröffentlichen?«

Er scheint zu befürchten, dass wir als Augenzeuge über die Zeit während des Referendums negativ berichten werden. In seinen Augen bemerken wir die Angst um den Verlust an Macht und Einfluss. Aus dem ganzen Schlamassel rettet uns am Ende nur das Permit des Tourismusministeriums, das uns einen Aufenthalt in den Nubabergen erlaubt.

Erst danach erfahren wir, dass das Ergebnis des Referendums bekannt gegeben wurde. Der Südsudan hat sich einstimmig für einen eigenen Staat entschieden. Am 19. Juni 2011 soll der neue Staat ausgerufen werden.

Die Chronologie der Gewalt und des Wahnsinns in diesem Land können wir danach nur in Presse und Internet verfolgen. Vier Monate später – die Front gegen den Süden:

»Der Südsudan soll Ende Juli unabhängig werden. Doch jetzt sind erneut schwere Kämpfe ausgebrochen. Tausende sind auf der Flucht. Südsudanesischen Berichten zufolge sind in Südkordofans Hauptstadt Kadugli seit dem 7. Juli ›ethnische Säuberungen‹ im Gange. Vor allem christliche Kirchenzentren seien Ziel von Militärangriffen. Kirchenbüros seien niedergebrannt worden, die in der Stadt stationierten UN-Blauhelmsoldaten hätten nicht eingegriffen, berichten Kirchenkreise. Es gebe auch Luftangriffe der nordsudanesischen Armee.«

taz.de vom 10.06.2011

Fünf Monate später – Nuba sind die Leidtragenden der Teilung Sudans:

»Im Süden sind Bewohner ganzer Dörfer in die Berge geflüchtet, um sich vor Luftangriffen zu verstecken. Sie fühlen sich vom Süden im Stich gelassen.«

Welt online vom 08.07.2011

Zwölf Monate später – der Kampf der Vergessenen:

»In den Nubabergen im Sudan tobt ein von der Welt unbemerkter Krieg. Regierungstruppen und Rebellen liefern sich Gefechte. Frauen und Kinder sterben.«

Frankfurter Rundschau vom 15.02.2012

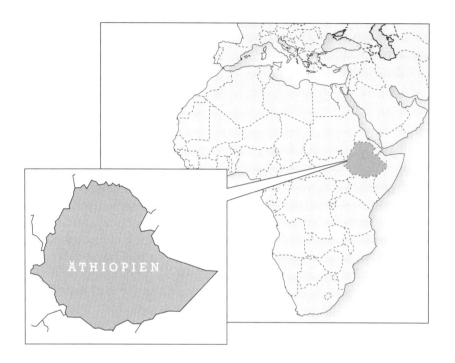

Äthiopien

Danakil, die Heimat der Genitaljäger

Die Erde vibriert kaum spürbar. Die Ziegen und Schafe sind in Panik. Tiere reagieren sensibel auf die ersten Anzeichen einer Naturkatastrophe. Ich spüre, etwas stimmt nicht, will losrennen, doch wohin? Dann folgt der Knall, darauf das Inferno, das Hitze, Magma und tödliche Gase in den Himmel schleudert. Für die Tiere ist es zu spät. Die Lava verschlingt sie, und ich werde aus dem Schlaf katapultiert.

Wo bin ich? Ein Traum? Aber ich höre brodelnde Lava und rieche giftige Dämpfe. Langsam sortiere ich Traum und Wirklichkeit auseinander. Ich liege am Vulkan Erta Ale in der Danakil-Senke in Nordäthiopien. Heti schläft neben mir. Ein Mann mit einer Kalaschnikow bewacht uns. Ich kann nicht gleich wieder einschlafen und lasse die letzten Tage Revue passieren:

Schon in Mekele, wo die Danakil-Tour startete, gibt es Schwierigkeiten. Unser Hauptproblem ist, dass wir ein zweites Auto brauchen. Wir können mit unserem Auto nicht allein in eine Salz- und Lavawüste fahren, das ist der Punkt. Sollten wir tatsächlich bei 50 °C ein technisches Problem haben, sind wir schneller mumifiziert als die Pharaonen. Es wäre unverantwortlich. Schließlich haben wir unsere Familie, die zu Hause wartet.

Eine weitere Schwierigkeit sind die Afar und ihre Sprache. Die Afar sind wild und unbeherrschbar. Noch nie wurden sie von irgendeiner Gewalt wirklich in die Knie gezwungen. Bis heute kämpfen und sterben sie für ihre Freiheit und für einen eigenen Staat. Das ist der Grund, weshalb sie immer wieder Fremde und Touristen entführen. So schießen sie sich in die Schlagzeilen der Weltpresse.

Warum zieht es uns an den tiefsten, heißesten und menschenfeindlichsten Fleck auf dem afrikanischen Kontinent? Nur um da gewesen zu sein? Die Frage ist berechtigt. Doch darauf folgt ein klares Nein! Wir wollen in die Danakil, weil wir nur dort drei einmalige Dinge erleben können:

Erstens den Erta Ale, einen Vulkan mit einem der wenigen permanenten Lavaseen der Erde, zweitens den Dallol, ein farbenprächtiges Thermalgebiet wie von einer anderen Welt, und drittens die Afar, die es als Einzige geschafft haben, in dieser Hölle aus Hitze, Lava, Vulkanen und Salz zu überleben. Ein Volk, das ursprünglich und unberechenbar ist.

Je mehr wir über diese drei Extreme hören, umso stärker wird der Wille, sie zu sehen, und umso schwächer der Gedanke an Schwierigkeiten. Gegen einsames Mumifizieren hilft das Mieten eines Begleitfahrzeugs mit einem Guide, der auch die Sprache der Afar spricht.

Durch Empfehlung kommen wir zu Haiba, die für einen Touranbieter arbeitet. Doch die Kosten für einen viertägigen Trip mit Mietauto, Guide und den hohen Zahlungen an die Afar sind für unseren Geldbeutel unerschwinglich. Somit tragen wir unser Vorhaben mit Tränen zu Grabe.

Kurz bevor wir aus Mekele abreisen wollen, klingelt unser Handy. Haiba hat im letzten Moment ein äthiopisches Ehepaar und zwei Engländer mit einem Land Rover aufgetrieben, die sich uns anschließen möchten. Das Ehepaar und wir würden im gemieteten Land Cruiser fahren, Haiba und die zwei Engländer in ihrem Land Rover. Perfekt, die Kosten sind fix, werden durch drei geteilt, und wir haben zwei Fahrzeuge.

Heti macht einen Luftsprung, und im HZJ steigt eine feuchtfröhliche »Vor-Danakil-Party«.

Schon am nächsten Morgen bricht unsere kleine Karawane Richtung

Erta Ale auf. Haiba ist eine Frau. Sie will uns durch eine der unwirtlichsten Gegenden dieser Erde führen. Dabei muss sie hart mit den Afar-Leuten verhandeln. Ob das gut geht?

Der erste Afar-Checkpoint auf unserer Danakil-Tour ist eine armselige Hüttenansammlung. Die Räder stehen noch nicht, und schon umringt uns eine Menschentraube mit ausgestreckten Händen. Doch welche sind die richtigen für die Schmiergeldzahlungen an den Scheich, den Clanchef und die Soldaten? Haiba verhandelt und feilscht mit mehreren gleichzeitig.

Obwohl wir laut protestieren, müssen wir wie an einer Staatsgrenze unsere Pässe abgeben, und das an Menschen, die wir vielleicht nie wiedersehen.

Nach einer Stunde werden die Verhandlungen immer heftiger. Die Afar wollen uns vier bewaffnete Soldaten aufs Auge drücken, obschon beide Autos bis unters Dach vollgestopft sind.

Zwei Stunden später: Unsere Pässe tauchen wieder auf. Immerhin wird nur ein Soldat mit Kalaschnikow in den Land Rover gepresst, aber Haiba muss für vier Soldaten bezahlen.

Durch eine schwarze, verbrannte Berglandschaft rumpeln wir ständig bergab in die Afar-Senke und erreichen am Abend das Dorf Hamedila. Die Sonne ist bereits untergegangen, trotzdem brennt der Feuerwind bei 45 °C auf der Haut. Ich hasse diesen Wind, der uns von nun an treu begleiten wird. Sogar bei Dunkelheit strahlt jeder Gegenstand so viel Hitze ab, als wäre er eine kleine Sonne. Da ist Atmen harte Arbeit. Mit nass geschwitztem Körper und Schweißperlen auf der Stirn versuchen wir unter freiem Himmel einzuschlafen.

Bevor wir am nächsten Morgen aufbrechen, beginnen die Afar mit ihrer Lieblingsbeschäftigung: Abkassieren! Haiba muss fürs Parken, fürs Kochen und für die Toilette bezahlen. Nur die Atemluft ist umsonst, wer hätte das gedacht?

Bei flotter Fahrt über eine Piste mit zementfeinem Staub zieht der Land Rover eine lange Staubfahne hinter sich her. Unser Fahrer Haile muss einen 100 Meter langen Sicht- und Atemabstand zu den Engländern halten, damit wir nicht im Staub ersticken. Von einem Meter auf den anderen wechselt der Untergrund. Doch Haile ist Profi und bremst auf Schrittgeschwindigkeit ab. Im Schneckentempo kriechen wir über ein junges Lavafeld mit vielen glasigen, messerscharfen Spitzen. Darauf wird jeder Reifen in kürzester Zeit bis auf die Felgen abgehobelt. Nach einigen Kilometern stoppt Haile und überprüft den Rest seiner Reifen. Ich steige ebenfalls aus und entdecke in der Nähe eine Hütte. Welcher Sadist hat hier inmitten eines Glasscherbenhaufens, wo Laufen nur mit einer Hornhaut so dick wie ein Reifenprofil möglich ist, eine Unterkunft für seine Familie errichtet? Die typische, kuppelförmige Afar-Hütte wurde aus zusammengesuchten Holzknüppeln gebaut, die lose ineinander verkeilt sind. Zum Schutz gegen die Sonne ist sie halb mit Ziegenfellen bedeckt. Aus dem Schatten erhebt sich eine grazile Frau. Ihr einziges Kleidungsstück ist ein kurzer Wickelrock, den sie sich um die Hüfte geschlungen hat. Ihr Kopfschmuck besteht aus bunten Glasperlen, die über der Stirn baumeln. Leichtfüßig schlendert sie mit nackten Füßen zu uns herüber. Ihre Tochter Ameena rennt auf den scharfen Lavasteinen an ihr vorbei und erreicht uns als Erste. Die beiden sind nur neugierig. Sie betteln nicht, und das in Äthiopien, das als »Bettlerhochburg« gilt.

Von Haile weiß ich, dass die Afar tiefgläubige Islamisten sind. Deswegen schocken mich die offen getragenen Brüste dieser Moslemfrau. Anscheinend geht dieser Stamm auch in Glaubensfragen sehr eigenwillige Wege. Denn in der restlichen moslemischen Welt, in der Frauen bis auf die Augen verschleiert sind, ist eine unbedeckte Brust der Schlimmste aller Sündenfälle.

Für mich gibt es eine noch viel schlimmere Sünde, über die ich berichten muss. Es ist die Beschneidung. Wenn ich das kleine Mädchen vor mir ansehe, kommt mir das Supermodel Waris Dirie in den Sinn. Sie wurde unweit von hier als Nomadenmädchen geboren. Im Alter von fünf Jahren musste sie das barbarische Ritual der »pharaonischen Genitalverstümmelung« aushalten.

Auch heute noch erleiden die Mädchen, die hier aufwachsen, früher oder später das Trauma der Beschneidung. Die hier praktizierte »pharaonische Genitalverstümmelung« ist die schlimmste Form der Beschneidung und wird mit einer Rasierklinge, Glasscherbe oder einem scharfen Stein ausgeführt. Ohne Betäubung werden die Klitoris, die kleinen Schamlippen und die Innenseite der großen Schamlippen herausgeschnitten. Was von den Schamlippen übrig ist, wird mit Dornen zusammengehalten. Dazwischen kommt ein dünnes, oft nur Streichholz langes Hölzchen, damit eine Öffnung für Urin und Menstruationsblut bleibt. Wenn das Mädchen bis dahin noch nicht verblutet ist, werden ihm beide Beine bis zur Hüfte zusammengebunden. In dieser Position harrt es dann mit unsagbaren Schmerzen, Krämpfen oder Schock zwei bis drei Wochen aus, bis die Wunde verheilt ist. Je kleiner die Öffnung ist, umso höher wird der Brautpreis und das Lustgefühl des zukünftigen Ehemanns sein. Täglich sterben 2000 Mädchen während oder infolge dieses Martyriums. Und wofür? Nur weil ein »versiegeltes« Mädchen eine Garantie für Jungfräulichkeit ist? Oder weil sie ohne Genitalien und unter Schmerzen keine Lust auf Sex hat, vor allem auf keinen außerehelichen? Hintergrund ist, dass Fremdgehen und verlorene Jungfräulichkeit für die komplette Großfamilie eine Schande wären.

Nicht nur Sex, schon einfaches Urinieren bereitet den Mädchen größte Schmerzen. Bei der Geburt des ersten Kindes sterben oft Mutter und Baby, weil der Säugling wegen der Verengung und Vernarbung den Mutterleib nicht verlassen kann.

Für Ameena, die mir jetzt gegenübersteht, wird die Kampagne von Waris Dirie wahrscheinlich zu spät kommen. Aber ich hoffe, dass Waris' Kampf gegen Genitalverstümmelung Erfolg haben wird, und schließe mich ihrer Meinung an, »dass weibliche Genitalverstümmelung nichts mit Tradition, Kultur oder Religion zu tun hat. Es ist die zynischste Form der Kindesmisshandlung. Alle Staaten, weltweit, sollten ernste und konsequente Maßnahmen gegen alle in die Wege leiten, die dieses Verbrechen begehen.«

Nachdem Haile das Reifenprofil geprüft hat, fahren wir weiter. Der nächste Stopp ist bei einigen Steinhütten. Hier warten wir, bis die Sonne untergeht. Erst dann steigen wir hinauf zum Erta Ale, aber nicht ohne zwei zusätzliche Soldaten. Ich hoffe nur, dass wir alle den 15 Kilometer langen Aufstieg schaffen.

Keuchend und mit gesenktem Kopf suche ich im Licht meiner Stirnlampe den nächsten Tritt. Trotz der Dunkelheit ist es immer noch unerträglich heiß. Haiba ruft: »Schaut nach oben!« Ich reiße den Kopf hoch. Nur ein kleines Stück weiter oben zieht roter Qualm eine Leuchtspur in den Himmel. Dieser Anblick mobilisiert die letzten Kräfte unserer kleinen Gruppe. Jetzt kann es keiner mehr erwarten, und ein Wettlauf beginnt.

Als wir in den Hauptkrater hinabklettern, warnt Haiba: »Vorsicht! Da unten ist erst vor Kurzem Magma übergeschwappt und hat frische Lavahöhlen hinterlassen. Ihr könnt einbrechen.«

Endlich am Ziel, stehen wir am zerfressenen Kraterrand und blicken in den Schlund der Hölle. Die Haut unseres Planeten ist dünner als eine Aprikosenschale und nicht so beständig, wie wir glauben möchten. Feuer sprüht uns entgegen, Magmablasen explodieren und zerreißen die Oberfläche des rot glühenden Sees. Die Lavaplatten werden hin und her geworfen, schmelzen und tauchen mit einem Blubbern wieder hinab in das Inferno. Hitze und Giftgase brennen auf der Haut und im Rachen. Sie zwingen mich zum Rückzug hinter einen Lavabrocken. Von hier kann ich das Spektakel in kleinen Happen genießen. Deshalb will ich meine Videokamera direkt am Kraterrand aufstellen. Nachdem ich tief Luft geholt habe, stecke ich die Kamera aufs Stativ, justiere sie, drücke den Startknopf und flüchte. Zum Glück hält die Videokamera durch.

Ein außergewöhnlicher Tag geht zu Ende. Jeder bekommt eine Matratze. Wir werden nicht weit vom Kraterrand schlafen. Heti liegt schon auf der Matratze neben mir, ich falle zufrieden auf meine, und das Fauchen des Erta Ale begleitet mich in die Welt meiner unruhigen Träume.

Die ersten zwei Tage unserer Danakil-Tour sind vergangen. Um der Sonnenglut so lange wie möglich zu entkommen, brechen wir am nächsten Tag in aller Herrgottsfrühe auf und kehren zurück zu den Autos bei den Steinhütten. Am Abend sind wir wieder im Räubernest Hamedila. Ein Ort, an dem immer alles beim Alten bleibt. Hier hat die Zivilisation außer Plastikschlappen nichts zurückgelassen. Die Frauen sitzen noch immer am Feuer, kochen oder flechten sich gegenseitig die Haare wie eh und je. Und wer sie dabei ungefragt fotografiert, kann gesteinigt werden, so lautet ihr Gesetz.

Es ist noch nicht allzu lange her, da verließen männliche Eindringlinge diese Gegend nur ohne Geschlechtsteile. Denn bevor ein Afar heiraten darf, muss er seinem künftigen Schwiegervater einen oder besser mehrere getrocknete »Feindpenisse« schenken. Und Feind war jeder, der nicht zum eigenen Stamm gehörte. Heti macht sich Sorgen, sie kennt mich neugierigen Gesellen ja. Doch Haile verspricht ihr, auf mich aufzupassen.

Seit Jahrhunderten klingt jeden Abend das Schärfen der Äxte durch Hamedila. Nicht wegen mir. Der Grund sind die Salzplatten, die sie morgen herausschlagen wollen. Ahmed sitzt mit seinem dünnen Hintern auf einem Stein im Schatten und schärft vorsichtig mit dem Hammer die Klinge seiner Axt. Die Axt ist das Wertvollste, was er besitzt. Nach dem Hämmern folgt der Feinschliff mit dem Schleifstein.

Beim Herausholen der »Amolos«, so heißen die Salzplatten, muss das Beil messerscharf sein, sonst schafft er sein Soll nicht und verliert seine Arbeit. Ein hartes Los in einer Gegend, wo es nur diese Arbeit gibt.

Immer mehr knochendünne Männer gesellen sich zu uns in den Schatten. Sie haben einen 20 Kilometer langen Rückmarsch vom Salzsee hinter sich und schlürfen zuallererst süßen Tee. Ahmed reicht den einzigen Hammer weiter. Dieser schlägt noch immer auf die Äxte, als ich spät im Feuerschein einschlafe.

In der Nacht höre ich Schritte neben meinem Schlafgestell. Eine lange Männerkolonne zieht im Mondschein aufs Salz hinaus, und ich schließe mich ihr an. Mich überrascht, dass die Männer weder Wasser noch Essen in die Salzwüste mitnehmen.

Wie sie laufe ich ein Stück barfuß. Es fühlt sich wie Gehen auf klebrigem Sand an, wären da nicht die Salzkrusten. Bei jedem Tritt auf ihre scharfen Kanten knicken meine Knie etwas ein. Mein Nachbar amüsiert sich schon lange über den wackeligen Weichling, während er mit seinen dicken Kamelhornhautsohlen kerzengerade dahinschreitet.

Als ich meine Sandalen anziehe, winkt er, komm mit. Sein Ziel ist mir dann doch ein paar Kilometer zu weit. Der Afar hat keine Zeit zum Scherzen, er muss mit der Kolonne weiter. »Arke«, ruft er und zeigt auf sich. Alles klar. »Werner« schreie ich zurück.

Als ich wieder am Camp zurück bin, ist es bereits hell. Und schon wieder sind Verhandlungen mit den Afar im Gange. Da wir heute zum Dallol wollen, der direkt an der Grenze zum Todfeind Eritrea liegt, müssen uns acht schwerbewaffnete Soldaten beschützen. »Es werden immer wieder Ausländer am Dallol entführt«, geben die Afar an.

»Weshalb beschützen uns Afar vor anderen Afar? Ist das nicht etwas seltsam?«, frage ich Haiba.

»Ja, schon, aber die Afar bestehen aus vielen Clans, die sich ebenfalls bekämpfen, und die Grenze zwischen politischen Rebellen und Banditen ist fließend«, gibt sie zu bedenken und verhandelt weiter.

Zählen wir unseren »Dauersoldaten« mit, der meistens schläft, wären wir mit neun Soldaten unterwegs, die alle ins Auto wollen.

Als Haile sich einmischt, werden die Verhandlungen noch lauter und eskalieren. In diesem Moment braust eine Kolonne aus Land Cruisern mit Bewaffneten ins Dorf und nimmt unsere beiden Autos in die Zange. Nachdem sich der Staub gelegt hat, sehen wir einen Mann in schwarzer Djellaba mit rotem Fes auf einer Land-Cruiser-Pritsche. Bewaffnete springen aus den Autos. Wir sind umzingelt. Heti flüstert: »Becky, das war's dann wohl!«

Jeder scheint den Djellaba-Mann zu kennen. Im Ort ist es totenstill. Kein Laut ist zu hören. Haiba und die Afar müssen vor der Pritsche antreten. Der Mann hört sich das Dilemma in Ruhe an, brüllt drei Sätze und verschwindet mit seinem Gefolge in der Danakil. Der Clanchef hat gesprochen! Wortlos springen vier Soldaten auf unser Autodach, und wir fahren los. Mit 80 km/h brausen wir über die Salzebene, und an meinem Seitenfenster baumeln zwei Soldatenstiefel und ein Kalaschnikow-Schaft.

Bei einer kleinen Anhöhe stoppen wir. Die vier Soldaten springen vom Dach. Mit Gewehr im Anschlag sichern zwei die Gegend, und die beiden anderen stellen sich zu unserer Sicherheit schussbereit vor uns. Ich muss schon sagen, sie bieten eine gute Show für ihr Geld.

Morgens um acht Uhr zeigt der Blick auf das Autothermometer schon 57 °C, und das GPS gibt an, dass wir uns 117 Meter unter null befinden.

Sind wir an einem Ort der Sinnestäuschung? Etwas anderes können die cremefarbenen Steinpilze vor mir nicht sein. Aber sie sind echt, echte Pilze aus Stein und so groß, dass man bequem auf ihnen sitzen könnte, wären sie nicht so heiß. Diese Pilze wachsen nur am Hitzepol der Erde, wo die weltweit höchste durchschnittliche Jahrestemperatur gemessen wird.

Oben am Hang angekommen, vergesse ich zu atmen. Ein Feuerwerk der Farben und Formen empfängt uns. Gelb, Grün, Blau, Purpur – ach was –, alle Spektralfarben sind vertreten. Aus einer lilafarbenen Fumarole zischt Dampf. Im zitronengelben Säurepool blubbert blutrotes Gift. Alles zusammen gleicht einem riesigen bunten Korallenriff. So etwas Fremdes und Schönes hat meine Netzhaut noch nie gesehen.

Sehen allein reicht uns nicht, und wir wagen uns auf die verkrustete Oberfläche des größten Farbtopfs der Natur. Wie auf Eiern balancieren wir über die aufgerissene Fläche zwischen den vielen Minivulkanen hindurch. Dabei ist mir bewusst: Ein falscher Schritt, und ich brauche nach dem Säurebad nie mehr Schuhe. Nicht umsonst heißt »Dallol« in der Afarsprache »Auflösung«.

Dieser unglaubliche Farbenzauber treibt mich von einem Motiv zum nächsten, von Kameraeinstellung zu Kameraeinstellung. Dabei vergesse ich wie im Nirwana alles um mich herum. Deshalb stehe ich nun auch allein im Labyrinth von Säure und Geysiren. Um Heti zu erreichen, muss ich auf die andere Seite eines kleinen giftgrünen Sees. Dazu brauche ich meinen ganzen Mut. Denn links zischt es, rechts blubbert es, und hinter mir kracht es. Ich bin heilfroh, als ich bei Heti stehe. Sie klagt über stechende Kopfschmerzen und Druck auf dem Herzen. Jetzt am späten Vormittag steigt die Hitze. Die Erdlöcher und Spalten heizen sich stärker auf und werden aktiver. Der faulige Geruch wird unerträglich. Ohne Luftbewegung bauen sich Giftgase über dem Boden auf. Herzprobleme, Atemnot oder ein plötzlicher Black-out sind Begleiterscheinungen. Die Kleinen trifft es zuerst. Mit 1,89 Meter bin ich etwas später dran. Aber dann brennen auch bei mir die giftigen Gase im Speichel und in der Augenflüssigkeit.

Die Soldaten drängen, höchste Zeit zu verschwinden. Aus sicherer Entfernung werfen wir einen letzten Blick zurück auf Utopia. Das Autothermometer steht nun auf 65 °C. Mein Körper ist von der Hitze, den Gasen und der optischen Überreizung betäubt und müde. So geht es nicht nur mir. Deshalb flüchten wir von diesem schönen, gefährlichen und außergewöhnlichen Ort und fahren dorthin, wo die Afar Salz abbauen.

Am Horizont flimmert die Hitze zwischen blauem Himmel und strahlendem Salz, dem weißen Gold der Afar. Es ist ein Geschenk des Meeres. Etwa alle 50 000 Jahre schwappt das Rote Meer in die Afar-Senke. Das Wasser verdunstet, und zurück bleibt Salz. Neben der Tierzucht ist Salzabbau seit Jahrhunderten für die Afar die einzige Möglichkeit, Geld zu verdienen.

Am Salzbruch angekommen und noch nicht ganz aus dem Auto ausgestiegen, springt uns wieder diese lähmende Hitze an. Beim Anblick Hunderter Männer, die, gegen die Hitze vermummt, mit langen Stangen Salzplatten herausbrechen, schäme ich mich für mein Gejammer.

Heti und ich amüsieren uns über das Kamel, das vor uns liegt. Gewöhnlich ruht ein Wüstenschiff auf den Knien mit stolz erhobenem Kopf. Aber nicht dieses! Es streckt alle Viere von sich, und der Kopf liegt kraftlos auf dem Salzboden.

Plötzlich schreit jemand: »Werner, Werner«. Ich bin über meinen Bekanntheitsgrad hier draußen überrascht und Haiba noch mehr. Erst als der Rufer mit grünem Turban und seinen Kamelhornhautsohlen strahlend vor mir steht, erkenne ich Arke. Arke arbeitet als »Focolo«. Mit langen Stangen bricht er Salz heraus. Die Focolos erledigen die niedrigste und vielleicht härteste Arbeit auf dem Salzbruch. Euphorisch zeigt er mir seine Arbeit. In Trupps von fünf bis zehn Leuten schlagen sie mit den Äxten tiefe Rillen in das Salz. Beim ersten Riss stoßen sie ihre spitzen langen Stangen hinein und wippen mit dem Körper, damit die Salzplatte herausbricht. Dabei singen sie fröhlich und so lange, bis sich das etwa mannsgroße und ungefähr 20 Zentimeter tiefe Stück endlich mit einem lauten Knacken löst.

Arke drückt mir seine Axt in die Hand. Ich soll mit seiner Truppe die nächste Platte herausschlagen. Auch das noch! Aber ich will nicht kneifen. Bei jedem Schlag schießt noch mehr Schweiß aus meinen Poren, und ich kann die Schlagzahl meiner Kollegen nicht halten. Doch beim Heraushebeln schlage ich mit meinem doppelten Gewicht zurück. Die Fliegengewichte sind beeindruckt, und ich bin mit meinen Kräften am Ende. Diese Jungs sind härter als die Salzplatte und haben meinen Respekt. Mit einem Lied auf den Lippen schuften sie von Sonnenauf- bis Sonnenuntergang. Die herausgehebelte Salzplatte wird direkt Tesfaye übergeben. Tesfaye ist ein »Hadaili Mera«, ein Plattenschneider, und höher gestellt als ein Focolo. Seine Aufgabe verlangt Erfahrung und Gewissenhaftigkeit. Er muss die große Platte in Rechtecke zerhacken und ohne Waage so zurechtschaben, dass sie genau acht Kilogramm wiegen. Danach heißt so eine rechteckige Platte »Amolo«. Amolo war früher ein Zahlungsmittel. Schon das allein zeigt Tesfayes Kompetenz. Tesfaye arbeitet schnell und genau. Trotzdem schimpft der Kameltreiber Hamdula mit ihm.

Haiba erklärt mir: »Hamdula muss los. Aber es fehlen noch Amolos, deshalb soll sich Tesfaye beeilen.«

Obwohl für uns dieses Durcheinander von Menschen, Tieren und herumliegenden Salzplatten einem Chaos gleicht, herrscht Arbeitsteilung und Rangordnung bis ins Detail.

Jeden Morgen wird vom »Chef des Salzes« genau festgelegt, wie viele Kamele und wie viele Arbeiter mit welcher Qualifikation auf den Salzsee hinausgehen dürfen. Teilt er zu viele Kamele oder Arbeiter ein, gibt es Streit. Freiwillig steht in dieser Hitze keiner lange sinnlos herum.

Endlich hat Hamdula auf jedem Kamelrücken 20 Amolos und bricht auf. Er hat einen langen Weg vor sich, bis er in Dessie im äthiopischen Hochland ankommen wird. Doch er lacht. Er weiß, dass mit jedem Schritt in Richtung Markt die Amolos im Wert steigen.

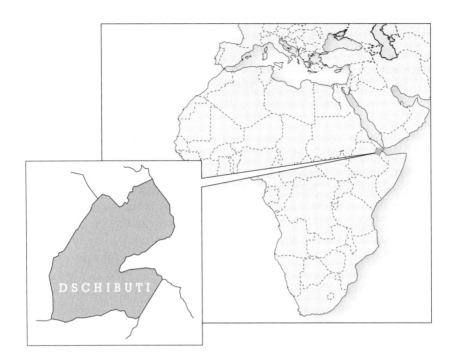

Dschibuti

Im Vorhof der Hölle

Wie ein Cop, der in seinem Straßenkreuzer in einer New Yorker Straßenschlucht einen Bankräuber stellt, schneidet uns ein Lkw und zwingt mich abrupt zum Stoppen. Mit allem, was ich habe, und das sind zurzeit 90 Kilogramm, steige ich auf die Bremse. 20 Kilogramm leichter und ich hätte dieses Gefährt in den Straßengraben geschoben. Wütend springt ein schmächtiger Giftzwerg aus der Beifahrerseite des Lkw.

»Pass auf, ein Amokläufer!«, schreit Heti.

Der Mann ist außer sich, brüllt und fuchtelt mit seiner Waffe in unsere Richtung. Er nimmt tatsächlich das Gewehr in Anschlag und drückt den Lauf gegen das Seitenfenster. Betont langsam kurble ich die Scheibe runter und will – Gewehr her, Gewehr hin – zum verbalen Gegenschlag ausholen. Ein Angriff ist noch immer die beste Verteidigung. Denn dieser Wahnsinnige hätte uns mit seinem Manöver beinahe ins Jenseits befördert. Doch er lässt mich nicht zu Wort kommen, schreit in Ekstase »Immigration, Immigration!« und zeigt entschlossen in die Richtung, aus der wir gekommen sind.

Hoppla, ich ahne Schlimmes und verkneife mir das Lachen. Haben wir tatsächlich die äthiopische Grenzstation überfahren?

Das Tohuwabohu im babylonischen Sprachengewirr kann die Fronten nicht entschärfen. Der wütende Gesichtsausdruck des Mannes beweist, dass er meine Geste der Entschuldigung nicht annimmt. Er reißt die Beifahrertür auf, gibt Heti unfreundlich zu verstehen, dass sie rücken soll. Dann schwingt er sich neben sie, und wir kehren um. Grimmig stiert er durch die Windschutzscheibe. Er würdigt uns keines Blickes, bis sein »Stopp« das Schweigen durchbricht.

Mit dem Makel eines Illegalen gebrandmarkt, müssen wir vor versammelter Grenzmannschaft antreten. Zum Glück spricht der rangniedrigste Beamte ein paar Brocken Englisch. Den Rest klärt die Körpersprache, und die vermeintlich illegale Ausreise endet in überschwänglicher Freundschaft.

In Dschibuti sorgt an der Grenze ein Schlagbaum für Ordnung, und das hat seinen Grund. Denn die gesamte Grenzbehörde schläft in einem stickigen Container wie Dornröschen im Turm. Wach küssen möchte ich sie nicht, deshalb klopfe ich mit der Faust an die Blechwand, dass es scheppert. Ein Ruck geht durch die Mannschaft, und der Tiefschlaf ist vorbei. Doch dann, oder vielleicht deshalb, knallen die Einreisestempel recht flott auf unsere Papiere, und als Wiedergutmachung für die Wartezeit erledigen sie den ganzen Papierkram für uns.

Bon voyage – die Fahrt geht weiter.

...

Wir rollen mit dem HZJ vom äthiopischen Hochland hinab Richtung Rotes Meer. Beim Start zeigte das Thermometer 16 °C und durchbricht nun die 39-Grad-Marke. In Dschibutis Hauptstadt angekommen, bleibt das Thermometer bei 46 °C stehen. Schlagartige 30 Grad mehr sind für unseren Körper ein Ausnahmezustand, und ich hechle wie ein Hund in der Mittagssonne.

1 Jede Reise beginnt mit dem ersten Schritt. Meiner war ein Sperrholzmodell vor 16 Jahren.

2 Mit jedem Arbeitsschritt wächst die Sehnsucht nach Freiheit und Unterwegssein.

3 Wir sind gespannt, ob sich unsere Reisefantasie mit der Realität deckt. Das gleiche gilt für den Umbau unseres Toyota Land Cruisers HZJ 75.

4

5

4 Und so sieht nach drei Jahren das Ergebnis aus.

5 Ein mysteriöses Bauwerk mitten in der marokkanischen Wüste. Unsere Fantasie reicht von der Gangway eines UFO-Landeplatzes bis hin zu einer arabischen Guillotine ohne Fallbeil, von der die Verurteilten in den Tod gestürzt werden.

6 1523 Dünen bis zur nächsten Bäckerei, dann lockt das Feuer für unser Wüstenbrot auch noch dubiose Gestalten an.

7 Diese Tuareg im Niger sind zum Kampf bereit. Sie wollen einen eigenen Staat und ein Stück vom Uran-Kuchen.

8 Saijd muss auf dem Nil sein Geld für Marihuana hart in der Kajüte mit Sextouristinnen verdienen.

9 Im Sudan gibt es mehr Pyramiden als in Ägypten. Die Pyramiden der schwarzen Pharaonen in Meroe sind so gut erhalten, als wären sie noch schnell zugemauert worden, bevor über Nacht die Wüste kam.

10 Entspricht wahrscheinlich nicht den internationalen Hygienevorschriften, dafür ist es sehr lecker und billig.

11 Noch drei Tage, dann wird das Ergebnis des Südsudan-Referendums bekannt gegeben. Die Schutztruppen sollen Massaker verhindern, wenn's sein muss auch in Badeschlappen.

12 Im Zentralsudan erklärt uns Achmed stolz, dass diese Mine sogar auf kleine Kinderfüßchen reagiert.

13 Mit den Hamer feiern wir mit viel Honigwein und Ziegenfleisch bis zum Sonnenaufgang.

11

12

13

14 Erst am Morgen bemerken wir, dass uns diese Menschen die ganze Nacht bewacht haben. Sie hatten Sorge, dass wir ausgeraubt werden.

15 Ich gebe den Ethnologen uneingeschränkt Recht, die behaupten, die Tellerlippenfrauen wirken auf Sklavenjäger abschreckend.

16 Die Danakil ist eine gesetzlose Wüste, in der uns Rebellen vor Rebellen schützen sollen.

17 Die Haut unseres Planeten ist dünner als eine Apfelschale. Beim Vulkan Erta Ale stehen wir auf ihr und blicken mit brennenden Augen und einem verätzten Rachen in einen Höllenschlund.

18 Bei 60 °C im Vulkan Dallol. Es stinkt nach Schwefel und brodelt wie in einer Hexenküche. Im nur 30 Meter hohen Krater schießt giftiges Mineralwasser aus dem Erdinneren und zaubert den farbenfrohesten Vulkan des Erdballs.

19 Mein Freund Arke arbeitet im Salzbruch in der Danakil. Er zeigt mir mit seinem Trupp, wie die Salzplatten herausgebrochen werden. Dann drückt er mir die Brechstange in die Hand ...

20 Die Afar-Frau in der Hütte rettet uns bei einem beinahe tödlichen Fehler.

Hochbezahlte französische Soldaten und Legionäre hängen in Dschibuti-Stadt den Futtertopf so hoch, dass er für die Einheimischen unerreichbar ist. Bei 60 Prozent Arbeitslosigkeit sind die Straßen mit Slum-ähnlichen Verkaufshütten vollgestopft. Sie sind aus Karton, Blechfetzen und Plastikfolie zusammengestückelt. Darin verscherbeln die verzweifelten Menschen allerlei Schund, um zu überleben.

Die französischen Statthalter sitzen im unberechenbaren Hotspot zwischen Somalia, Eritrea und Äthiopien auf einem menschlichen Vulkan, der jede Sekunde explodieren kann. Ständig halten sie Ausschau nach Seepiraten, die vor der Küste in aller Ruhe internationale Schiffe entführen und ausrauben.

Aber was suchen wir in dieser überdimensionalen Erddelle, in der sich die flirrende Hitze sammelt wie Wasser in einer Pfütze? Es ist das »Land Utopia« irgendwo am Ufer des Lac Abbe an der Grenze zu Äthiopien. Dort soll ein Stück Mond auf die Erde gefallen sein, das so bizarr und erdfremd ist, dass hier der Film *Planet der Affen* gedreht wurde. Also genau der richtige Ort für unsere Neugierde.

Die Einheimischen raten uns ab. Es gebe keine eindeutigen Pisten, kein Wasser, nur Berge, Tiefsand und sengende Hitze. Der Beschreibung nach wartet keine Kaffeefahrt auf uns. Doch wir werden es versuchen und wühlen uns durch Tiefsand, bis die Achsen aufliegen. In der flirrenden Hitze graben wir die Räder frei und stoßen die Sandbleche darunter. Auf ihnen befreit sich der HZJ auf festeren Grund – und weiter geht die Fahrt.

Die Piste endet in einem verwahrlosten Afar-Dorf. Die Menschen sind wegen der Hitze kaum bekleidet. Sie wirken feindselig und können oder wollen uns den weiteren Weg nicht zeigen. Dann müssen wir uns eben auf die eigene Spürnase verlassen.

Beim Versuch, eine Hügelkette zu überqueren, versperren mehrere 30 bis 40 Zentimeter hohe Steinstufen unser Vorwärtskommen. Klettern ist eine Herausforderung, für die unser HZJ nicht gebaut wurde. Noch nie haben wir ihn über ein derartiges Hindernis getrieben. Aber heute ist der Tag der Wahrheit. Wir drei werden es wagen. Ausgerechnet jetzt klemmt der Untersetzungshebel und lässt sich wegen der extremen Schräglage nicht einlegen. Und ohne Untersetzung sind selbst die 186 PS für diese Kletterpartie zu wenig. Somit steht die »Mondexkursion« vor dem Aus.

Um mir einen Überblick zu verschaffen, klettere ich den Berg vollends hoch. Von dort erblicke ich einen smaragdgrünen See mit weißen Salzrändern. Die graue Ebene davor ist gespickt mit konischen Säulen. Aus ihren ausgefransten Schloten quillt Rauch. Ich starre gebannt auf diese surreale Welt.

Wieder zurück beim Auto, bin ich immer noch hypnotisiert und erzähle Heti von diesem einzigartigen Ausblick. Als sie hört, dass »Utopia« nur noch drei bis vier Kilometer entfernt ist, sind wir uns einig: Wir geben nicht auf! Da es erst neun Uhr ist, können wir es zu Fuß schaffen. Also packen wir Kekse, Traubenzucker sowie Wasser in den Rucksack und brechen auf. Heti legt ein hohes Tempo vor, und ich habe Mühe mitzuhalten. Mittlerweile sind wir schon zwei Stunden unterwegs, und die Schlote kommen nicht näher. Ich ärgere mich, denn ich habe die Entfernung gewaltig unterschätzt.

Ein grüner Farbfleck in der trockenen Einöde muss eine Sinnestäuschung sein. Oder macht Hitze auch farbenblind? Als wir näher kommen, plätschert Quellwasser aus knochentrockenem Zementstaub. Leider ist das Wasser lauwarm und stinkt nach Schwefel. Trotzdem zaubert es in diese tote Welt eine giftgrüne Oase, die nach wenigen Metern im Nichts verschwindet.

Mit aufgerissenem Mund und staunenden Augen stehen wir nass geschwitzt endlich am Fuße des ersten Schlotes. Seine gesamte Oberfläche ist vernarbt. Im oberen Drittel öffnet sich ein Schlund, aus dem der weißgraue, stinkende Atem des Erdinneren entweicht. Es riecht nach Unterwelt. Giftig und ätzend hüllt der Gestank uns ein. Die Haut der Erde ist hier so dünn, dass die Erdhitze durch unsere Schuhsohlen brennt. Bis zu den Knien sind unsere Füße und Beine in feinen Staub gehüllt, der in der Hitze brutal auf der Haut juckt. Wir hinterlassen messerscharf umrissene Fußabdrücke wie die Astronauten auf dem Mond.

Tranceartig wandeln wir durch eine Science-Fiction-Welt. In meiner Fantasie springt ein Zyklop mit blinkendem Auge und einer Laserpistole im Anschlag hinter dem nächsten Kamin hervor.

Die Sonne klettert höher und wird aggressiver. Hetis Olympioniken-Tempo hat sich auf das einer Schnecke reduziert. Blass und ausgelaugt sinkt sie in den Staub. Ihr fehlt die Kraft, um den Salzsee zu erreichen. Sie will die Hälfte des Wassers mitnehmen und allein zurücklaufen, sagt sie mit matter Stimme.

Ich bin schockiert. Nicht, weil sie umkehren will, sondern weil diese Hitze bei ihr anscheinend einen Realitätsverlust ausgelöst hat. Wie sonst käme sie auf die Idee, dass ich sie so geschwächt in dieser menschenfeindlichsten Region der Erde allein lassen würde.

Wir machen uns gemeinsam auf den beschwerlichen Rückweg. Schon nach kurzer Zeit torkelt meine Frau nur noch in Zeitlupentempo durch den Staub. Sie kann ihren Körper nicht mehr tragen und ist am Ende ihrer Kraft.

Dass wir zu Fuß in diese Todeszone eingedrungen sind, war ein unverzeihlicher Fehler, den ich zutiefst bereue. Ich habe Angst, wie dieser Tag enden wird.

Die Sonne steht senkrecht über den Schloten und gönnt uns keinen Schatten. Ich stütze Heti, und zusammen gehen wir langsam weiter, bis ich unter einem Lavabrocken einen handtuchgroßen Schatten entdecke. Nun ist zumindest ihr glühender Kopf aus der Gefahrenzone. Sie reagiert kaum noch, will nur noch sitzen und stiert dabei apathisch geradeaus.

Ich muss unbedingt ihre Körpertemperatur senken, bevor sie bewusstlos wird. Aber wie? Außerdem muss sie trinken und essen, doch wie ein störrisches Kind schüttelt sie nur den Kopf und presst die Lippen zusammen.

»Trink jetzt!«, schreie ich sie nervös an, »sonst schrumpfen dein Gehirn und dein Körper zusammen wie eine ägyptische Mumie.«

Mit Todesverachtung schüttet sie einen kleinen Schluck Wasser in den Mund und kämpft ein Stück Traubenzucker hinterher. Dann würgt sie, und ich habe Angst, dass alles in hohem Bogen wieder zurückkommt.

Was gäbe ich für einen kühleren Ort, und wenn es eine Sauna wäre.

Hier wird uns die Sonne früher oder später die Haut vom Körper ziehen. Schweiß dringt ununterbrochen aus allen Poren, brennt in den Augen, sammelt sich in den Sandalen und tropft von den Fingerspitzen, egal ob wir liegen, sitzen oder gehen. Innerhalb von zehn Minuten verlieren wir weit mehr Körperflüssigkeit als in unseren Flaschen ist, und das sind noch genau anderthalb Liter. Den Versuch auszurechnen, wie lange es dauern wird, bis wir zu Staub zerfallen, gebe ich sofort wieder auf.

Hetis Kopf ist feuerrot. Ich befürchte, der Hitzschlag stürzt sie bald ins Koma.

Mir bleibt keine Wahl! Ich opfere einen halben Liter unseres kostbaren Wassers und benetze damit ihren Kopf und den Oberkörper. Die Verdunstungskälte ist meine letzte Hoffnung. Dann lass ich sie in Ruhe und starre auf den Boden. Er ist mit Millionen reiskorngroßen Muscheln bedeckt, über die noch vor einigen tausend Jahren das Rote Meer rauschte – ein Foltergedanke. Ich wollte, der Meeresboden hätte sich nie gehoben, dann würde ich nicht heute zwischen diesen blöden verlandeten Kegeln unter sengender Sonne sitzen, sondern sie bei einem erfrischenden Tauchgang erkunden.

Ich hasse diese Kamine und würde am liebsten alle in die Luft sprengen. Aber noch mehr hasse ich die glühende Sonne über uns. Sie kennt keine Gnade und keine Barmherzigkeit. Am meisten jedoch hasse ich mich. Wie konnte ich so dumm sein und uns in diese Hölle führen. Ein Blick in Hetis teilnahmsloses Gesicht holt mich in die Wirklichkeit zurück.

Wir müssen weiter, doch sie will nur sitzen. Ununterbrochen verlieren wir Körperflüssigkeit, die wir noch dringend brauchen. Und hier wartet nur das Ende. Die Wüste greift mit ihrem heißen Atem nach uns. Wir müssen weiter. Ich stütze Heti, und wir plagen uns Arm in Arm vorwärts. Meine Kehle ist knochentrocken, und die Zunge klebt am Gaumen. Anscheinend hat auch mir die Sonne das Gehirn verbrannt, denn ich sehe abseits unserer Route eine Hütte auf einem Hügel. Sind das die letzten Halluzinationen, bevor ein Mensch seinen Verstand verliert? Ich reiße mich zusammen. Aber je länger ich hinschaue, umso klarer hebt sich ein kuppelförmiger Unterschlupf vom Himmel ab.

Sollen wir den Umweg machen? Wenn wir einem Hirngespinst nachjagen, bringt uns dieser Umweg dem Verderben noch näher. Doch der Gedanke an Schatten, wenn auch nur für kurze Zeit, ist zu verlockend, und wir ändern den Kurs.

Den Anstieg bewältigen wir mit letzter Kraft und stehen auf dem Gipfel des Glücks. Dagegen muss das Gefühl nach einer Mount-Everest-Besteigung der Stimmung einer Beerdigung gleichkommen. Wir stehen tatsächlich vor einer real existierenden Behausung, aus der eine Afar-Frau mit ängstlichen Augen blickt. Ihre beiden Kinder fangen bei unserem Anblick zu schreien an. Die Frau erkennt unsere Lage und winkt uns in die Hütte mit vielleicht 1,5 Metern Durchmesser. Obwohl wir dort nur kauern können, bietet die Ziegenhaut etwas Rares – einen schützenden Schatten. Als die Afar-Frau noch die Seitenteile hochklappt, umschleicht uns sogar ein sanfter Lufthauch.

Fünf Menschen und ein kleines Zicklein drängen sich aneinander, denn nicht einmal das Tierchen mag in die gnadenlose Sonne hinaus.

Obwohl die Frau bestimmt nicht viel hat, bietet sie uns Wasser und Brei an. Den Brei lehnt Heti ab, doch etwas Wasser nimmt sie an. Für mich ist das seit Stunden die erste Flüssigkeit. Nachdem sich meine Kehle langsam wieder öffnet, schmeckt das Wasser wie Champagner, der beste meines Lebens. Obwohl ich die Kalebasse auf einen Zug leeren könnte, halte ich mich zurück.

Nach einer halben Stunde verlassen wir den Schutz der Afar-Hütte. Heti

nimmt noch einen Schluck vom kostbaren Nass. Wir wollen diese hilfsbereite Frau mit ihren Kindern nicht auch noch in Not bringen. Es ist mir ein
Rätsel, wie sie mit ihrer Familie hier überlebt. Doch im Moment erfordert
unser eigenes Überleben unsere ganze Kraft, und wir machen uns nicht
mehr ganz so langsam erneut auf unseren Weg.

Es ist zum Wahnsinnigwerden – wenn etwas schiefgeht, geht alles
schief. Jetzt baumelt auch noch der Katheter meiner Insulinpumpe an der
Hose herunter, anstatt im Bauch zu stecken. Ich will nicht schon wieder
mit Schweißausbrüchen langweilen, aber der Schweiß hat den Klebestrei-
fen samt Katheter aufgeweicht und von der Haut gelöst. Dieses Mal hat
der Schweiß für meinen Körper folgenschwere Konsequenzen. Denn die
Teflon-Nadel kann nur einmal in die Haut gestochen werden. Somit ist
mein Körper ohne Insulin, und die Frage ist, wie lange schon? Ich messe
einen Wert von 567 mg/dl!!! Noch nie in meiner 30-jährigen Diabeteskarri-
ere hatte ich einen so hohen Wert. Das ist die Katastrophe in der Katastrophe. Zu all dem Elend muss mein Körper auch noch auf das lebenswichtige
Insulin verzichten. Eine Situation, an dessen Ende das diabetische Koma
wartet. Mir hilft nur ein neuer Katheter, und der ist im Auto.

Der extreme Zuckeranstieg jagt den Durst ins Unerträgliche und fordert
zusammen mit meiner schwindenden Kraft meine letzten Reserven. Nur
ein Gedanke treibt mich weiter – Wasser! Und dann stehe ich vor der
lauwarmen Schwefelquelle von heute Morgen. Meine ausgetrocknete
Kehle und geschwollene Zunge reagieren nicht mit der Intelligenz des
Gehirns, sondern mit der blinden Gier des Dursts. Die Gier siegt, und das
Wasser schmeckt dieses Mal nicht wie Champagner, sondern wie ein gifti-
ger Schwefelcocktail. Doch es ist nass. Hetis Ekel vor der Brühe geht zum
Glück so weit, dass sie keinen Tropfen anrührt. Nach ein paar kräftigen
Schlucken spüre ich, wie der Schwefel meine Kehle angreift.

Zur Abkühlung schütten wir das lauwarme Wasser über unsere Körper
und brechen sofort wieder auf. Nun hat sich unsere Konstellation gedreht.
Jetzt bin ich derjenige mit dem Zeitlupentempo, und Heti ist der Garant für
Stabilität, denn sie bricht nicht weiter ein.

Als wir physisch und psychisch am Ende den HZJ erreichen, liegen wir
uns glückselig und dankbar in den Armen.

Überlebt!

Es war ein Vorgeschmack der Hölle, und wir wissen, einer ist nichts, zu
zweit sind wir alles!

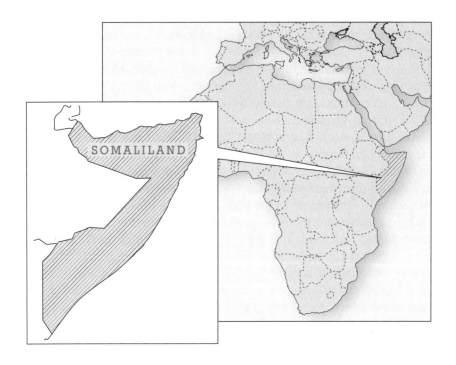

Somaliland

Die einzige Demokratie in Afrika

Ein kleines Rätsel:
Wie heißt der größte Schurkenstaat unter der Sonne?
Wo werden Schiffe wie im Mittelalter gekapert und entführt?
In welchem Land sitzt die Hauptzentrale von Al Qaida?

Heißt Ihre Antwort »Somaliland«, haben Sie sich getäuscht. Sollte Ihre Antwort dagegen »Somalia« lauten, haben Sie Recht! Wer dann auch noch den Unterschied zwischen den beiden Staaten kennt, weiß mehr als die meisten Menschen. Wenn Sie auch noch verkünden, dass Somaliland gar kein offiziell anerkanntes Land ist, sondern nur ein einseitig ausgerufener Staat mit der einzig wirklichen Demokratie Afrikas, haben Sie 100 Punkte und sich ein Freiexemplar dieses interessanten Buches verdient, das Sie zum Glück bereits gekauft haben.

Sollten Sie noch nichts über Somaliland gehört haben, geht es Ihnen wie den meisten unserer Freunde und Bekannten. Als sie erfuhren, dass wir nach Somaliland wollen, waren sie entsetzt. Sie fragten uns als Erstes: »Seid ihr lebensmüde? Was bringt euch nur auf diese schwachsinnige Idee?«

Erstens sind wir ganz sicher nicht lebensmüde. Wir genießen das Leben und freuen uns auf den Rest der Welt. Und die Antwort auf die zweite Frage ist Las Geel, die weltweit besterhaltenen neolithischen Felsenbilder. Ein versteckter archäologischer Diamant, der erst 2002 entdeckt wurde.

Als wir in Dschibuti die Somaliland-Visa mit Nummer neun und zehn bekommen, ist klar, dass uns dort nicht viele Ausländer, geschweige denn Touristen über den Weg laufen werden. Die Vorschrift, das Land, mit Ausnahme der Hauptstadt, nur mit Militärschutz zu bereisen, ist ein bitterer Wermutstropfen. Die Soldaten würden dann mit uns im Auto sitzen, und wir müssten für sie auch noch bezahlen.

Tatsächlich warten an der Grenze zwei Soldaten mit Maschinengewehren bewaffnet auf uns. Vehement lehnen wir ihre Begleitung ab und fragen, warum Somaliland überhaupt Visa ausstellt, wenn eine Reise nur unter dem Schutz von Maschinengewehren möglich ist.

Große Ratlosigkeit herrscht. Soldatenschutz ist Pflicht, weil die Somalis vor einigen Jahren einen Anschlag verübt haben, bei dem es Tote gab. Die Angst, dass ein Ausländer im Land zu Schaden kommt, und sei es nur durch einen Schnupfen, ist schlimmer als die Furcht vor einer Choleraepidemie. Denn die kleinste negative Schlagzeile ganz unten auf der letzten Seite der Weltpresse könnte das Bestreben um politische Anerkennung für Generationen zerstören. Deshalb soll jeder Ausländer das sichere und vorbildliche Land lobpreisen. Doch wie passt das zu bewaffneten Soldaten auf dem Beifahrersitz?

Als hätten die Grenzbeamten meinen Gedanken gehört, entscheiden sie mutig und lassen uns ohne Begleitschutz ziehen.

Am Grenzbaum ist der Teerbelag zu Ende. Eine Straßenoberfläche wie nach einem Bombenangriff wirft uns in der Fahrerkabine hin und her. Jeder Schlag geht durch Mark und Bein, und wir fühlen am Körper, dass dieses Land nicht in Reichtum schwimmt. Die Staubpiste zur Hauptstadt

Hargeisa führt durch Trockensavanne. Immer wieder tauchen kuppelförmige Nomadenzelte aus geflochtenen Sisalmatten auf mit Hirten, die ihre mageren Kamele, Rinder und Ziegen in den Kral treiben.

Die Sonne steht schon tief, und wir entscheiden uns für einen ruhigen Übernachtungsplatz zwischen Akazienbäumen. Zufrieden genießen wir mit reichlich Rotwein die Einsamkeit und den Sonnenuntergang.

Die Nacht ist feucht. Schuld ist nicht der Alkohol, sondern die Schwüle. Je näher wir dem Golf von Aden kommen, umso schlimmer wird die feuchte Hitze. Während ich nach dem Frühstück Tisch und Stühle zusammenklappe, erschrickt mich ein außergewöhnlich gekleideter Mensch. Sein Gesicht wird von einem Acrylvisier und sein Körper von einer kugelsicheren Weste geschützt.

»Was machst du hier?«, will er aufgeregt wissen.

»Wir haben hier übernachtet.«

Ziemlich nervös zeigt er neben unserem Auto auf den gelben Stein, auf den ich gestern Abend gepinkelt habe. Der Mann arbeitet für den HALO-Trust, eine schweizerische Minensuch-Organisation, die das Land von den Minen aus dem Bürgerkrieg säubert. Und unter dem gelben Stein liegt eine Mine, die er gestern entdeckt hat.

Ups! Heti hat im HZJ mitgehört. Keinen Fuß setzt sie mehr vors Auto, und ich fahre zentimetergenau auf meiner alten Spur zur Piste zurück.

Als wir in die Stadt Hargeisa hineinfahren, klatschen und jubeln die Menschen am Straßenrand. Verwundert schauen wir uns um, wen sie so euphorisch begrüßen. Doch wir sind allein auf der Straße. Wow, sie meinen uns! Erfreut winken wir zurück. Das ist doch mal eine tolle Begrüßung, und es wird noch toller. Beim ersten Stopp wird unser HZJ sofort von einer Menschentraube umlagert. Es dauert, bis ich allen die Hand geschüttelt habe, während sie rufen: »Welcome in Somaliland! How is our country?« Überwältigt steige ich mit einer schmerzenden Hand wieder ein. Noch gestern verfolgten uns die äthiopischen Bettler, und heute sind wir von jubelnden Menschen umringt. Hier kann unsere Seele frei atmen. Ja, wir fühlen uns wohl. Es ist schön, dass wir als Gast und nicht als Milchkuh willkommen sind.

Wie kann es sein, dass Menschen aus dem gleichen Kulturraum, die nur eine politische Linie trennt, so unterschiedlich sein können?

In Hargeisa sollen zwischen 500 000 und eine Million Menschen leben, so genau weiß das niemand. Hargeisa gleicht mehr einem Flächendorf als einer funkelnden Metropole. Ich sehe keine einzige Fabrik.

Somaliland ist ein unfruchtbares Land, in dem Nomaden nur existieren können, weil sie so lange umherziehen, bis die Mägen ihrer Tiere voll sind. Ich wundere mich, wie da ein Drittel der Gesamtbevölkerung in Hargeisa ohne wertschöpfende Industrie und Verdienstmöglichkeit überleben kann.

Infrastruktur finden wir so gut wie keine. Geteerte Straßen sind in dieser staubigen Stadt eine Rarität. Was uns dagegen überrascht, ist das außergewöhnlich reichhaltige Warenangebot. In keiner afrikanischen Hauptstadt, ob Karthum, Daressalam oder Dschibuti konnte ich bisher passende Autoreifen finden. Zugegeben, mein HZJ hat eine große Schuhnummer. Aber in Hargeisa stehen auch die an jeder Straßenecke. Also schlage ich zu und gönne unserem zuverlässigen Gefährt neue Schuhe.

Nachdem wir den Kauf per Handschlag besiegelt haben, reden wir noch über Gott und die Welt. In Afrika rennt man nach einem Kauf nicht gleich weg. Es ist auch eine Chance zu tratschen. Mich interessiert brennend, wie die Menschen hier in der Hauptstadt überleben.

»Ihr könnt doch nicht vom Handel allein existieren, oder? Das kann ja nicht funktionieren«, frage ich.

»Wie Recht du hast. Uns fehlen Fabriken und ausländische Investoren. Ohne unsere Landsleute im Ausland, die ihren Familien großzügig harte Währung überweisen, wären in Hargeisa die Lichter schon lange ausgegangen.«

Der Handel hat etwas länger gedauert, und als ich endlich zurück beim HZJ bin, ist er von Menschen umlagert. Die ganze Straße ist blockiert. Obwohl die Polizei die Neugierigen mit Stöcken vertreibt, wird der Auflauf immer schlimmer. Oh je, meine arme Heti. Sie hasst Menschenansammlungen und vor allem die Gafferei, wenn sie im Zentrum steht. Das gibt Ärger.

Ich kämpfe mich zum Auto durch und sehe mit Schrecken, dass meine Frau verschwunden ist. Was ist passiert? Nie würde sie in einem solchen Tollhaus den HZJ verlassen. Ich bin ratlos. Ein Polizist bemerkt das, nimmt mich an der Hand und führt mich über die Straße in das Haus der Telekom. Dort sitzt Heti im klimatisierten Raum auf einem Stuhl, liest ein Buch und wartet in aller Ruhe auf mich.

Hetis Tagebucheintrag vom 27.04.2011
»Wo um alles in der Welt bin ich hier gelandet. Zig Menschen drängen sich um den HZJ. Sie klopfen und ziehen ständig an irgendwelchen Autoteilen. Manche machen

sogar die Tür auf und wollen mir die Hand schütteln. Ich schimpfe, und sie winken. Sie begaffen mich wie eine Außerirdische. Obwohl Polizisten ständig versuchen, die Menschen zu vertreiben, dauert es nur Sekunden, bis ihre Nasen wieder an der Scheibe kleben. So schlimm wurde ich noch nie bedrängt. Im Auto ist es unerträglich heiß. Mir läuft das Wasser den Rücken hinab, dazu die ständig zunehmende Menschenmenge. Ich bekomme Platzangst. Wo bleibt nur Becky? Panisch fliehe ich ins Haus der Telekom.«

Nachdem wir mit Geleitschutz der Polizei endlich im HZJ sitzen, geben wir zu, dass diese Menschen trotz ihrer Freude und Euphorie sehr anstrengend sind.

Als ich vor dem Präsidentenpalast Stativ und Kamera aufbaue, taucht ein fein gekleideter Herr auf. Er möchte wissen, was ich hier mache. Ich erkläre, dass ich die Flagge dieses selbst ernannten Staates filmen möchte. Daraufhin zückt er sein Handy und telefoniert. Oh je, das gibt Ärger.

Doch er stellt sich als Ajdin vor und fragt höflich, ob wir ein bisschen Zeit haben. Der Vizepräsident würde sich freuen, uns zu begrüßen. Haha! Ich lache und glaube zuerst, das sei nur ein Witz. Jetzt auch noch der Vize! Gestern lud uns die Zeitung *Hargeisa Star* zum Interview, und heute will uns der Vizepräsident sehen. Offensichtlich hat unser Erscheinen in Hargeisa für Aufregung gesorgt.

Auf dem Weg durch den Palasthof führt uns Ajdin zu einer Gedenkstätte. »Hier wollten 2008 die somalischen Taugenichtse unseren Präsidenten mit einer Autobombe in die Luft jagen. Sie wollten unseren Vorzeigestaat in die Krise zu stürzen. Wir müssen ständig vor ihnen auf der Hut sein.«

Anschließend zeigt er uns stolz den Kabinettsraum, wo aus Sparsamkeitsgründen noch immer die Sitzflächen der Stühle mit der Schutzfolie überzogen sind. Und dann klopft Ajdin an eine mit Leder bespannte Tür. Der Vizepräsident öffnet sie persönlich und begrüßt uns wie gute Bekannte. Er entschuldigt sich, dass uns der Präsident nicht selbst empfangen kann, er ist zurzeit auf Auslandsreise.

Der zweite Mann im Staat ist körperlich klein, und sein edler Mahagonischreibtisch ist für ihn etwas zu groß. Dieser sympathische Mensch freut sich ehrlich über den Besuch aus Deutschland und beklagt, dass leider viel zu wenig Touristen in sein schönes und sicheres Land kommen.

Nach dem Smalltalk erkundige ich mich, was diesem Pseudostaat fehlt, dass er nach 20 Jahren noch immer nicht akzeptiert ist. Der Vize holt tief Luft, lehnt sich zurück und beginnt zu erzählen:

»Uns fehlt nichts außer der internationalen Anerkennung! Wir haben eine Grenze, eine eigene Armee, eine eigene Währung, eine eigene Flagge und eine demokratische Regierung. Unsere demokratischen Wahlen wurden alle als vorbildlich bezeichnet. Trotzdem drehen wir uns im Kreis. Ohne den Status eines souveränen Staates bekommen wir für unseren weiteren Aufbau keine Weltbankkredite, keine Entwicklungshilfe und auch keine Investoren. Unsere positive Entwicklung ist unser größtes Problem. Wir schaffen es nicht, den Blick der Welt auf unsere beachtliche Leistung zu lenken. Unser Nachbar, das korrupte Somalia, steht dagegen ständig mit negativen Schlagzeilen ganz oben in der Weltpresse. Gerade weil dieser Terroristenstaat nicht funktioniert, fließen seit 20 Jahren große Mengen an internationalen Hilfsgeldern nach Mogadischu. Dabei hat es die Übergangsregierung in Somalia seit der Trennung nicht geschafft, ihre Macht über die Hauptstadt hinaus auszudehnen. Der restliche Staat ist de facto rechtlos. In ihm herrscht internationaler Terrorismus mit Gewalt und Anarchie. Zu allem Übel müssen wir Somalias Hungerflüchtlinge auch noch aufnehmen, obwohl sie Entwicklungshilfe bekommen und wir selbst fast nichts haben.«

Ein Telefonanruf unterbricht seine Erklärungen, und ich bin über die internationale Staatengemeinschaft entsetzt. Sie hofiert einen rechtlosen Schurkenstaat, in dem die Al Qaida herrscht, und verwöhnt ihn mit Geld, anstatt ein Land zu unterstützen, das Demokratie und Recht ganz hoch hält.

Sein Gespräch ist beendet, und ich frage nach der Zukunft Somalilands. »Irgendwann wird der Tag X kommen. Dann wird unsere Mühe und Leistung belohnt werden. Um dieses Ziel zu erreichen, dürfen wir nur mit positiven Schlagzeilen auf uns aufmerksam machen. Zum Beispiel dadurch, dass wir die gefürchtetste Wasserstraße der Welt, den Golf von Aden, von den Piraten befreien. Wir kennen ihre Verstecke und Vorgehensweise. Sollte uns das gelingen, sind wir dem Tag X ein ganzes Stück näher.«

Wir bedanken uns ganz herzlich für das offene Gespräch. Aber den Hauptgrund für die Nichtakzeptanz hat er nicht erwähnt, und das ist die Afrikanische Union. Sie verhindert eine Anerkennung, da sie in ihrer Satzung die Unverletzbarkeit der kolonialen Grenzziehung unterschrieben hat. Somit würde sie gegen ihr eigenes Recht verstoßen.

Deshalb kann die Entscheidung über einen eigenen Staat nur in Hargeisa und Mogadischu fallen. Doch der Bruderhass ist zu groß und eine Aussöhnung unwahrscheinlich.

Wir wünschen der einzigen Demokratie Afrikas, dass sie bald die ganze Welt so tief beeindruckt wie uns. Toi, toi, toi, Somaliland, du wirst es schaffen!

Schwitzen von der Geburt bis zum Tod

Die am besten erhaltenen und frühesten Felsbilder auf dem afrikanischen Kontinent müssen noch nicht vor den wenigen Touristen abgesperrt werden. Ihre versteckte Lage und der Bürgerkrieg hielten Besucher fern. Lange Zeit wurden sie vom Aberglauben geschützt, denn für die Hirten waren die Zeichnungen ein Werk des Satans, und sie machten einen großen Bogen um den Ort. Obwohl »Las Geel« »Wasserstelle für Kamele« heißt, wagten sich nur selten Nomaden hierher, um ihre Kamele zu tränken.

Hoch über diesem Wasserloch stehen wir unter einer breiten Felsnase, die die Kunstwerke seit 6000 Jahren optimal vor der Witterung abschirmt. Warum wohl haben die Steinzeitkünstler gerade diesen Ort gewählt? Sicher ahnten sie damals noch nicht, dass dieser Ort ihre Kunstwerke über eine so lange Zeit bewahren würde. Doch sie wussten bestimmt, dass sie an diesem schönen Platz ihren Göttern und Ahnen nahe sind.

Im Schatten der Felsengrotte blicken wir von einem breiten Felsenbalkon auf eine irreale Landschaft. Sie ist karg und von rot leuchtenden Trockenflüssen durchzogen. Trotzdem empfinde ich nicht das bedrohliche Gefühl der Wüste. Denn vereinzelt signalisieren Tamarisken und Dornbüsche Wasser. Dieser Ort gibt mir ein Gefühl der Ruhe und Stille.

Zehn Jahre meines Lebens würde ich geben, wenn ich nur einen klitzekleinen Blick in die Vergangenheit werfen könnte, um zu sehen, wie die Künstler ihre Farben aus gemahlenem Gestein, Blut, Urin und Harz mischten. Ich möchte sehen, wie sie damit diese stilisierte Kuh vor mir mit einem Grashalm malten. Gewiss könnten sie mir erklären, warum nur die Hörner und das Euter vergrößert dargestellt sind. Der Kopf dagegen wird nur als kleiner Stummel zwischen den Hörnern angedeutet und scheint nicht wichtig zu sein. Vielleicht ist es ja eine heilige Kuh, denn sie trägt einen prächtigen, rot-weiß-ockerfarbenen Halsschmuck.

Kannte der Künstler bereits die perspektivische Darstellung? Ein Mensch im Hintergrund betet die Kuh mit erhobenen Armen an und ist entsprechend kleiner gemalt. Dieser Meister hat mit wenigen Strichen und Farben das Geschehen auf das Wesentliche reduziert, ein Picasso der Steinzeit.

Versunken genieße ich den Anblick der vielen Felszeichnungen. Da erschrecken mich Blitz und Donner. Ich hab nicht bemerkt, dass sich der

Himmel grau-schwarz gefärbt hat. Immer mehr Blitze zucken. Gern wäre ich noch länger geblieben, doch bei einem kräftigen Platzregen schwellen die Trockenflusstäler schnell zu unpassierbaren Strömen an. Daher verlassen wir schweren Herzens diesen großartigen Ort.

Zum Glück trifft uns der Regen erst, als wir schon auf der Asphaltstraße sind. Für uns ist es der erste Regen seit Monaten. Vergnügt hüpfen wir aus dem Auto, tanzen unter der erfrischenden Dusche und singen: *Barfuß im Regen* .... Leider ist der Schauer schneller vorbei als das Lied. Was bleibt, ist noch feuchtere, schwülere Luft.

Uns treibt es weiter nach Berbera. Dies ist die einzige Stadt am Horn von Afrika, die den Namen »Stadt« verdient. In der Seepiratenhochburg soll es sehr heiß sein.

Schon bei der ersten Pinkelpause fühlen wir, dass die Hitze gestiegen ist. Als wir bei einem der vielen liegen gebliebenen Panzer des Bürgerkrieges anhalten, fühlt Heti die extreme Hitze am eigenen Leib. Sie setzt sich für ein Foto auf das Panzerwrack. »Aua, das ist heiß wie eine Ofenplatte«, schreit sie und reibt sich den Hintern.

In Berbera angekommen, fühlen wir uns wie in einer Geisterstadt. Kein Mensch ist unterwegs. Die Hitze hat die Straße leer gefegt.

Wie so oft steht am ersten Kreisverkehr das Häuschen eines Polizeicheckpoints. Doch dieser Posten hier hat hitzefrei. Niemand ist zu sehen. Wir sind schon fast vorbei, als uns ein Polizist mit Trillerpfeife im Mund den Weg versperrt. Anstatt eines lauten Pfiffes tropft grüne Flüssigkeit aus der Pfeife. Sie ist mit Kath verstopft. Eine Backentasche des Polizisten ist prall mit der biogenen Droge Kath gefüllt. Der Speichel löst aus den kleinen Blättern des Kathstrauches die Droge Cathin. Sie nimmt die Müdigkeit sowie das Hungergefühl und macht die Menschen fröhlich und gesprächig. Doch bei diesem Polizisten verfehlt die Droge ihre Wirkung. Er ist stinksauer, weil wir ohne Militäreskorte unterwegs sind. Oder liegen seine Aggressionen etwa an der Angst vor Impotenz, den Spätfolgen von Kath?

Mürrisch fragt er, ob wir wüssten, wie gefährlich Berbera sei. Piraten, Mörder, Diebe und allerlei Gesindel trieben sich hier herum. Ich erwidere, dass unser Freund, der Vizepräsident, uns noch gestern versichert hat, dass sein Land sicher sei und wir keinen Militärschutz bräuchten. »Du kannst ihn gern anrufen.«

Skeptisch will er wissen, wo wir übernachten. Als wir das Mansoor-Hotel erwähnen, ist er zufrieden. Er schreibt es auf und winkt uns durch.

Berbera hat schon bessere Zeiten gesehen. Früher müssen hier wesentlich mehr Menschen gelebt haben, denn heute sind die meisten der alten Kolonialhäuser verlassen beziehungsweise ganz oder teilweise zerfallen. Im Hafen verrosten halb abgewrackte Schiffe. Berbera ist für mich ein trostloser Ort mit allen Spuren des Zerfalls.

Diese Stadt schlägt mir aufs Gemüt. Nicht nur die unerträgliche Hitze macht mir zu schaffen, auch der Manager des Mansoor-Hotels ärgert mich. Er ist so unverschämt und verlangt fürs Parken im Hof denselben Preis wie für eine Übernachtung im Hotel. Nicht mit uns.

Also schlagen wir unser Lager außerhalb der Anlage am Strand auf. Es dauert nicht lange, und ein Land-Cruiser–Pick-up, vollbesetzt mit bewaffneten Polizisten, stoppt vor unseren Klappstühlen. Es folgt die altbekannte Frage nach unserem Militärschutz. Und wieder erzähle ich dieselbe Geschichte. Vom Wortführer weht mir eine kräftige Alkoholfahne entgegen. Die drei Sterne auf seiner Schulterklappe erinnern mich an eine billige Sorte Cognac.

So schnell gibt der Angetrunkene nicht auf und bestimmt, dass wir wegen der gefährlichen Lage mit aufs Polizeirevier müssen. Aufs Polizeirevier gehen wir ganz sicher nicht, denn dort werden uns garantiert Soldaten aufs Auge gedrückt. Nach langer Diskussion gibt er nach und stellt seinen Adjutanten als Wache für uns ab. Dieser bekommt einen Stuhl, und die Staffel zieht wieder ab. Der arme Adjutant wird doch nicht die ganze Nacht auf dem Stuhl sitzen und uns bewachen müssen? Er muss! Da er uns leidtut, versorgen wir ihn mit Essen und Trinken, worauf er gesprächig wird. Er erzählt, dass er eigentlich Matrose sei und Piraten jage.

»Habt ihr in Hargeisa das neue Hochsicherheitsgefängnis gesehen, das von der UN für eine Million Euro renoviert wurde? Wir sollen es mit Piraten füllen. In den ersten vier Monaten sind bereits über 100 Schiffe angegriffen und 15 entführt worden. Über 50 Piraten sitzen verurteilt im Kerker«, erzählt er stolz und macht eine Pause. Das erwartete Lob bekommt er natürlich.

»100 Dollar verdiene ich im Monat. Für eine Kaperung bekäme ich 20 000 Dollar. Da ist es für unsereins schwer, nicht die Seiten zu wechseln. Die Erpressungsgelder steigen in astronomische Höhen. Dadurch können sich die Piraten mit modernen Waffen, Booten und teurer Kommunikationstechnik ständig besser ausrüsten, und für uns wird die Jagd auf sie immer gefährlicher. Aber unser Zahltag kommt, wenn Somaliland als Staat anerkannt ist.«

Nachdem wir ihm ein Bier spendiert haben, macht er keinen Hehl daraus, dass er vom Antipirateneinsatz der EU, an dem auch mehrere hundert deutsche Soldaten beteiligt sind, nicht viel hält. »Die meinen das nicht wirklich ernst. Nur wenn sie die Piraten direkt bei einem Angriff erwischen, werden sie festgenommen. Aber wenn die Kaperer die Waffen vor der Festnahme schnell über Bord werfen, gelten sie als friedliche Fischer und kommen ungeschoren davon.«

Bukar muss wegen uns die Nacht schlaflos auf dem Stuhl verbringen, und wir schwitzen schlaflos die Nacht hindurch. Wenn wir nicht zu k. o. wären, könnten wir einen neuen Rekord feiern. 50 °C und 99 Prozent Luftfeuchtigkeit hatten wir im HZJ noch nie.

Am nächsten Morgen drückt Bukar beide Augen zu und lässt uns verschwinden. Er wird das mit seinem Chef klären: »Wenn er nüchtern ist, ist er gar nicht mal so übel«, beruhigt er uns.

In einer geschützten Bucht hinter der Stadt freuen wir uns auf ein erfrischendes Bad. Doch beim Plantschen im teewarmen indischen Ozean schwitzen wir noch mehr als an Land. Entspannt legen wir uns auf das Wasser: Durch seinen starken Salzgehalt trägt es uns ohne eine Schwimmbewegung wie das Tote Meer.

Wir flüchten aus einer Stadt, in der die Menschen von der Geburt bis zum Tod nur schwitzen. Hier werden wir sicher nicht unseren Lebensabend verbringen. Schon der Gedanke daran treibt uns den Schweiß aus den Poren.

Kaum sind wir ein paar Kilometer gefahren, als auf einmal am Armaturenbrett ein rotes »G« aufleuchtet, das bisher noch nie während der Fahrt zu sehen war. Es sagt mir, die Lichtmaschine hat ihren Job gekündigt. Schweißgebadet baue ich unter Sonnenhitze von oben und Motorhitze von unten die Lichtmaschine aus und zerlege sie. Nach 300 000 Kilometern sind die Kohlen verschlissen. Ja, mein alter Gefährte, dir geht es wie mir. Bei dir sind die Kohlen abgenutzt und bei mir die Knieknorpel.

Nach einer Stunde Schwitzen und mindestens drei Flaschen Wasser habe ich die Ersatzkohlen eingebaut. Die Lichtmaschine erwacht zu neuem Leben und lädt die Batterien wie eh und je.

Heute ist der Wurm drin. Erst die Lichtmaschine und nun auch noch ein Känguru, das direkt vors Auto hüpft. Trotz Vollbremsung überrolle ich das arme Tier. Jetzt halten Sie mich sicher für verrückt, ein Känguru in Afrika? Doch als ich den leblosen Körper inspiziere, hat er tatsächlich lange Beine und Ohren wie ein Känguru. Sein Gesicht jedoch ähnelt eher Alf, dem Außerirdischen. Nein, ich nehme alles zurück. Wir haben weder ein australisches Känguru noch Alf, sondern ein somalisches Erdferkel überfahren. Es hat lange kräftige Hinterbeine und kurze starke Vorderfüße mit drei Krallen, die den härtesten Termitenbau knacken. Mit der langen, schmalen Zunge kann es die Termiten aus dem tiefsten Loch holen. Heti ekelt sich vor dem toten Tier. Warum nur spaziert es tagsüber durch die Gegend und läuft uns vors Auto, wenn es doch ein nachtaktives Tier ist?

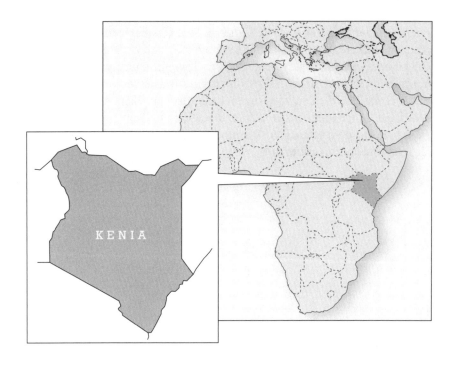

Kenia

Das Geschäft mit der Entwicklungshilfe

Wer von Europa mit dem Auto an die Südspitze Afrikas möchte, hat lächerliche drei Optionen: erstens über die Westroute durch den Kongo, zweitens über die Ostroute durch Nordkenia via Marsabit oder drittens ebenfalls im Osten am Turkanasee entlang.

Eine einfache Entscheidung, denken Sie? Von wegen! Sie macht die meisten Overlander verrückt, denn ohne Risiko kommt keiner ans Kap.

Die Westroute ist wegen des ständigen Visaproblems mit Angola unkalkulierbar. Die Ostroute über Marsabit wird in der Regenzeit zur Schlammschlacht, bei der ganze Lkw versinken. In der Trockenzeit dagegen zerlegt die mörderische Wellblechpiste die Autos in Einzelteile. Die letzte Alternative entlang des Turkanasees ist eine landschaftliche Offenbarung mit

hinterhältigen Felspassagen und einsamen Wüstenregionen. Bei Motor-
schaden ist Hilfe ausgeschlossen. Hinzu kommen in der Regenzeit gefährliche Flussdurchquerungen. Somit ist diese Route für Einzelfahrer eigentlich tabu.

Es scheint, die Regenzeit hat begonnen, denn wir stehen vor Yabello im
Schlamm an der Kreuzung Marsabit und Turkanasee. Was tun? Egal, wie wir
uns entscheiden, ein Glücksspiel ist es auf alle Fälle. Heti möchte am liebsten würfeln. Doch ich verkürze das Ganze, höre auf mein Bauchgefühl und
ziehe das Lenkrad nach links. Wir fahren über Moyale Richtung Marsabit.
   Die Scheibenwischer kämpfen gegen die Wassermassen. Die Rinn-
sale in den Spurrillen werden zu Bächen, die sich in den Senken zu Seen
sammeln. Ein Lkw schlingert uns entgegen und schmiert in den Graben
ab. Je verzweifelter der Fahrer versucht, sein Gefährt zu befreien, desto
tiefer sinkt der Lastkraftwagen ein. Schließlich steckt er bis zu den Achsen
im Schlamm. Hoffentlich hat der arme Fahrer genügend Lesestoff dabei.
Es kann dauern, bis die Piste abgetrocknet ist.
   Der Lastwagen hat den Weg umgepflügt und damit in einen Acker
verwandelt. Der HZJ eiert durch die Furchen und ist auf dem besten Weg,
ebenfalls abzudriften. Die Sturzflut hört nicht auf. Lange geht das nicht
mehr gut. Wir kommen kaum noch vorwärts, Heti schickt ein Stoßgebet
Richtung Himmel und siehe da, der Regen stoppt.
   Als wir nach der kargen Steinwüste endlich die Oase Marsabit erreichen,
sind wir froh. Der Ort liegt auf einem hohen Inselberg mit Wasser, Wald
und Ackerbau.
   Auf der Suche nach einem Übernachtungsplatz haben wir große
Kommunikationsschwierigkeiten. Obwohl Englisch die Amtssprache ist,
verstehen wir den Slang der Leute nur mit viel Fantasie. Aber die reicht, um
im Schulhof ein Plätzchen für die Nacht zu finden.
   Am nächsten Morgen dürfen wir in eine Englischstunde hineinschnup-
pern. Die Klassenzimmer haben keine Türen, und das Fensterglas wird
durch Gitterstäbe ersetzt. Abgewetzte Bänke und Stühle sind das einzige
Inventar. Die Tafel wurde mit schwarzer Farbe an die Wand gemalt.
Verschwendungssucht herrscht hier nicht.
   Der Direktor nutzt die seltene Chance, seine Schule uns Ausländern zu
präsentieren. Er spricht genauso schlecht Englisch wie die Menschen auf
der Straße. Voller Stolz informiert er uns, dass alle seine Lehrer und auch
er in dieser Schule Englisch gelernt haben.

Erst einmal inspizieren er und die Kinder unsere Reisepässe. Sie haben noch nie einen Visastempel gesehen und verstehen nicht, weshalb ihr Land von Gästen Geld abkassiert.

Der Unterricht fängt an. Die Klasse geht in Grundstellung und schmettert stramm ein Lied. Als der Englischlehrer mit dem Unterricht beginnt, fällt es uns wie Schuppen von den Augen: Hier herrscht eine »Englisch-Inzucht«. Die Schüler haben denselben Slang wie ihr Lehrer, und der wiederum denselben wie sein Lehrer ... Das wird sich bis zum Sankt Nimmerleinstag fortsetzen, solange bis dieses Englisch kein Mensch mehr versteht. Dabei ist der einzige Sinn von Sprache, die Verständigung zwischen allen und nicht nur zwischen einigen. Ich wünsche dieser »Englisch-Inzucht« bald frisches Blut in Form eines neuen Lehrers aus einem weit entfernten Distrikt, der hoffentlich ein ganz anderes Englisch spricht und diesen Slang auffrischt.

Endlich ist wieder eine Teerstraße in Sicht! Eigentlich sollten wir froh darüber sein, doch wir Narren biegen vorher rechts in den wilden Norden Richtung Turkanasee wieder auf eine Rühreipiste ab. Diesen Namen geben wir Pisten, bei denen die rohen Eier bereits in der Schale zu Rührei geschlagen werden. Auch wir werden ordentlich durchgeschüttelt, bis uns alles wehtut. Während unser HZJ durch die Einöde hoppelt, stellen wir einmal mehr fest: je interessanter die Gegend, desto schlimmer die Piste! Leider bringt uns nur dieser Weg in den entlegensten Winkel Kenias, wo Afrika in seiner reinsten Form überlebt hat. Die Turkanaregion ist nicht freiwillig rückständig geblieben. Die Gründe sind Trockenheit und Dürre. Deswegen hat die Zivilisation an dieser nutzlosen Gegend keinerlei Interesse.

Doch wer außergewöhnliche Menschen mit fremden Kulturen in rauer Landschaft erleben möchte, etwas Mut, Neugier und ein zuverlässiges, geländegängiges Auto mitbringt, der ist hier genau richtig – so wie wir.

Die Nacht verbringen wir bei Nomaden vom Stamm der Rendille. Dieses Volk lebt in einer schattenlosen Steinwüste. Wir hatten Glück, überhaupt jemanden zu treffen. Normalerweise verbringen die Rendille die heißen Stunden des Tages in ihren dunklen Nomadenzelten, um sich vor der sengenden Sonne zu schützen. Ich geselle mich zu ihnen ins Zelt und sehe außer Schwarz erst einmal nichts. Ein winziges Teefeuerchen glimmt. Nach und nach kann ich schemenhaft mehrere schwarze Gestalten lokalisieren, die im Rauch sitzen. Bei den Frauen ist der Oberkörper unbedeckt, und die Männer tragen kurze Röcke.

Der Qualm wird unerträglich. Ich muss vor die Hütte flüchten. Neugierig folgen sie mir. Erst jetzt kann ich den Halsschmuck der Frauen betrachten. Wie alle Wüstennomaden lieben auch die Rendille bunten Schmuck. Schon Babys tragen mindestens ein kleines Halsband aus farbigen Glasperlen. Bei den Frauen häufen sie sich über die Jahre an. Ich habe Frauen gesehen, die ihren Kopf wegen der vielen Perlenschnüre, die zu einem dicken Wulst zusammengeklebt waren, kaum noch bewegen konnten.

Neugierig lasse ich meinen Blick über das Lager schweifen. Ein aufmerksamer Rendille versteht meinen unausgesprochenen Wunsch, nimmt mich an der Hand und führt mich an den Brunnen, zum Herzschlag ihres Lebens. Mein neuer Freund zeigt mir, wie sie an ihr Hauptnahrungsmittel kommen. Er nimmt einen Pfeil und stößt ihn blitzschnell in die Blutader eines Kamels. Mit einem Tongefäß fängt er das Blut auf und mischt es mit Milch. Sofort verschließt er die Wunde mit einem Dung-Erde-Gemisch. Die Rendille lassen immer nur so viel Blut ab, wie sie im Moment brauchen.

Über Jahrtausende hat dieser Stamm durch Versuch und Fehlschlag gelernt, hier zu überleben. Er nutzt mit verschiedenen Tierarten das gesamte Vegetationsspektrum: salzhaltige Sträucher für Kamele, Büsche und Unkraut für Schafe und Ziegen sowie Gras für Kühe.

Über Generationen haben sie eine Rückversicherung für Dürreperioden und schlechte Zeiten entwickelt, die so funktioniert: Wenn es einer Familie gut geht, verleiht sie ein Tier, zum Beispiel eine Kuh, an jemanden, dem es schlecht geht. Dieser darf das Tier melken und den Nachwuchs behalten. Der Geber kann sein Tier nur zurückfordern, wenn es seiner Familie schlechter geht als der des Nehmers. So bauen die Rendille über lange Zeiträume ein Netz der gegenseitigen Absicherung für Notzeiten auf. Sie streuen ihre Rückversicherungsrinder über große Distanzen und verkleinern dadurch das Risiko, dass alle Tiere gleichzeitig verhungern oder gestohlen werden.

Wir bedanken uns für die Gastfreundschaft, überqueren danach den ausgetrockneten Chalbi-Salzsee und genießen das ruhige Dahinbrausen über die brettebene Salzkruste.

Am nächsten Tag treffen wir auf eine Missionsstation, wo wir erstaunt von den vielen Tieren der Rendille erzählen. Für den Pater ist das ein Reizthema, er schimpft:

»Diese engstirnigen Menschen! Lieber verhungern sie zusammen mit ihren Rindern, ehe sie auch nur ein Tier schlachten. Und das ist nicht nur so, weil es ihr Glaube verbietet, sondern es geht vor allem um ihren

Status. Je größer die Rinderherde, desto größer das Ansehen. Ihre riesigen Herden sind für das karge Nahrungsangebot viel zu groß. Wir sind hilflos und müssen zusehen, wie diese blöden Viecher den letzten Grashalm fressen, um anschließend zu verhungern, obwohl genug Wasser da ist.«

TIA – THIS IS AFRICA!

Wieder unterwegs durch schwarze Lavalandschaft, blendet uns eine türkisblaue Oberfläche.»Da ist er!«, schreit Heti. Wir haben das Jademeer, wie der Turkanasee zu Recht genannt wird, erreicht. Seine Zuflüsse schwemmen Natriumkarbonat in den größten Wüstensee der Erde. Natriumkarbonat ist die Leibspeise der Blaualgen. Sie lassen das milchige Wasser grünblau leuchten. Die Farbe erinnert mich an das Badeparadies Malediven mit weißen Sandstränden und Palmen. Doch nicht nur die gesundheitsschädlichen Blaualgen sind der Grund dafür, weshalb Baden hier gefährlich ist. Das Wasser peitscht nicht auf Sand, sondern auf messerscharfe Lavafelsen. Und Achtung: Wer sich in diese verlockenden Fluten wirft, auf den wartet die größte Krokodilpopulation Afrikas, und die ist ständig hungrig.

Anstatt einer milden Meeresbrise bläst uns heißer Wind entgegen. Er fegt durch unsere Haare – eigentlich mehr durch Hetis, bei mir gibt es nichts mehr zum Durchfegen – und trocknet das ganze Land aus.

Auf der Suche nach Fisch entdecken wir in einer Bucht etwa 30 Kuppelhütten, die aus Zweigen und Palmblättern geflochten sind. In einiger Entfernung halten wir an und gehen das letzte Stück zu Fuß. Im Dorf werden wir freundlich empfangen und zum Häuptling geführt. Hager und zahnlos sitzt der alte Mann im Schneidersitz in seiner Hütte. Er ist der Älteste und somit der Anführer der etwa 500 El Molo, des kleinsten Stamms Afrikas. Alter bedeutet in Afrika Weisheit. Je älter, desto wertvoller wird ein Mensch; und wenn er stirbt, verschwindet eine menschliche Bibliothek. Die Alten sind unverzichtbar. Ihr Wissen ist das Bindeglied zwischen Vergangenheit und Gegenwart.

So viel zur Tradition – nun zur Realität:

Sogar in dieser entlegenen Region bricht vielerorts der Generationenvertrag in sich zusammen. Die Kinder ziehen zum Geld in die Stadt oder sterben im besten Alter an Aids. Die Alten bleiben unversorgt zurück und müssen zudem noch für die verwaisten Enkelkinder sorgen. Ein System, das immer funktioniert hat, löst sich innerhalb einer einzigen Generation auf.

Zurück zum Häuptling und zur Tradition, die hier noch zu funktionieren scheint. Wir ehren den stolzen Alten mit einer Verbeugung, werden wohlwollend aufgenommen und dürfen bleiben. Seine Füße wollen nicht mehr so recht, deshalb führt uns sein Sohn Kaki durch die kleine Fischersiedlung.

Am Ufer schlagen Männer mit Macheten aus einem Doumpalmenstamm einen Einbaum heraus. Jugendliche flechten die herausgeschlagenen Fasern zu Netzen. Auf den Hüttendächern trocknen lachsfarbene Fischstreifen. Sie erinnern uns an den eigentlichen Grund unseres Besuchs. »Können wir bei euch Fische kaufen?«, frage ich. Kaki schüttelt den Kopf und wettert in gebrochenem Englisch: »Nein, er reicht kaum für uns.« Er zeigt auf die leeren Einbäume. Zornig ballt er die Faust Richtung Norden, wo Äthiopien liegt, und behauptet, dass seit dem Bau des Omostaudamms der Wasserstand sinkt und sie immer weniger Fische fangen. »Dieser Monat ist besonders schlimm, und ohne Fische hungern wir«, klagt er und verstummt. Wir ziehen weiter und fragen unterwegs immer wieder nach Fisch, doch die Pfanne bleibt leer. Wenn es stimmt, was Kaki gesagt hat, dann gibt es für dieses kleine Fischervolk nur noch einen Ausweg: Sie brechen mit ihrer tausendjährigen Tradition und werden Viehhirten.

Als wir über achsenbrecherische Pisten wieder in der Zivilisation mit Internet ankommen, zieht mich Heti vor den PC und liest vor: »150 000 verhungern in Nordkenia, die Hungersnot breitet sich aus. Staub, Hitze und weit und breit kein Wasser«. Das ist eine von vielen aktuellen Schlagzeilen über eine Hungersnot in Nordkenia. Meine Frau ist entsetzt:

»Becky, was schreiben die da? Das ist doch alles Lüge.«

Wir sind schockiert. Kommen wir doch gerade aus jener »Hungerregion«, sprachen mit den Menschen, saßen in ihren Hütten, standen vor vollen Regalen, haben an ihren Brunnen unsere Wassertanks gefüllt, hörten den Missionaren zu, wie sie über die ausufernden Viehherden lästerten und besuchten die El Molo, die über den Staudamm in Äthiopien schimpften und dass der Fisch knapp sei in diesem Monat. Das ist wahr. Aber wir hörten kein Wort von einer Hungersnot und sind in den vier Wochen keinen verhungernden Menschen begegnet.

Es stimmt, dass der nördliche Trockengürtel Kenias schon immer lebensfeindlich gewesen ist. Deshalb gibt er nur sehr wenigen Menschen genug zum Überleben. Aber nie und nimmer können in den paar Orten 150 000 Menschen verhungern. Wo sollen die leben? Das kann nur wieder ein Fantasieprodukt einseitig orientierter Berichterstatter sein. Diese Spendenmafia hat das Ziel, möglichst viele »milde Gaben« einzutreiben.

Leider wird das Bild Afrikas immer seltener durch freie Reporter geprägt, die realistisch und unabhängig berichten, sondern immer öfter durch Journalisten, die sich ihre Reise von Hilfsorganisationen bezahlen lassen. Dafür erwarten die Organisationen natürlich einen Bericht, der ihre Interessen vertritt. Die gekaufte Presse muss von verhungernden Kindern berichten und nicht von einer Verbesserung der Lebensumstände. In den Medien darf Afrika nicht vorankommen. Afrika muss unbedingt arm bleiben, sonst fließen keine Spendengelder. Wenn sich der Kontinent, wie nach außen hin gewünscht, entwickeln würde, wäre das Geschäft mit der Armut schnell vorbei und das Entwicklungshilfeimperium bankrott. Wer sollte dann das Heer der Entwicklungshelfer, die schönen Häuser und die stets neuen Toyota Land Cruiser samt Chauffeur bezahlen?

Vor diesem Hintergrund ist es ein Hohn, wenn bei den Bettelsendungen im Fernsehen einer armen Rentnerin zehn Euro aus der Tasche gezogen werden im Glauben, dass sie damit hilft.

In Nakuru, der ersten Stadt nach dem Trockengürtel, lernen wir Rachman, einen Journalisten kennen. Er ist indischer Abstammung, aber in Kenia geboren. Ihn frage ich nach der Hungersnot im Norden des Landes.

»Ach ja, die Hungersnot«, lacht er und winkt ab. »Sind denn schon wieder drei Jahre vorbei?«

»Was heißt das, drei Jahre vorbei?«

»Weißt du denn nicht, dass bei uns alle drei Jahre eine Hungersnot ausbricht? Und die wird erstaunlicherweise immer dann ausgerufen, wenn die Taschen unserer Politiker leer sind. Wir haben die höchstbezahlten Politiker weltweit, die sich meistens im Ausland vergnügen und nur zur ›Hungerskatastrophe‹ heimkommen, um das Geld für die nächsten drei Jahre abzuholen.«

Das will und kann ich nicht glauben. Darüber muss ich mich informieren. Tatsächlich, große Hungersnöte in Nordkenia gab es 2006, 2009, 2011 ... Wann wird wohl die nächste sein?

Doch das Unglaublichste ist, nur einige hundert Kilometer weiter südlich fließen Flüsse durch fruchtbaren Urwald. Es wachsen Gemüse und Obst in Überfluss. Wenn die Regierung wollte, könnte sie von dort dem trockenen Norden schnell helfen.

Bis eine von Spendengeldern finanzierte Essensration in Nordkenia ankommt, haben schon viele davon profitiert. Eine Portion Maisbrei kostet dann genauso viel wie ein Fünf-Gänge-Menü für eine Familie in einem Pariser Nobelrestaurant.

Ein Freund, der in Afrika als staatlicher Entwicklungshelfer arbeitet, erzählt uns frustriert aus seinem Entwicklungshilfe-Alltag. »Wenn wir endlich ein Projekt gefunden haben, ist die Analyse der erste Schritt. Dann drängen meine schwarzen Kollegen für viel Geld auf eine Machbarkeitsstudie mit Pflichtenheft, um nicht mehr verantwortlich zu sein. Nicht, dass im Nachhinein einer sagt, sie hätten jemanden bevorzugt. Daraufhin folgt eine Sitzung, in der über die Machbarkeitsstudie entschieden werden soll. Doch keiner entscheidet. Deshalb wird vertagt und vertagt, solange bis sich die Voraussetzungen geändert haben, was natürlich wieder eine neue Machbarkeitsstudie erfordert. Das geht so lange, bis das Budget verplempert ist. Es gilt die Devise: Wer frühzeitig sein Budget verbraucht hat, hat bei der nächsten Geldverteilung die besten Chancen, mehr zu bekommen.«

Für unseren Freund ist es nicht mehr auszuhalten. Seine Kollegen beschäftigen sich am liebsten mit sich selbst, vermeiden jede Entscheidung und sind immer fein raus.

»Fällt das nicht auf, wenn mit dem vielen Geld nichts bewegt wurde?«, wundere ich mich.

»Natürlich fällt das auf, aber glaub mir, das interessiert niemanden. Das ist allgemeine Vorgehensweise. Der Erfolg ist Nebensache. Hauptsache, das Geld wird verbraucht«, ist sein Resümee.

Selbst der unverbesserlichste Wohltäter wird mir Recht geben, dass das die perfekte Vernichtung von Steuergeldern ist.

In den letzten 50 Jahren wurden 600 Billionen Dollar (!) Entwicklungshilfegelder zum größten Teil in den afrikanischen Kontinent gepumpt. Damals lebten zehn Prozent der Bevölkerung von weniger als zwei Dollar am Tag. Heute sind es 70 Prozent. Somit ist Entwicklungshilfe das eigentliche Problem dieses Kontinents.
Jeder möge seine persönlichen Schlüsse daraus ziehen.

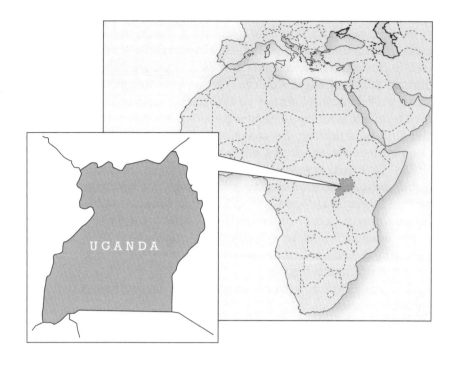

Uganda

Der Fluch der Rohstoffe

D amals, als ich noch jung war, das ist schon einige Zeit her, beherrschte ein drei Zentner schwerer Muskelprotz im Leopardenfell und Federschmuck die Regenbogenpresse. Er machte sich mit seinem grimmigen Blick als gefährlicher Oberhäuptling zur Lachnummer. Menschen in meinem Alter wird es wie mir ergehen. Hören wir den Namen »Uganda«, fällt uns sofort Idi Amin Dada ein – der Schlächter von Kampala. Er selbst nannte sich »Seine Exzellenz, Präsident auf Lebenszeit, Feldmarschall Al Hadji Doktor Idi Amin Dada, Herr aller Kreaturen der Erde und aller Fische der Meere und Bezwinger des Britischen Empires in Afrika im Allgemeinen und Ugandas im Speziellen«, die Bescheidenheit in Person.

Horrorgeschichten ranken sich um ihn. Seine schlimmsten Feinde soll er als Festmahl verspeist und mit ihrer Haut anschließend die Lampenschirme im Palast bespannt haben.

Ohne Schulausbildung wurde Idi in der britischen Armee Hilfskoch. Dort fiel er durch Brutalität und Durchsetzungsvermögen auf. Grund genug für die Briten, ihn zum ersten schwarzen Offizier in ganz Afrika zu befördern. Und ab da begann seine Blutspur, die sehr breit und tief wurde.

Idi strotzte vor Selbstbewusstsein und nutzte den Auslandsaufenthalt von Präsident Milton Obote, um den Regierungspalast zu stürmen. In vorderster Reihe saß er auf einer deutschen Kanone. Dieses Geschoss steht noch heute dort, wo er von ihr heruntergesprungen ist, um die Macht zu übernehmen.

Während seiner achtjährigen Diktatur wurden 500 000 Menschen gefoltert und getötet. Immer wieder hat er mit großem Spaß persönlich an den Gräueltaten teilgenommen.

Um den Weg ins »Kabinett des Schreckens« möglichst kurz zu halten, ließ er sich von den Israelis unter seinem Palast eine eigene Folterkammer einrichten.

Mit Gänsehaut passieren wir das große Metalltor zur Grausamkeit, als Jane, unsere Führerin, sagt: »Zu Idis Zeiten wären wir jetzt bereits tot, denn das Tor stand unter Starkstrom! Nie sollte jemand berichten können, was für eine Hölle sich dahinter befand.«

Wir folgen einem breiten, fensterlosen Gang. Von ihm zweigen links drei Räume ab. Jane weiß, dass in jede Kammer etwa 500 Menschen bis unter die Decke gepfercht wurden. Ohne Licht, Wasser, Essen und Toilette vegetierten diese armen Kreaturen dahin, bis sie der Tod oder die Folter erlöste. Jeder Zentimeter war zu Amins Zeiten mit Kameras überwacht. Der »Herr aller Kreaturen« war ein sadistischer Voyeur und genoss das Martyrium der Gefangenen.

Idi Amin Dada war der Exotischste im Club der afrikanischen Schlächter. Ohne Ausnahme hatten alle Spaß am Töten und Massakrieren. Dabei wurden unvorstellbar viele Menschen brutal ermordet und ganze Völker dezimiert.

Wie krank ist ein Geist, wenn er sich an solchen Gräueltaten ergötzt? Oder sind die großen mächtigen Männer minderwertige Kleingeister, die sich nur stark fühlen, wenn sie andere demütigen oder töten?

Ich will nicht spekulieren, doch eines ist sicher: Sie konnten ihre Macht zu Gewaltexzessen erst missbrauchen, nachdem sie die drei Säulen der Demokratie, die Legislative, die Judikative und die Exekutive, in ihrer Person vereint hatten. Danach mussten sie kein Gesetz, keinen Richter und kein Gefängnis fürchten. Sie hatten die Blankovollmacht zum ungestraften Töten. Kein Einziger von ihnen wurde je von der internationalen Völkergemeinschaft wirklich zur Verantwortung gezogen. Meist lebten oder leben sie noch in Saus und Braus und genießen unbehelligt ihr Dasein.

Das Weltgewissen hat in einer Nussschale Platz, oder, wie bereits Dürrenmatt erkannte: »Die Gerechtigkeit wohnt in einer Etage, wo die Justiz keinen Zugang hat.«

Gerechtigkeit mag in Uganda ein rares Gut sein, aber bestimmt nicht Wasser. Ich finde, die Staatsfarben Ugandas – Schwarz, Gelb, Rot – müssten unbedingt in Blau und Grün geändert werden. Blau für Wasser, Seen und Flüsse, Grün für ungehemmtes Wachstum, das die Straßen überwuchert. In ganz Afrika haben wir bisher noch kein solch fruchtbares Land gesehen.

Uganda könnte der Himmel auf Erden sein! Wenn ..., ja, wenn es seine Ressourcen nutzen würde. Stattdessen gehört es zu den Kellerkindern Afrikas. Und es kann noch schlimmer kommen, denn ein Drittel des Exports besteht aus Kaffeebohnen. Sollte sich der Klimawandel weiterhin so fortsetzen, wird in Uganda in einigen Jahren kein Kaffee mehr wachsen. Und was dann? Vielleicht hat sich bis dahin die Hoffnung auf Reichtum erfüllt, und Uganda schwimmt in Öl. Denn erst kürzlich wurde im Nordosten am Albertsee so viel Öl gefunden, dass Saudi-Arabien neidisch sein kann.

Zurzeit wird Ugandas Staatshaushalt noch zu einem Drittel aus Hilfsgeldern finanziert, doch Präsident Museveni reibt sich schon die Hände in der Hoffnung auf die kommenden Petromilliarden. Dieses Geld soll das Land schnell, ohne Mühe und Arbeit reich machen.

Wenn wir einen Blick auf andere afrikanische Ölländer werfen, wird diese Hoffnung aber zerstört. In Afrika ist es Tradition, dass sich rohstoffreiche Länder negativer entwickeln als rohstoffarme. Nigeria ist das Paradebeispiel dafür. 3 500 000 000 000 Petrodollar, das sind 3,5 Billionen (!), hat Nigeria seit 1960 durch Öl und Gas eingenommen. Das sind pro Jahr 70 Milliarden Dollar. Deutschlands gesamte Steuereinnahmen im Jahre 2011 beliefen sich auf 70 Milliarden Euro!

Und wo steht das reichste Land Afrikas heute? Es ist wirtschaftlich ruiniert. Drei Viertel der Menschen leben in Armut, und die Säuglingssterblichkeitsrate ist die höchste in der Welt. Das Volk ist ärmer als vor dem Ölboom.

Die »nigerianische Seuche« hat mehr oder weniger alle afrikanischen Ölländer wie den Tschad, Gabun, Kongo, Angola oder Äquatorialguinea angesteckt. In diesen Ländern sorgt der »Fluch der Rohstoffe« für eine harte Währung. Sie macht Importe billig und die heimische Industrie überflüssig. Die Diktatoren zeigen kein Interesse, eine Inlandsindustrie aufzubauen, die langfristig Arbeitsplätze, Brot und Steuereinnahmen für alle garantiert. Warum auch, wenn die gebratenen Hühnchen in Form von Öl-Lizenzeinnahmen der internationalen Konzerne ohne Arbeit in den Mund fliegen.

Präsident Museveni verkündet, dass er diese Fehler nicht machen wird. Werbewirksam ließ er sich sogar von Norwegen beraten. Die Norweger haben ein generationsübergreifendes System aufgebaut. Sie zahlen einen Teil der Öleinnahmen in einen Fonds ein, von dem die kommenden Generationen profitieren.

Es wäre ein afrikanisches Wunder, wenn Museveni nach 32 Jahren Macht der Selbstbereicherung widersteht. Warten wir ab.

• • •

Mitten im Erdölgebiet in Butiaba am Westufer des Albertsees sitzen wir mit Fischern im Sand, beobachten, wie sie ihre Netze flicken, und lassen uns den kühlen Seewind durch die Haare wehen. Ja, ich weiß, bei mir weht nichts mehr, aber dafür bei Heti.

Wir genießen ein Bilderbuchafrika mit Holzbooten am Sandstrand, Palmen vor dunkelblauem Himmel und türkisfarbenem Wasser.

Ohne von seiner Arbeit aufzusehen, fragt der zahnlose Fischer neben mir nach dem Woher und Wohin und für welchen Erdölkonzern wir arbeiten?

»Für keinen! Wir sind Touristen!«, antworte ich.

»Das ist gut. Ihr bringt wenigstens Geld und bestehlt uns nicht wie Museveni und seine Ölkonzerne. Überall hier ist Öl, unser Öl«, verdeutlicht er und zeigt auf den Sand unter uns.

»Aber wo sind die Ölquellen?«

»Die wirst du nicht zu sehen bekommen. Sie sind weit draußen, wo die Grenzziehung zum Kongo unklar ist«, sagt er und zeigt auf einen Bohrturm mitten im See. »Doch die gierigen Ölkonzerne interessiert die Grenze sowieso nicht. Sie schützen ihre Bohrlöcher vor den Rebellen aus dem Kongo mit eigenen Soldaten, und auch die Bohrcamps an Land werden von bis an die Zähne bewaffneten Leuten gesichert. Ich wollte, wir hätten Gewehre, dann würden wir die Diebe aufs Korn nehmen und davonjagen«, schimpft er und ballt die Faust wie Che Guevara auf seinem T-Shirt.

Hinter dem Fischerdorf kurble ich mit dem HZJ die Serpentinen am afrikanischen Grabenbruch hinauf. Oben bauen wir direkt am Abgrund zwischen zwei großen Schirmakazien vor einer unwirklich schönen Naturkulisse unser Buschcamp auf. Während das Lagerfeuer knistert, der Fisch brutzelt und ein Glas Rotwein unseren Gaumen verwöhnt, sitzen wir ganz allein in der ersten Reihe und genießen das Schauspiel des Sonnenuntergangs, der den Horizont blutrot färbt. Eine friedliche Stimmung liegt über dem See. Aber wie lange noch?

Diese Idylle ist vor Hoima vorbei. Bagger und Raupen wühlen breite Trassen für eine neue Straße in den roten Sand. Hoima ist das Zentrum des Fördergebietes. Eine Goldgräberstimmung hängt über dem Provinzstädtchen. Teure Toyota, in denen Weiße sitzen, die nicht wie Touristen aussehen, brausen flott durch die Straßen.

Frederik im »People's Supermarket« jammert über die unverschämt steigenden Preise.

Häuser mit spiegelverglasten Fassaden zeigen: Hier gibt es Geld. Sie wachsen aus dem Staub wie Fremdkörper. Ihre einseitig verspiegelten Glasflächen haben nicht nur die Funktion zu signalisieren: Ich sehe dich, doch du mich nicht. Sie dienen auch der Eitelkeit, denn im Vorbeigehen bleiben die jungen Mädchen stehen und bewundern sich darin mehr oder weniger wohlwollend.

Auf der imposantesten Fassade steht in großen Buchstaben »TULLOW OIL«. Ich habe gehört, dass die Ölfirmen die Menschen nicht gut behandeln. Also kleide ich mich besonders seriös und betrete den Glastempel. In der Eingangshalle liegen ausrangierte Bohrköpfe als Anschauungsmaterial auf dem Boden. Leider ohne die großen Schnittdiamanten. Freundlich begrüßt mich ein eleganter Schwarzer.

Forsch frage ich: »Wie laufen die Ölgeschäfte so?«

Irritiert schaut er mich an und stellt sich als Mike vor. Er sei für Öffentlichkeitsarbeit zuständig. Meine Frage ignoriert er und beginnt stattdessen mit seinem Standardvortrag:

»Die irische Firma TULLOW war die erste, die 2006 in Uganda Öl gefunden hat. Seitdem wurde sie an 30 Bohrlöchern fündig. Wir sind die ...«

Unhöflich unterbreche ich ihn und betone, dass ich die Firma nicht kaufen will, sondern einen Job suche und hierhergekommen bin, um mich umzuschauen.

»Das ist ja noch besser, warum sagen Sie das nicht gleich. Wir suchen immer qualifizierte Mitarbeiter. Was haben Sie denn bisher gemacht?«

»Ich habe in der deutschen Automobilindustrie im Industrial Engineering gearbeitet.«

»Oh, das hört sich sehr, sehr gut an. Solche Leute brauchen wir unbedingt!«

Da er nur für die Jobs der schwarzen Arbeiter zuständig ist, soll ich meine Bewerbung ans Headquarter schicken.

»Kein Problem, aber wie sieht es mit der Sicherheit auf den Ölfeldern aus? Ich habe gehört, die Kongorebellen schießen gefährlich oft um die Ecke«, provoziere ich ihn.

Verlegen zieht er an seiner schweinchenrosafarbenen Krawatte: »Die Sicherheit ist überhaupt kein Problem. Das haben wir unter Kontrolle.«

»Aber ein Geologe wurde doch von den Kongorebellen erschossen.«

»Ja, aber das ist schon länger her. Jetzt ist wirklich alles unter Kontrolle.«

Ein Schwarzer kommt herein und wird sogleich wieder der Türe verwiesen.

»Sucht der auch Arbeit?«

»Ja, doch dem fehlt, wie allen, Qualifikation und vor allem Motivation. Wir brauchen Männer wie Sie.«

»Prima, das freut mich zu hören. Also dann bis bald.«

Fröstelnd verlasse ich das kühlschrankkalte Gebäude. Heti schwitzt im HZJ und wartet gespannt. Ich erzähle ihr, dass bei TULLOW OIL nicht mit offenen Karten gespielt wird und dass eine weiße Haut der beste Garant für einen Job ist. Darauf meint sie: »Super, dann wissen wir wenigstens wohin, wenn unser Geld knapp wird.«

Sie macht sich immer wieder Sorgen, dass unser Geld nicht reicht und wir eines Tages unter einer Brücke landen, wo wir Würstchen am Lagerfeuer essen. Ich ärgere sie und sage, dass ich das sehr romantisch fände.

Die Rache folgt auf dem Fuß. Abends stehen Würstchen in der Dose samt Zündhölzern auf dem Tisch und ein Zettel: »Wünsch dir einen romantischen Abend. Wenn du mich suchst, bin im Restaurant.«

Wo Adrenalin im Blut schäumt

Gewöhnlich ist der Nil ein fauler Geselle und zieht flach und breit in langen Schleifen durch Wüste und Ebene Richtung Mittelmeer. Doch kurz nachdem er den Viktoriasee verlässt, wird er zur weißen Bestie und stürzt über sechs Katarakte mit höchsten Wildwasser-Schwierigkeitsgraden in die Tiefe. In diesem Abschnitt bietet er das ultimative Wildwasserrafting weltweit mit höchstmöglichem Adrenalinausstoß.

Warum genießen wir nicht entspannt mit einer Tasse Kaffee dieses Naturschauspiel, anstatt uns dem Risiko einer unkalkulierbaren Wildwasserfahrt auszusetzen? Weil wir vor der Kaffeetasse nie erfahren werden, wie sich so viel Adrenalin im Blut anfühlt.

Der Raftinganbieter zögert, uns eine Tour zu geben.

»Der Wasserstand ist zu hoch, und ich habe mit euch nur vier Kunden. Es sind aber sechs Ruderer notwendig, um das Boot im Wildwasser zu lenken«, meint er.

Doch schließlich hat der Anbieter lieber einen Spatz in der Hand als die Taube auf dem Dach. TIA – THIS IS AFRICA!

So spazieren wir mit Mike und Bill, zwei jungen Engländern, zum Boot. Dort erwartet uns Clay, unser Steuermann. Der Muskelprotz mit beneidenswertem Selbstvertrauen wirft einen Blick auf unsere Armmuskulatur und meint: »Na ja, wenn alle Stricke reißen, werfen wir den Außenbordmotor an.«

Unser Kapitän ist ein Spaßvogel und nimmt uns die Anspannung. Seine drillmäßige Einweisung ist professionell: Go! Stopp! Rudern links! Rudern rechts! Auf die Knie! Kopf nach unten! Diese Befehle müssen im Katarakt funktionieren.

Wir setzen die ramponierten Kunststoffhelme auf. Meiner hat einen Riss vom letzten Crash und sitzt recht wackelig auf dem Kopf. An der Schwimmweste rasten nur zwei von vier Verschlussschnallen ein. Irgendwie muss der günstige Preis ja zustande kommen. Clay verweist auf seine Schwimmweste, und die hat nur eine Schnalle. »Ist alles nicht so wichtig«, meint er. »Auf dem Fluss sind wir sowieso in den Händen des Nilgottes Hapi. Lasst bitte euer Handy oder i-Phone im Trockenen. Sie könnten nass werden. Da hilft auch anbinden nicht«, frotzelt er und zeigt auf meinen Katheterschlauch, der aus dem wasserdichten Gehäuse meiner Insulinpumpe hängt.

21 Dieses Entwicklungshilfedepot in Äthiopien macht Menschen zu Almosenempfängern und ist die Ursache, weshalb sie ihre fruchtbaren Felder nicht mehr bearbeiten.

22 Der Hyänenmann in Harrar. Seit Generationen füttert seine Familie die Hyänen, damit sie nicht in die Stadt einfallen. Dafür fallen sie in den HZJ ein.

23 »Stopp! Was macht ihr hier?« »Wir haben übernachtet.« »Ja, seid ihr des Wahnsinns. Neben eurem Auto liegt eine Mine, die ich jetzt entschärfen möchte.«

25

26

24 In Hargeisa, der Hauptstadt Somalilands, werden Ausländer wie Helden empfangen. Mit Handschlag bedanken sich die Menschen, dass wir ihr missverstandenes Land besuchen.

25 Heti flieht vom Saunaraum HZJ ins Sternenzimmer aufs Dach.

26 Der Somaliland-Schilling wird wie Altpapier verpackt und sein Wert in Kilogramm geschätzt.

27 Der Aberglaube, dass die Felsbilder ein Werk des Satans zeigen, sowie der Bürgerkrieg schützten die Werke der besten Steinzeitkünstler in der Felsengalerie Las Geel.

28 Am Turkanasee, im unwirtlichen wilden Westen Kenias, führen die verschiedenen Stämme ein Leben wie eh und je.

29

30

29 300 000 Kilometer, etwa
siebenmal um den Äquator
waren wir drei ohne große
Probleme unterwegs. Prost,
auf die nächsten 300 000.

30 Nach einer Bumber-Kollision
war die Landung zu hart
und der Schaden beträcht-
lich.

31 Made in Germany. Auf dieser Kanone saß Idi Amin, als
er sich an die Macht schoss.

32 Ein Waisenkind im Land der Waisen. Der Genozid in Ruanda hat einem Großteil der Kinder die Eltern genommen. Joe ist einer davon.

33 Ruanda, Kigali: Diese Mauer ist ein stummer Zeuge unglaublicher Greueltaten.

34 17 Jahre nach dem Massaker an den Tutsi werden noch täglich skelettierte Opfer entdeckt und in Massengräbern beigesetzt. Würde jedes Opfer ein Grab bekommen, wäre für die Überlebenden kein Platz mehr im Land.

35

36

35 Früher waren die Frauen fürs Wasser-
holen zuständig, heute die Kinder – mit
schlimmen Folgen für ihre Wirbelsäule.

36 Diese Schlammpiste in Nordmosamik
führt uns direkt zu einem großen weißen Elefanten.

37 Die Lieblingsspeise der Hadzabe-
Buschmänner ist Pavianfleisch. Doch
wir mussten uns nach der Jagd drei
geröstete Eichhörnchen teilen.

38 Heti beim Sangoma in Swasiland. Ich
bin beruhigt, die Geister sind sich
einig, sie hat den besten Mann des
Universums.

39 Damit die Zeit wenig verfälscht, habe ich den größten Teil des Buches in Afrika geschrieben, so wie hier am Malawisee.

40 Sollte der Bruder dieser Männer sterben, werden die Jüngsten traditionell dessen Frauen mit allen Rechten und Pflichten erben. Kulturgegensätze, die wir, wenn überhaupt, nur schwer verstehen können.

Clay ist gut drauf. Die Witze schießen schneller aus seinem Mund als das Wasser den Katarakt hinab. Dann stellt er uns Spider, den »Leicheneinsammler« vor. Der coole Rastaman hat die Figur einer Zaunlatte und soll uns mutterseelenallein in seinem Schlauchboot folgen. Seine Aufgabe ist es, die »Mann-über-Bord-Ruderer« einzusammeln und zum Boot zurückzubringen.

Es geht los. Die Wasseroberfläche ist anfangs spiegelglatt. Nur am Horizont verrät ein leichtes Kräuseln etwas Action. Für meine Augen ist immer noch alles okay. Doch das Dröhnen in meinen Ohren sagt das Gegenteil. Clay schreit »go, go, go«. Ohne zu ahnen, was uns weiter vorn erwartet, rudern alle auf Teufel komm raus. Auf der Kante des Wasserabbruches kippt das Boot nach vorn. Das Wasser stürzt als weiße Gischt den Wasserfall auf eine breite Felsenkante hinunter. Dort stoppt es, weiß nicht wohin und springt auf die nächste Kante. Clay brüllt noch lauter »down, down, down«. Alle lassen sich sofort auf die Knie fallen und drücken sich ins Boot. Meine Hand umklammert die Sicherungsleine. Wir stürzen in eine mächtige weiße Wasserwand und werden schlagartig gestoppt. Die Bootspitze zeigt in den Himmel. Die gewaltige Gischt reißt mich aus dem Boot und zieht mich unter Wasser. Ohrenbetäubendes Dröhnen wird jetzt durch gedämpftes Gurgeln ersetzt. Oben, unten, links, rechts lösen sich auf. Mein Körper prallt auf etwas Hartes, wird festgehalten und sofort wieder weggestoßen. Es wird hell – endlich Luft, glaube ich wenigstens, doch ein mächtiger Wassersog zieht mich erneut in die Tiefe und hält mich fest. Die Luft wird knapp. Angst und Panik bringen mich schier um den Verstand. Ich versuche mich loszureißen. Aber Hapi hält mich so lange fest, bis im Blut mehr Adrenalin ist als rote Blutkörperchen. Erst dann spuckt er mich ans Tageslicht. Jetzt weiß ich, wie sich meine Unterhose in der Waschmaschine fühlt.

Ich huste das Wasser aus der Lunge und erkenne ein knallrotes Schlauchboot, packe zu und habe die Rettungsleine in der Hand. Und wer ist als Einzige noch im Boot? Meine Frau!

Spider sammelt im ruhigeren Kehrwasser den Rest der Crew mit seinem Lumpensammlerboot ein, und wir sind wieder komplett.

Coolman Clay macht auf deprimiert und will sein Bootspatent zurückgeben, weil er nicht als Letzter das Boot verlassen hat.

Es folgen noch Katarakte mit Namen »Bad Place« oder »Vengeance Rapid«, die uns immer wieder ins Wasser befördern.

Nachdem wir nun genügend Erfahrung im Wasserschlucken haben, meint Clay lapidar: »Wer Mut hat, kann den letzten Katarakt schwimmen. Die Felsen sind weit unter Wasser. Aber passt auf, schwimmt am Rand und ja nicht in der Mitte, sonst müsst ihr den ganzen Katarakt über die Luft anhalten.«

Erst zögert Heti, doch dann springt auch sie. Ich bleibe im Boot, denn mein Insulinpumpengehäuse ist nicht mehr ganz wasserdicht. Das Schlauchboot springt wie ein Spielball die Stromschnellen hinab und dreht sich wild um die eigene Achse. Oh je, oh je, ich denke an Heti, die irgendwo da unten durch den Katarakt gewirbelt wird.

Im ruhigen Wasser ziehen Clay und ich die Schwimmer wieder ins Boot. Ich helfe Heti. Sie ist erschöpft, hustet und spuckt Wasser. Ihre ersten Worte sind: »Nie, nie, nie wieder werde ich so eine Dummheit machen! Ich wäre beinahe abgesoffen. Weil ich zu spät aus dem Boot gesprungen bin, kam ich nicht weit genug nach rechts und wurde mitten durch den Katarakt gewirbelt. Ich hab so viel Wasser geschluckt. Ich hatte das Gefühl, meine Lunge explodiert gleich. Mein Gott, bin ich froh, dass ich das heil überstanden habe.«

Als krönenden Abschluss hat Clay ein Picknick organisiert. Unsere englischen Crewmitglieder Mike und Bill erzählen von ihrem Volontäraufenthalt in Uganda.

Mike arbeitete einen Monat im Zoo von Entebbe, und Bill sammelte drei Monate in einer Schule in der Nähe von Kampala afrikanische Erfahrungen. Er möchte Lehrer werden. Beide mussten ihren Flug und zusätzlich 1000 Dollar für die »Gunst« bezahlen, als Volontär arbeiten zu dürfen. Mike meint: »Tiergehege auszumisten ist nicht angenehm, aber interessant.«

Warum gibt jemand so viel Geld aus, um Ställe zu misten und Tiere zu füttern? Tut mir leid, das kann ich nicht verstehen. Wahrscheinlich ist es gerade in, als Volontär ins Ausland zu gehen.

Bill ärgert sich vor allem über die ugandische Regierung. Sie hat kein Interesse an den Kindern, obwohl diese gern in die Schule gehen und lernwilliger als die Kinder in England sind. Die Schule war ein dunkles Loch mit gestampftem Boden und grauem Zementverputz. Bill hat das Schulamt gefragt, ob sie die weiße Farbe bezahlen. Er würde dann den Raum renovieren und freundlicher gestalten. Doch die Beamten konnten überhaupt nicht verstehen, warum so viel Geld und Arbeit investiert werden soll. Es ist doch nur eine Schule.

Schließlich hat Bill die Farbe aus der eigenen Tasche bezahlt und den Schulraum weiß gestrichen.

Was für Bill ein dunkles Loch ist, reicht der ugandischen Regierung, denn die Kinder kommen ja zum Lernen und nicht zum Wohlfühlen. Zwei Welten, zwei Maßstäbe und dazwischen viel Frust für Bill.

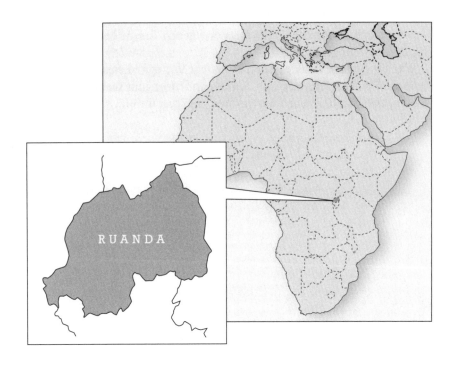

Ruanda

Vom Takt des Todes

L ieber Leser, Sie haben jetzt zwei Möglichkeiten. Entweder Sie lesen dieses Kapitel mit der Gefahr, dass es für den einen oder anderen zu grausam wird, oder aber Sie blättern weiter bis zum nächsten Land. Wenn Sie sich fürs Weiterlesen entscheiden, dann bedenken Sie, dass die Wirklichkeit um ein Vielfaches schlimmer gewesen ist ...

Es ist nicht abends, und wir sitzen nicht zu Hause vor der Glotze, wo uns Gewalt und Brutalität dick aufs Brot geschmiert werden. Es ist Mittag, und wir sind in der Nationalen Genozid-Gedenkstätte in Kigali.

Obwohl uns die Medien zu eiskalten Gewaltkonsumenten machen und die Reizschwelle des guten Geschmacks so hoch liegt, dass unsere Seelen in schonungsloser Gewaltdarstellung ertrinken und unser Gefühl dabei fast verkümmert ist, wird jeder abgebrühte Fernsehzombie in Ruanda ganz klein, beginnt zu frieren und vergisst zu atmen. Auch wir halten den Atem an. Wir befinden uns an den Schauplätzen des Grauens, wo Jakob zu berichten beginnt. Angesichts der Mordinstrumente und Skelette, die noch immer vor Ort sind, erzählt er vom Takt des Todes:

Im Kirchenraum wimmert ein Kind mit aufgerissenen Augen und sieht, wie seine Mutter von einem Milizentrupp brutal vergewaltigt wird. Anschließend rammt ein Milizionär der geschändeten Frau einen angespitzten Holzstiel durch die Vagina bis in den Bauchraum. Während sie verblutet, muss sie zuschauen, wie sich einer der Männer ihr Kind schnappt und ihm den Kopf abschlägt ...

Neun Sekunden später:
In der Sonntagsschule daneben packt einer der Hutu-Schergen ein schreiendes Kleinkind bei den Füßen, holt weit aus und schleudert den kleinen Körper mit aller Gewalt gegen die Wand. Ein dumpfer Knall, der Schädel platzt, Gehirn, Haare und Körperflüssigkeit spritzen der Bestie ins Gesicht ...

Neun Sekunden später:
Die Todesmilizen kommen in die Sakristei zu einer schwangeren Frau zurück, der sie vorher die Achillessehne durchtrennt haben, damit sie nicht fliehen kann. Sie legen die blutende Frau auf den Rücken, schlitzen ihr den Bauch auf, reißen den Fötus mit einem Ruck heraus, zerschmettern dessen Schädel mit einer Eisenstange und danach den der Frau ...

Neun Sekunden später:
Ein Aufruf des Hutu-Hetzsenders »Mille Collines« dröhnt aus jedem Radio:
»Tötet die Tutsi-Kakerlaken, tötet sie alle, keiner darf entkommen. Die Gräber sind noch nicht mit Tutsi-Leichen voll. Beeilt euch, die Zeit drängt. Macht die Gräber endlich voll.«

Alle neun Sekunden wird ein Tutsi brutal umgebracht – 100 Tage lang, und am Ende sind 1 000 000 Menschen tot! Frauen, Schwangere, Kinder, alle ...
Wir zählen langsam bis neun, das ist der Takt des Todes.

Der Genozid der Hutu an den Tutsi wurde durch den offiziellen Propagandasender legitimiert. Im Gehirnwäsche-Rhythmus plärrte er die Parole zum kollegialen Massenmord hinaus. Die Tutsi und alle Staatsfeinde wurden mit Machete, Eisenstange, Hammer, Keule, Messer, Stock oder Beil massakriert und enthauptet. Die perversesten Tötungsfantasien, die je in den sadistischen Abgründen der menschlichen Gehirnwindungen geboren wurden, explodierten in einem Blutrausch der Hetze und Rache. Die Hutu glaubten, sie hätten die offizielle Lizenz zum Töten.

...

Viele Verhaltensforscher versuchen die Hölle der Genozide in Srebrenica, Auschwitz, My Lai und Ntarama zu erklären. Doch hier, vor dem Unfassbaren, kann ich damit wenig anfangen. Ich möchte aufschreien, wäre mir nicht so elend. Eigentlich müsste ich dankbar sein, dass ich das Grauen nur in der Vergangenheit betrachten muss. Mein Magen rebelliert, verkrampft, zuckt, pumpt und ist bereit, alles auszuspeien. Mein Gehirn ist am Rande dessen, was es ertragen kann, vermag die Schreckensbilder nicht zu ordnen und nicht zu verstehen. Es ist überfordert und schaltet zum Selbstschutz ab.

Wir fallen ins Bett, wollen nichts mehr denken, nichts mehr hören und nichts mehr sehen. Wollen weg von diesem schrecklichen Ort, den kein Mensch begreift. Wir sind dankbar, als der Schlaf uns mit seinem dunklen Nichts erlöst.

...

Was sind die Wurzeln des Schreckens? Dafür müssen wir weit zurückgehen. 1890 wird bei der Berliner Konferenz beschlossen, dass Ruanda eine deutsche Kolonie wird. Doch die Ruander erfahren davon nichts, nicht einmal der König. Im Land war und ist Frieden.

Nach dem Ersten Weltkrieg geht Ruanda in den Besitz Belgiens über. Da es keine Bodenschätze gibt, die ausgebeutet werden können, lässt Belgien Ruanda vorerst in Ruhe. Der Frieden bleibt erhalten.

Ruanda war damals ein friedliches Königreich, denn im Gegensatz zu anderen afrikanischen Ländern gab es nur einen König und einen Stamm, die Banjaruanda. Somit brachen keine Stammesfehden und keine Kriege aus. Das war eine Garantie für ein gutes und langes Leben.

Die Banjaruanda bestanden aus drei Berufsgruppen, die in Abhängigkeit voneinander lebten.

DA waren zum einen die Tutsi, sie waren Rinderhirten und besaßen das Weideland für ihre Herden. Sie ernährten sich vom Blut der Tiere, indem sie deren Halsschlagader anritzten und Blut abzapften. Vermischt mit Milch war es ihre Nahrungsgrundlage. Die zweite Berufsgruppe bildeten die Hutu, sie waren Ackerbauern und lebten von den Erträgen ihrer Felder. Nebenbei hüteten sie die Herden der Tutsi und durften dafür die Kühe melken. Im Gegenzug versorgten sie die Tutsi mit Feldfrüchten. Und schließlich gab es noch die Twa, die dritte Gruppe. Sie waren Jäger und Sammler. Eine Minderheit, die in der weiteren Tragödie keine Rolle spielte.

Da die Rinderherden der Tutsi immer größer und sie somit immer reicher wurden, fehlte den Hutu zunehmend Ackerland, was sie immer ärmer werden ließ. Abhängig von Talent und Fleiß, gab es dennoch reiche Hutu wie auch arme Tutsi.

Bis zu diesem Zeitpunkt war Hutu und Tutsi nur eine Berufsbezeichnung und sonst nichts.

1934 machen die Belgier einen entscheidenden Fehler, der sich noch unvorstellbar grausam rächen wird. Ab sofort werden die Berufsbezeichnungen in die Pässe gestempelt. Es wäre genauso, als würde in einem deutschen Pass hinter dem Namen »Bankdirektor« oder »Toilettenfrau« stehen. Dadurch schaffen die Belgier aus einem Stamm zwei Rassen. Die Kolonialherren infizieren das Land mit dem gleichen rassistischen Gedankengut, das Mitte des 20. Jahrhunderts in Deutschland grassierte und Schrecken verbreitete. In Ruanda zerreißt dieser Keil der Polarisierung das friedliche Band der ruandischen Einheit für immer. Der Grund ist nicht ohne Eigennutz, denn die wenigen Belgier brauchen in der Regierung und Verwaltung loyale Unterstützung.

Wie schon viele Herrscher vor ihnen setzen sie auf das altbewährte System »Teile und herrsche«. Geteilt haben sie bereits, und zum Herrschen setzen sie auf die neue Rasse der Tutsi. Sie werden gut ausgebildet und zur Edelrasse erhoben – zum »ruandischen« Arier!

Doch als die gebildeten Tutsi rigoros die Unabhängigkeit fordern, verwünschen die Belgier die Geister, die sie riefen. Geschockt starten sie sofort eine 180-Grad-Kehrtwende. Die Tutsi werden aus Amt und Würden gejagt. Ihren Status übernehmen nun die gefügigen Hutu. Ein weiterer Irrglaube, denn ihrer neuen Macht bewusst, beginnen die Hutu 1959 einen Aufstand. Als Erstes stürzen sie den König, dann fallen sie über die Tutsi her, nehmen ihnen die Rinderherden weg und essen zum ersten Mal Rindfleisch. Die Spaltung und Hetze der Belgier zeigt Wirkung und entwickelt sich zu einer Revolution gegen sie selbst. Entsetzt über den Gewaltausbruch, fliehen die »belgischen Kolonisten« drei Jahre später chaotisch aus dem Land, und Ruanda hat eine Hutu-Regierung unter dem ersten Präsidenten Grégoire Kayibanda.

Obwohl die »neuen Rassen« zusammen Bier trinken, lachen und manchmal sogar die engste Form der menschlichen Beziehung, die Ehe, eingehen, misstrauen sie sich zutiefst. Die Belgier haben den Samen des Schreckens gesät. Er wartet, bis ihn der Regen zum Leben erweckt. Und der kommt 1973 als Platzregen in Form des skrupellosen Generals Juvénal Habyarimana und seiner machtgierigen Frau Agathe.

Die beiden werden vom französischen Präsidentenehepaar Mitterrand hofiert, während sie zu Hause die Tutsi-Ausrottung durch Gründung der militärischen Todesmaschine »Interahamwe« planen. »Interahamwe« bedeutet frei übersetzt »Erschlagen wir sie gemeinsam«.

Das Gift dieser Organisation schleicht sich in die kleinste Familie. Todeslisten von Tutsi werden vorbereitet.

Eine französische Eliteeinheit unter dem Decknamen »Opération Insecticide« drillt die Hutu-Schergen. An Schweinen lernen sie, wie »Tutsi-Kakerlaken« schnell und effizient erschlagen und entsorgt werden. Das Abschlachten der Tiere nimmt ihnen die Angst vor dem Töten und den Respekt vor dem Leben.

Am 6. April 1994 explodiert von einer Sekunde zur anderen die Atombombe des Hasses. Der Atompilz verseucht das Land mit Schrecken, Gewalt und Tod. Die Initialzündung des Genozids startet in dem Moment, in dem das Flugzeug des Präsidenten beim Landeanflug auf Kigali abgeschossen und der Präsident dabei getötet wird. Die Verantwortung wird den Tutsi in die Schuhe geschoben, obwohl nie geklärt werden wird, wer das Attentat verübt hat.

Dieses Ereignis ist der Startschuss für die im Geheimen schon lange geplante Tutsi-Ausrottung. Alles ist vorbereitet. Sofort werden im ganzen Land engmaschig Straßensperren errichtet. Wer passieren will, muss seinen Pass zeigen. Steht Tutsi hinter dem Namen, ist er auf der Stelle tot.

Keiner entkommt. Tutsi können weder auf die Straße, noch sind sie in ihren Häusern sicher. Entweder brechen die Todesschergen die Türe ein, oder der liebe Nachbar ist schneller, schlägt seinem Tutsi-Nachbarn den Kopf ab, vergewaltigt dessen Frau und zerstückelt sie anschließend.

Die Hutu sind bestens organisiert. Ein Trupp markiert alle Tutsi-Häuser mit Farbe. Ein anderer schlachtet die Bewohner ab, und der dritte Trupp entsorgt die Leichen.

Gleich nach der ersten Pogromnacht wird die oppositionelle Premierministerin Agathe Uwilingiyimana erschossen. Man findet sie nackt mit einer Bierflasche in der Vagina. Sie war zwar selbst eine Hutu, hatte aber das ethnische Quotensystem im akademischen Bereich abgeschafft und sich damit den Hass extremistischer Hutu-Parteien eingehandelt.

...

Die Ampel zeigt Rot, und ich beobachte auf dem Grundstück daneben einen Mann, der eine Schubkarre mit Steinen schiebt. Die runden Steine haben tiefe Löcher. Ich schaue genauer hin und erkenne erschreckt Totenschädel.

Wir fahren auf dieses Grundstück. Der Leiter der neuen Genozid-Gedenkstätte Kiculei führt uns in die »Halle des letzten Aufschreis«. Wir treten ein, und ich stolpere über einen Totenschädel. Bereit zur Flucht, schrecke ich zurück, doch die schwere Metalltüre ist längst ins Schloss gefallen. Erst jetzt begreife ich, wo wir sind. Wir sind in einer Skelett-Sortierfabrik. Nach Fundorten getrennt, werden die menschlichen Knochen aufgeteilt in verschiedene Haufen mit durchlöcherten Beckenknochen, abgeschlagenen Beinknochen, Wirbeln, gespaltenen Schulterblättern oder Totenköpfen. Kein Relikt ist unbeschädigt! Von Macheten halbiert und von Eisenstangen durchbohrt, die teilweise noch im Knochen stecken, starren uns die geschundenen Schädel anklagend an, als würden sie fragen: »Warum habt ihr uns nicht geholfen?«

Weshalb in aller Welt wird diese Knochenarbeit so genau durchgeführt? So als wolle jemand die Skelette zusammenfügen und zu neuem Leben erwecken. Der modrige Geruch des Todes liegt über dem Raum, dringt aus Knochen, halbverwesten Sandalen, T-Shirts und Unterhosen. Es wird uns zu viel!

Zurück aus dem Reich der Toten, atmen wir dankbar die frische Luft ein und fühlen uns unter der strahlenden Sonne wie neugeboren.

Der Leiter der Genozid-Gedenkstätte erzählt:
»4000 menschliche Überreste wurden hierhergebracht. Auch noch nach 17 Jahren werden täglich skelettierte Opfer entdeckt und in Massengräbern beigesetzt. Würden wir jedem ein Einzelgrab geben, wäre für die Überlebenden im kleinen Ruanda kein Platz mehr. Alle diese Gebeine kommen vom Müllplatz in der Nähe. Dorthin wurden die Kinder der umliegenden Schulen getrieben und niedergemetzelt.«

Obwohl uns die Reise der Grausamkeiten an unsere Grenzen führt, raffen wir uns ein letztes Mal auf und fahren nach Ntarama. Das ist einer der wenigen Orte, an denen es die Tutsi wagten, sich zu wehren.

In Ntarama zeigt uns der junge Tutsi Jakob die Gedenkstätte und berichtet:

»Damals lockte der Pfarrer 5000 Frauen und Kinder auf das Kirchengelände und versprach ihnen Schutz. Zur Sicherheit verschanzten sich die Tutsi-Männer auf einem Hügel gegenüber. Hinterhältig verriet der Geistliche die Tutsi an die Hutu-Miliz mit folgenden Worten: ›Kommt schnell, hier gibt es viel Arbeit!‹ Als die Todesschwadronen mit der Arbeit begannen, geschah das Unvorstellbare. Die Tutsi-Männer griffen an und schlugen die Hutu in die Flucht. Sofort schickte die Regierung eine Elitetruppe, die die todesmutigen Tutsi in einen Ablenkungskampf lockte, während in der Kirche das Gemetzel begann. Nach zwei Tagen waren die Männer auf den Hügeln sowie die Frauen und Kinder in der Kirche alle tot.

Es war sicher nicht einfach, ohne Munition 5000 Menschen zu töten. Aber die Hutu waren darauf spezialisiert. Die erste Truppe vergewaltigte im Kirchenraum die Frauen. Der zweite Trupp rammte den geschändeten Frauen einen angespitzten Holzspieß durch die Vagina bis in den ...

In der Sonntagsschule daneben wurden die Kleinkinder und Säuglinge von einem weiteren Trupp an den Füßen gepackt und gegen die Wand geschleudert bis ...

Wieder andere Schergen schlitzten in der Sakristei den Schwangeren die Bäuche auf und rissen den Fötus ...

Die Hutu waren nicht nur gut organisiert, sie hatten auch Helfer. Eine französische Spezialeinheit half beim Beseitigen der Leichen. Sie hoben Massengräber aus, warfen die Leichen hinein, bedeckten das Ganze mit Erde und errichteten auf dem Massengrab einen Volleyballplatz. So wurden die Geschändeten auch noch über den Tod hinaus mit Füßen getreten, und das Grauen war perfekt getarnt.«

Ich frage Jakob, ob er sich an diese schreckliche Zeit erinnern kann. Emotionslos, beinahe unbeteiligt antwortet er:

»Als meine Familie von den Nachbarn erschlagen wurde, waren mein kleiner Bruder und ich in der Schule. Nur deshalb sind wir noch am Leben.«

»Und wie kannst du heute unter den Mördern deiner Familie leben?«

»Ich muss vergeben, den Blick nach vorn richten. Der Blick zurück verbrennt mich. Ich habe meinen Frieden mit den Hutu gemacht.«

Stolz ist er, weil er sein Elternhaus demonstrativ neben den Hutu-Nachbarn wieder aufgebaut hat.

Ist so viel Großherzigkeit möglich?

Kann Jakob zwischen den Elternmördern leben, als wäre nichts gewesen?

Ich kann es mir nicht vorstellen.

...

Die Politik hat den Frieden verordnet. Seit dem Genozid wird nicht mehr zwischen Hutu und Tutsi unterschieden. Es gibt nur noch eine Rasse und ein Volk, die Ruander. Somit kann es auch zu keinen Konflikten mehr kommen. Ein frommer Wille ohne Alternative.

Die Regierung untermauert dies durch werbeträchtige Slogans wie »Ruanda, das sind du und ich«. Für uns bedeutet das aber auch: Ruanda, das sind Mörder und Überlebende.

Schätzungen sagen, dass von den acht Millionen Einwohnern Ruandas über eine Million gemordet hat. Eine große Anzahl wurde verurteilt, doch viele der Rädelsführer leben heute im Ausland wie die Made im Speck. Das ist für die kleinen Schergen eine ewige Ausrede und für die Überlebenden ein schlimmer Gedanke.

Die UNO hat ein weiteres Mal erbärmlich versagt. Ihre letzte Tat in Ruanda war die Evakuierung der Ausländer. Dann überließ sie das Land sehenden Auges dem Genozid. Der erste afrikanische Generalsekretär Kofi Annan war damals frisch gewählt und musste sich nach dem Genozid beim ruandischen Volk für den feigen Rückzug der Völkergemeinschaft entschuldigen.

Die Amerikaner gingen sogar so weit, ihre Verantwortlichen anzuweisen, das G-Wort (Genozid-Wort) nie zu verwenden oder gar auszusprechen.

Frankreich versteckte seine blutigen Hände, indem es der Welt glaub-

haft machte, es sei wieder nur so eine alltägliche afrikanische Stammes-
fehde. Dabei unterstützten sie das Hutu-Regime bis zuletzt beim Morden.
Die Konsequenz daraus ist, dass Ruanda bis zum heutigen Tag keine politische Beziehung zu Frankreich wünscht.

...

Ich stehe zwischen modrigen Schädeln und Knochen auf der Suche nach
meiner Wahrheit, kann nicht einfach weiterziehen, will das Geschehene
verstehen und aufarbeiten. Im Rückblick sehe ich immer wieder die
anonyme Masse:
Massenmord durch die Masse – das war das Kalkül der Hutu-Regierung
und ihre Propaganda.
Die Masse versteckt jeden.
Die Masse hat immer Recht.
Die Masse kann nie als Ganzes zur Rechenschaft gezogen werden.
Wenn jeder blutige Hände hat, kann keiner auf den anderen zeigen.
Jedoch dieser teuflische Plan vergisst eines:
Wenn das Blut abgewaschen ist, ist jeder mit seinem Gewissen allein!

Burundi

Plastikkanister und krumme Kinderwirbelsäulen

Es ist noch nicht lange her, da lernte der süße Dreikäsehoch das Laufen, und heute hängt er sich mit seinem ganzen Gewicht an den Wasserpumpenhebel. Aber nicht lange, dann stoßen ihn drei größere Kinder in den Sand. Tränen kullern über seine Wangen. Die Rowdys stürzen sich auf den Pumpenhebel und hüpfen damit auf und ab, bis endlich Wasser aus dem Rohr rinnt. Sofort kämpft die Horde von Kindern um den besten Platz für ihren Kanister, bis der Größte vorn und der Kleinste hinten steht.

Ich bin überrascht, trotz des Konkurrenzkampfes warten die Großen auf die Kleinen. Denn die Knirpse können die schweren zehn bis 15 Liter fassenden Kunststoffkanister nicht allein auf den Kopf stemmen.

Nachdem sie sich gegenseitig geholfen haben, jonglieren die armen Kinder mit ihrer erdrückenden Last bergauf, bergab nach Hause. Wer aufmerksam unterwegs ist, bemerkt die vielen abnormalen Hohlkreuze, die von dieser Arbeit herrühren.

Unsere Enkel Toni und Maxi sind im gleichen Alter. Der Gedanke an sie macht Heti zur Furie. Sie schreit MICH an: »Was ist das nur für ein Kontinent? Was sind das für Eltern, die ihre Kinder zu Krüppel machen und als billige Arbeitskraft missbrauchen.«

Dazu fällt mir wieder einmal nur ein:

TIA – THIS IS AFRICA!

TIA ist wie immer die Metapher für unsere Hilflosigkeit. Ich kann Heti im letzten Moment zurückhalten, bevor sie voller Wut den Kleinen die schwere Last vom Kopf schlägt.

Früher waren es die Frauen, die morgens als Erste aufgestanden sind und in schweren Tongefäßen Wasser geholt haben. Heute sind es die Kinder. Und wer ist daran schuld? Ein leichter, verschließbarer Kunststoffkanister, der nicht zerbricht und nicht ausläuft, wenn er von den Kinderköpfen fällt. Dieser Fortschritt ist ein Fluch für die Kinder Afrikas. Er bringt täglich Schwerstarbeit und Wirbelsäulenschäden für sie.

Sicher, in Afrika werden Kinder aus anderen Gründen in die Welt gesetzt als in unserer Kultur. Wir leben für unsere Kinder, unterstützen und fördern sie, damit sie ein besseres Leben haben als wir.

In Afrika werden Kinder in erster Linie als Altersversorgung und Sozialhilfe geboren, die die Eltern im Alter und bei Krankheit betreuen. In zweiter Linie sind sie billige Arbeitskräfte, die die Familie unterstützen und stärken. In Afrika sind Kinder für die Eltern da und nicht umgekehrt.

Ich bin auf einem kleinen Bauernhof mit Schmiede im Nördlinger Ries aufgewachsen. Auch ich musste als Kind mithelfen. Zwei kleine Hände waren für einfache Arbeiten gern gesehen. Natürlich wäre ich damals viel lieber mit meinen Freunden zum Baden gegangen. Doch heute bin ich dankbar dafür. In der Landwirtschaft lernte ich frühzeitig anzupacken, und in der Schmiede bekam ich schnell ein technisches Gespür. Zwei Erfahrungen, die im Leben nie schaden.

An der afrikanischen Wasserpumpe jedoch reden wir von ganz anderen Dimensionen. Wir sprechen nicht von leichter Handlangerarbeit, sondern von körperlicher Schwerstarbeit mit lebenslangen Folgeschäden für die Kinder.

Laut Deutschem Arbeitsstättenschutzgesetz dürfen Frauen maximal 25 Kilogramm heben, ansonsten steht der Arbeitgeber vor Gericht. In Afrika dagegen müssen sich Kinder mit bis zu 20 Kilogramm auf dem Kopf durch den Urwald quälen.

Können Sie über einen Kilometer, ohne abzusetzen, 20 Kilogramm auf dem Kopf tragen? Ich nicht! Schon bei dem Gedanken bekomme ich Kopfschmerzen.

Doch zurück zur Kinderarbeit. Sie ist in der ehemals deutschen Kolonie so selbstverständlich wie bei uns der Kindergartenbesuch. Die Hälfte der burundischen Bevölkerung ist unter 14 Jahren. Ein Fünftel der Kinder zwischen fünf und 14 muss als Feldarbeiter, Hausknecht oder Prostituierte arbeiten.

...

Durch dichtbesiedeltes Land erreichen wir die heruntergekommene Hauptstadt Bujumbura am Ufer des Tanganjikasees. Internationales Plastikgeld hat den Weg hierher leider noch nicht gefunden. Trotzdem klappern wir die wenigen Geldautomaten ab. Wer aufgibt, hat verloren. Heti will auch der letzten ATM-Maschine eine Chance geben und macht sich auf den Weg. Währenddessen sitze ich auf der Stoßstange und beobachte das Treiben. Auch ich werde beobachtet. Ein Junge mit rot unterlaufenen Augen starrt mich an und hält sich eine Flasche unter die Nase. Die Flasche ist zu einem Drittel mit Klebstoff gefüllt. Gierig saugt er die giftigen Lösungsmitteldämpfe ein. Diese sollen möglichst schnell von der Lunge über die Blutbahnen ins Gehirn gelangen und ihn in eine Welt der Halluzinationen beamen. In diesem euphorischen Erregungszustand verliert er den Bezug zur Realität und erreicht ein Gefühl der Allmacht.
Der Junge schnüffelt. Die Droge der Straßenkinder ist billig, legal und höllisch gefährlich. Beim Schnüffeln werden die Giftstoffe im Körper abgelagert und nicht mehr abgebaut. Kein Wunder, wurden diese Stoffe doch hergestellt, um Lacke und Klebstoffe zu vermischen.
Würde dieser Junge einen Schluck von dem Teufelszeug nehmen, er wäre sofort tot. Doch auch so steht er ständig mit einem Bein im Grab, da er im Rauschzustand das Inhalieren nicht dosieren kann. Zu viele Giftstoffe betäuben dann sein Atemzentrum im Gehirn, und er erstickt an

Sauerstoffmangel, oder die Herzsteuerung blockiert. Erst bekommt er Herzflimmern, dann Herzstillstand.

Die Ärmsten der Armen haben mit dem Sterben kein Problem. Sie wollen nur ihrem Elend entfliehen, ob nur für kurze Zeit oder für immer. Ein Herr mittleren Alters gesellt sich zu mir und fragt, ob ich belästigt werde.

»Nein, nein, überhaupt nicht!«

»Sie brauchen auch wirklich keine Angst zu haben. Der Junge ist ein harmloses Straßenkind und erleichtert sein Leben durch die Lösungsmitteldämpfe. Das geht so lange gut, bis seine Atemwege verätzt sind und das Gift in seinen Organen so angereichert ist, dass er stirbt.«

Der fürsorgliche Mann stellt sich als Jonas vor. Er ist Dozent an der Universität. Während wir uns unterhalten, bewegt sich direkt neben dem Auto eine provisorische Gullyabdeckung. Kinderaugen blicken aus dem Kanalisationsschacht. Erschrocken schließen sie sofort die Bretter, als sie uns sehen.

»Was machen die Kinder in der Kanalisation?«, frage ich Jonas.

»Sie leben dort, wo sie nicht von den Polizisten verprügelt werden können.« Ich merke, das ist ihm peinlich. Heti kommt im richtigen Moment zurück. Sie hat Geld bekommen, aber nicht am Geldautomaten, sondern in der Wechselstube.

Wir haben endlich Geld, Jonas ist sympathisch, also laden wir ihn auf einen Kaffee ein. Er möchte wissen, weshalb wir sein armes Land besuchen, in dem Weiße selten sind. Als er erfährt, dass wir Reisende sind, fragt er, was um alles in der Welt wir hier sehen möchten.

»Die Menschen und wie sie leben«, ist meine Antwort. Ungläubig schaut er mich an, und ich unterbreche die Stille mit der Frage: »Wovon leben die Kinder da draußen?«

»Das ist schwierig zu erklären. Solange sie noch klein und süß sind, vom Betteln. Jeder Mensch hat Mitleid mit kleinen Kindern. Doch ab der Pubertät wird's schwierig. Da rutschen sie oft in die Kriminalität ab und halten sich mit Diebstählen über Wasser.«

Er lässt seine Schultern hängen, als ob das seine Schuld wäre. Mit fahrigen Fingern zündet er sich eine Zigarette an, nimmt einen tiefen Zug und erzählt, dass dies für Außenstehende schwer zu verstehen sei, aber während des Bürgerkriegs gab es viel weniger Straßenkinder, weil sie als Kindersoldaten rekrutiert wurden.

Da diese armen Kreaturen auf der Straße ohne Liebe aufwachsen, kennen sie nur Feinde und Gewalt. Und das ist die beste Schule, um ohne Skrupel zu töten. Schon mit sieben Jahren wurden sie im Bürgerkrieg zu brutalen Tötungsmaschinen. Für sie war es ein Spiel und gab ihrem Leben einen Sinn. Wenn das Gewehr noch zu schwer für sie war, wurden sie als Träger, Spione, Minenräumer oder lebendiger Kugelschutz eingesetzt. Auch Mädchen blieben nicht verschont und dienten zur sexuellen Befriedigung der Soldaten.

»Na Gott sei Dank ist damit Schluss, der Bürgerkrieg ist vorbei«, stellt Heti erleichtert fest.

»Das ist ein Irrtum. Die Tragödie geht weiter!« Dabei schlägt er auf den wackeligen Tisch, dass die Tassen überschwappen. »Der Bürgerkrieg hat 250 000 Tote gekostet und hinterließ viele Waisen und traumatisierte Soldatenkinder, die sich nun alle in Bujumbura durchschlagen müssen. Trotzdem werden noch immer billige Kindersoldaten rekrutiert, die jetzt in den Krieg Richtung Kongo marschieren.«

Beim Abschied meint er, dass heute ein ganz besonderer Tag sei, weil er sich mit Fremden unterhalten durfte, die sich für die Menschen in seinem Land interessieren. »Ach ja, ich war auch ein Straßenkind und hatte viel Glück. Aber das ist eine andere Geschichte ...« Ein Blick auf die Uhr, seine Mittagspause ist zu Ende. Jonas muss zurück zur Uni. Er winkt und verschwindet im Menschengewühl.

...

In keinem Land Afrikas, außer in Ruanda, leben auf einem Quadratkilometer so viele Menschen wie in Burundi – 400 Leute pro Quadratkilometer. Dagegen ist es in Deutschland mit 230 richtig einsam.

Die meisten der zehn Millionen Einwohner Burundis leben unter der Ein-Dollar-Armutsgrenze. In diesem Umfeld können die Familien nur überleben, wenn viele Hände ihren Teil dazu beisteuern, und sind sie auch noch so klein.

Kinderarbeit entsteht nicht nur durch Armut. Sie erzeugt auch Armut und drückt das Lohnniveau unter das lebensnotwendige Minimum. Sie verjagt die teureren Familienväter von ihren Arbeitsplätzen. Das führt zu dem Absurdum, dass die billigeren Kinder arbeiten müssen, während die Väter zu Hause sitzen.

Es stimmt, Kinderarbeit ist kein typisch afrikanisches Problem. Wir haben in Indien Kinder gesehen, die mit blutigen Händen Teppiche geknüpft haben, oder in Pakistan, wie sie große Granitsteine mit schwerem Hammer zu kleinem Schotter zerschlagen mussten, und das für einen Hungerlohn. Kinderarbeit bleibt ein weltweites Problem, solange der Slogan gilt: »Billiger, billiger, billiger!«.

Mir ist klar, dass ich Kinderarbeit fördere, wenn ich Produkte kaufe, die so billig sind, dass sie nur durch Kinderhände hergestellt werden können.

Nur ein Beispiel:

Die Hälfte des Kakaos, der in Deutschland getrunken wird, kommt aus der Elfenbeinküste und wird zum Großteil von Kindern geerntet. Doch leider sehen wir es den Produkten nicht an, ob an ihnen Kinder beteiligt waren.

»Achtung! Made von Kinderhand« – so müssten diese Produkte gekennzeichnet sein. Wenn dann noch Plastikkanister auf Kinderköpfen verboten werden, können wir den Kindern der Dritten Welt ein kindgerechtes Leben zurückgeben.

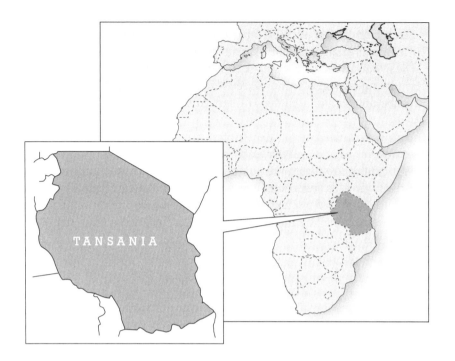

Tansania

Zum Eichhörnchenessen in die Steinzeit

Die leere Colaflasche fliegt aus dem Buschflugzeug vom Himmel und erschlägt um Haaresbreite einen Buschmann. Ehrfürchtig, aber vorsichtig bewundert er diesen funkelnden Zauber.

Klar wie Wasser und hart wie Stein, kann es nur ein Gotteszauber sein. Artig bedankt sich der Buschmann beim Donnervogel, wagt alles und berührt das Wunder. Kein Blitz, kein Zauber erfasst ihn, und sein Finger ist noch dort, wo er hingehört. Also nimmt er das Geschenk der Götter mit zu seinem Clan, der davon genauso fasziniert ist.

Das Ding kann vielseitig eingesetzt werden. Sogar Musik erklingt, wenn man über den Rand bläst. Für die Kinder ist es ein faszinierendes Spielzeug.

Doch bald gibt es Streit. Plötzlich möchte es jeder besitzen. Aber die Götter waren geizig und schickten nur ein Wunder.

Die Erwachsenen raufen sich darum, während sich die Kinder den Kopf damit blutig schlagen. Bisher waren Aggression, Gier und Gewalt für die Hadzabe unbekannt, weil der Himmel immer alle ausreichend versorgt hat.

Zum ersten Mal zweifelt der Buschmann an den Übermächtigen und fragt sich: »Ja, sind die Götter verrückt?«

Er nimmt den Teufelszauber und wirft ihn zornig in den Himmel zurück. Leider kennen Gottheiten kein Pfandsystem – die Flasche knallt auf seinen Kopf zurück. Wütend steckt er das »Übel« in seinen Lendenschurz und macht sich auf den Weg ans Ende der Welt. Dort will er den Fluch über den Rand werfen ...

...

Zu viele dieser unglaublichen Buschmannstorys habe ich schon gehört und mittlerweile den Glauben an die Existenz des realen Steinzeitmenschen verloren. Doch Rahmat widerspricht vehement. Er ist Ethnologe, hat mehrere Jahre bei Buschmännern gelebt, spricht ihre Klicklautsprache und weiß, dass die Hadzabe noch immer wie in der Steinzeit leben. Und er will uns zu ihnen führen.

Die Nacht ist elefantengrau. Die spröden Schläge von Metall auf Fels treffen mich wie Stromstöße mitten ins Herz. Wie lange halte ich diese Folter noch aus? Wann werden die Felsen das Differenzialgetriebe zertrümmern und diese Wahnsinnsfahrt beenden? Zu gern würde ich wenigstens das Standlicht einschalten oder noch lieber sofort anhalten. Doch erstens erlaubt das Rahmat nicht, und zweitens sind wir schon viel zu weit in den Norden Tansanias mit Ziel Lake Easy vorgestoßen.

Heti kniet im Durchgang und wird wie ein Ball hin und her geworfen. Unser Begleiter Rahmat sitzt neben mir und sucht mit Argusaugen den fahlen Horizont nach einem Feuerschein ab. Er muss das Lagerfeuer der Buschmänner entdecken, bevor es hell wird. Denn nach Sonnenaufgang werden die Hadzabe zum Phantom der Wildnis. Dann hinterlassen sie keine Spuren und verschmelzen mit der Landschaft wie ein Chamäleon.

Die Hadzabe gehörten zu den ersten Jägern, die die Weltbühne betraten.

Seitdem leben sie friedlich in ihrer Tradition. Doch in den 1960er-Jahren veränderte sich alles. Ihr erster und vielleicht letzter Kampf begann. Der Kampf ums Überleben. Die erste Attacke wurde im Deutschen Fernsehen von Professor Dr. Bernhard Grzimek mit seiner Sendung *Ein Herz für Tiere* gestartet. Sie sorgte für noch nie da gewesene Einschaltquoten. Eine ganze Nation litt mit den armen, wilden Tieren in Afrika. Für sie wurden durch großzügige Spenden der Ngorongoro- und der Serengeti-Nationalpark geschaffen. Und keiner interessierte sich für die dort lebenden Buschmänner.

Während die Spendensendungen auf Hochtouren liefen, flohen die Hadzabe im Eilschritt aus dem Ngorongoro in eine von Tsetsefliegen verseuchte Todeszone am Lake Easy.

Der Ngorongoro-Nationalpark warf einen langen Schatten, und der traf die letzten 800 Hadzabe-Buschmänner mitten in ihrer Existenz. Um der Tiere willen wurden diese Menschen wie streunende Hunde aus ihrem wildreichen Lebensraum gejagt. Sie versteckten sich in einem menschenfeindlichen Dürregebiet, in dem nur sie existieren konnten. Das Überleben der Tiere war wichtiger als das der Menschen.

Diese kleinen, hübschen und anmutigen Minimalisten sind noch immer die einzigen Menschen, die ohne Oberflächenwasser existieren können.

Ihr ursprüngliches Leben ist die Keimzelle unserer Existenz und hat meinen ganzen Respekt. Diese Überlebenskünstler sind der Grund unserer Strapazen und das Ziel dieser Nacht.

Aber dürfen wir in ihre filigrane, sensible Welt eindringen? Geht das? Mahnend klingt mir die Heisenberg'sche Unschärferelation im Ohr, die besagt, dass in dem Moment, wo wir etwas sehen, wir es bereits verändert haben. Doch ist Veränderung nicht die Welt an sich? Nicht nur Wetter, Klima und Ozonschicht verändern sich, auch die Erdplatten krachen ständig aneinander. Selbst ich bleibe nicht verschont. Jede Reise, jedes Land und jeder Mensch, mit dem ich mich auseinandersetze, hinterlässt Spuren in meinem Leben.

Rahmat zerstreut meine Bedenken: »Nicht du oder ich werden über den Besuch entscheiden. Ganz allein die Hadzabe werden den Daumen heben oder senken.«

Aufgeregt zeigt der Ethnologe mit dem Finger auf eine Anhöhe. Das zarte Flackern eines Feuers wird zu unserem Leuchtturm. Ihr Lagerfeuer hat sie verraten.

Ein Stück vor dem Lager halte ich an, und Rahmat nähert sich den

Menschen. Er spricht mit ihnen – es dauert lange, zu lange. Das ist kein gutes Zeichen. Wohin wird der Daumen zeigen?

In der Pose eines römischen Imperators, der über Tod oder Leben entscheidet, hebt Rahmat den Daumen. Wir sind willkommen und dürfen uns zu den Buschmännern auf den staubigen Boden ans Feuer setzen.

Um drei Lagerfeuer kauern durchgefrorene Gestalten mit schwarzen Popcorn-Haaren, um sich aufzuwärmen. Ihre Haare hören nach ein paar Millimetern auf zu wachsen.

Langsam schälen sich die letzten Hadzabe aus ihrem Verschlag aus Zweigen, der vielleicht Hyänen oder gefährliche Tiere abhält, aber sicher nicht Kälte und Wind.

Ungefähr 20 Frauen und Männer, zierlich und klein, verteilen sich auf die drei Lagerfeuer. Am ersten Feuer sitzen die Frauen, am zweiten die Jungen und am dritten die Männer.

Nachdem die Sonne aufgegangen ist, binden die Jäger geschickt Federkiele an die Pfeile und spannen ihre Bögen. Inzwischen erkunde ich das Lager. Außer Topf und Messer entdecke ich kein Relikt der Zivilisation. Beschäftigt mit meiner Neugier, renne ich mit dem Kopf gegen eine abgehackte Pavianhand, die zum Trocknen an einem Ast baumelt. Ein Stück weiter glotzt mich ein verblichener Kuduschädel an. Direkt daneben lehnt an einem Baum ein Antilopengeweih, das gerade beschworen und angebetet wird.

Die Götter erlauben, dass wir die jungen Hadzabe bei der Jagd begleiten dürfen. Bis wir begreifen, was geschieht, schreien die sieben Jäger ein gemeinsames »Yiiiii« und schwärmen aus wie ein Jagdgeschwader. Dabei decken sie einen möglichst breiten Korridor ab, der ihre Chance vergrößert.

Heti heftet sich an Toto im Pavianfell, und ich hänge mich an Kaya im Antilopenfell. Geschmeidig wie ein Gepard schlängeln und huschen sie durch ein sich enger und enger zusammenziehendes Dornengebüsch, als wären die spitzen Nadeln samtige Weidekätzchen. Doch für uns ist es ein Stacheldrahthindernis, das uns zerkratzt und schmerzhafte Wunden hinterlässt.

Mit zerschundenen Knien, aufgerissenen Armen und blutender Glatze robbe ich durch Staub und Dornen hinterher. Trotz aller Versuche mitzuhalten, wird der Abstand immer größer. Ihr Jagdtrieb hat jeden Muskel gepackt, und in ihren Augen blitzt die Droge des Instinkts, das Adrenalin. Die Jäger scheren sich nicht um ihre Begleiter oder haben sie vergessen. Kommandos und Klicklaute schnalzen durch die Luft. Plötzlich erstarren sie. Wie ein aufgeschreckter Vogel drehen sie den Kopf ruckartig hin und her, scannen die Umgebung ab, kein Laut, keine Spur, keine Bewegung – und sei es nur die eines Blattes – entgeht ihnen. Fehlalarm, sie orten keine Beute, also treibt der Jagdinstinkt sie weiter. Chancenlos hecheln wir hinterher. Den Gedanken, irgendwo im Nirgendwo verloren zu gehen, lasse ich sofort wieder fallen. Diesen Gedankenaufprall scheinen die Jäger gehört zu haben, denn als wir sie einholen, sitzen sie entspannt vor einem Busch, ja manche hocken sogar in und auf ihm. Mit gespreizten Fingern kämmen sie kleine rote Beeren von den Zweigen und werfen sie sich in den Mund. Hinterher schießen die Kerne wie eine Maschinengewehrsalve durch die Lippen in den Staub.

Leider ist uns nur eine sehr kurze Verschnaufpause vergönnt, denn die Beeren sind schneller verputzt, als uns lieb ist. Unser Atem brennt noch in der Lunge, doch die Hatz geht durch ein tief ausgewaschenes Flussbett mit Steilufer weiter. Als Kaya ein lautes »Klick« ausstößt, stoppt der Trupp. Nichts bewegt sich mehr außer den Augen der Jäger, die sich zur Kommunikation suchen und festlegen, dass Kaya schießt. Konzentriert spannt er den Bogen, zieht den Darm bis an seine Wange, fixiert das Ziel und lässt los. Der Pfeil durchbohrt das Herz seines Opfers. Blattschuss! Tot wie ein Stein fällt uns das Eichhörnchen vor die Füße. Eilig stopft Kaya das blutende Bündel mit dem Kopf unter seinen Hüftgurt und hetzt sofort weiter. Jetzt packt auch mich das Jagdfieber. Ein Instinkt aus längst vergangenen Tagen ist erwacht. Ich will Beute machen und wünschte, meine Kamera wäre ein Zauberbogen, der immer sein Ziel trifft.

Eine Stunde später baumeln drei Eichhörnchen von der Hüfte ihrer Jäger. Unter einem Baum finden wir Schatten. Der ideale Platz für eine Pause. Blitzschnell wird ein Feuer gemacht. Ein Buschmannfeuerzeug passt zwar in keine Hosentasche, dafür liegt es überall herum: Ein Stück trockenes Holz, ein fingerdicker Stecken und ein strohiges Grasbüschel reichen. Schnell wird der Stecken zwischen den Handflächen zum Rotieren gebracht, während auf dem Holz die Glutkrümel das trockene Gras entfachen. Und schon züngelt ein kleines Lagerfeuer. Die Jäger werfen ihre Beute in die Flammen. Dabei verschmort das Fell. Die Hitze zieht die Muskeln zusammen, was den Eichhörnchen ein fratzenhaftes Aussehen gibt. Dann nehmen sie die Tiere vom Feuer, brechen mit den Fingern den Bauch auf und entfernen den Darm. Den Rest grillen sie »medium« und verschlingen ihn samt Knochen.

Der Jäger bekommt den größten Teil der Beute. Die Erfolglosen, dazu gehören auch wir, müssen sich mit dem Rest begnügen. Heti lehnt dankend ab, doch ich koste das zarte Fleisch. Es erinnert mich an den Geschmack von Hühnchen.

Nach dem Hungermahl folgt die Entspannung. Ein gelbes Blatt macht die Runde, und jeder Hadzabe kramt aus seinen Taschen ein paar Drogenkrümel heraus, die er zum Joint beisteuert. Der Joint geht reihum. Ein paar tiefe Züge betäuben für kurze Zeit Hunger und Durst.

Wieder zurück im Lager, werden wir auch ohne Jagdbeute freundlich empfangen.

Rahmat erzählt: »Die Hadzabe kennen keinen persönlichen Besitz, keine Gewalt, keinen Krieg, keine Regeln, keine Bestrafung und keinen Häuptling.«

Ich komme ins Grübeln: »Bin ich wirklich noch auf Erden oder bereits im Himmel, wo Friede, Gleichheit und Gerechtigkeit zu Hause sein sollen?«

Doch als ich erfahre, wie die Hadzabe sexuelle Freiheit praktizieren, weiß ich, dass ich noch unter den Lebenden bin. Die Hadzabe haben Sex mit wem und wann sie möchten. Das würde Beate Uhse gefallen.

Ohne Ehekrise, ohne Eifersucht, ohne Erziehungsprobleme, ohne Neid und ohne Status ist das Konfliktpotenzial stark begrenzt. Worüber streiten oder ärgern sich diese Menschen? Das ist nur eine von vielen Fragen ohne Antwort. Die entscheidende Frage ist, ob sie den schweren Spagat zwischen Lebens- und Überlebenskünstler schaffen.

Doch dazu später mehr.

Aufgrund ihrer sexuellen Großzügigkeit kennen die Kinder nur ihre Mütter, aber nicht die Väter. Das wirkt sich auf die Erziehung aus. So sie überhaupt stattfindet, wird sie von der ganzen Sippe übernommen. Ohne Kindergarten, Schule und Erziehungsautorität haben die Kinder nur das Leben als Lehrmeister. Dieser Lehrer hat immer Zeit und viel Erfahrung. Er bringt ihnen auch ohne Lehrplan und Bücher alles bei, was zum Überleben notwendig ist.

Die antiautoritäre Erziehung hat unsere Gesellschaft nicht weitergebracht. Doch hier wird sie erfolgreich gelebt, denn die Buschmann-Lebensstruktur ist geradlinig und einfach.

Die Mädchen leben immer am Lagerfeuer der Mutter. Die Jungen müssen es im Alter von zehn Jahren verlassen und bekommen ab diesem Zeitpunkt von der Mutter kein Essen mehr. Das bedeutet, sie müssen auf die Jagd.

Dazu wechseln sie an das Lagerfeuer der jungen Männer und schließen sich deren Jagdgruppe an. Von nun an bekommt ihre Mutter von jedem erlegten Großwild einen Anteil. Für die Hadzabe-Jungen beginnt bereits mit zehn Jahren der Überlebenskampf.

Im selben Alter kämpfte sich unser Sohn zur Lebensvorbereitung durch Gleichungen mit irgendwelchen Unbekannten, die er wahrscheinlich nie wieder trifft.

Die Hadzabe-Frauen sammeln Honig, Beeren und Früchte, während die Jungen und Männer jeden Morgen und jeden Abend zur Jagd ausschwärmen. Außer Schlangen und Reptilien essen die Hadzabe alles. Doch das absolute Festmahl ist ein gegrillter Pavian. Deshalb hat der Fruchtbarkeitsgott vor die Mannwerdung einen großen fetten Pavian gestellt. Um als Mann anerkannt zu werden, muss der erlegte Pavian entsprechend groß sein. Zur Jagd aller Jagden wird der Jüngling allein aufbrechen, und sie wird mehrere Tage dauern.

Kehrt er erfolgreich zurück, erwartet ihn sehnsüchtig ein geschmücktes Mädchen. Diese junge Frau wurde auf das, was nun kommen wird, von den anderen Frauen bestens vorbereitet. Das Liebesspiel nimmt seinen Anfang, indem sie ihrem »Liebhaber auf Zeit« liebevoll den ganzen Körper mit leckerem Pavianfett einreibt, bis er glänzt wie Arnold Schwarzenegger in seiner besten Zeit. Anschließend wird getanzt und gefeiert. Danach verschwindet das Paar zum Tête-à-Tête. Die beiden genießen die Zweisamkeit, solange es ihnen gefällt. Oft dauert das »Gefallen« bis zu drei Tage und länger. Danach ist der Jüngling ein Mann und darf sich am Lagerfeuer der Männer wärmen.

Während der Jagd erlegte Kleintiere wie Mäuse, Vögel oder Eichhörnchen sind Jagdverzehr und werden vor Ort gegessen. Bei geschossenem Großwild wie Zebra, Kudu oder Antilope bricht die Gruppe das Lager ab und zieht zum »Fleisch«.

Ich frage Rahmat, was geschieht, wenn die Jagd längere Zeit erfolglos bleibt.

Er meint: »In ihrer ursprünglichen Heimat, in der Serengeti und im Ngorongoro, war der Fleischtopf immer voll. Dort gab es Wild im Überfluss. Doch in dieser trockenen Einöde sind Tiere, Beeren und Früchte rar. Vor allem in der Trockenzeit kommen die Männer oft sehr lange, manchmal auch zu lange, ohne Beute zurück. Währenddessen hungern die Kinder und Frauen. In ihrer Not wandern sie zum Nachbarclan und betteln um Nahrung. Aber Essbares gibt es nur gegen Sex. Sex hat bei den Hadzabe einen ganz anderen Stellenwert als bei uns. Sex ist ein Zahlungsmittel oder eine Art »Dankeschön«. Ganz nebenbei werden die Frauen schwanger und bringen frisches Blut in die Sippe.

Bei Sex als offiziellem Zahlungsmittel prallen Moralkulturen in Schallgeschwindigkeit aufeinander und stellen die Wertevorstellungen auf den Kopf.

Offensichtlich wird Sexualmoral in jeder Kultur unabhängig von der Vermehrung anders gelebt. In meiner ist sie eng mit Liebe und Treue zweier Menschen verbunden – zumindest meistens. Bei den Moslems hängt sie eng mit dem Geldbeutel zusammen. Der Islam erlaubt dem Mann, so viele Frauen zu besitzen, wie er versorgen kann. Dagegen sind die Hadzabe wunderbar frei. Jeder Mann kann mit jeder Frau den Geschlechtsakt vollziehen und umgekehrt. Sie stehen in jeder Hinsicht der Natur am nächsten.

Wir sehen, sexuelle Moral hat eine große Bandbreite und hängt somit von der Kultur und nicht von den einzelnen Menschen ab. Deshalb akzeptiere ich jede Sexualmoral. Aber ist sie nicht ein Wertmaßstab, der, einseitig und engstirnig betrachtet, schnell in Diskriminierung und Vorurteilen endet?

...

Rahmat erzählt weiter:

»Die Hadzabe sind Jagdnomaden, und es gibt zwei Gründe für sie weiterzuziehen: Der erste ist ein Todesfall. Der Verstorbene wird auf die Erde gelegt, damit ihn die Tiere fressen. Danach zieht die Gruppe weiter und wird nie wieder an diesem Ort lagern. Der zweite Grund ist Hunger. Bleibt die Jagd lange Zeit erfolglos, zieht der Clan mit der Hoffnung auf bessere Jagdgründe weiter. Wird die Hoffnung nicht erfüllt, haben sie nur die Chance, dass sich die Sippe teilt und getrennt nach Nahrung sucht. Das vergrößert ihre Überlebenschancen. Ist auch das erfolglos, werden sie verhungern.«

Darüber hinaus erfahren wir, dass deshalb dieser und einige andere Clans am Rand des Trockengebietes leben. Sie wissen, dass Rahmat im Notfall ihren Hungertod mit Maismehl verhindern kann.

Aber die meisten Clans sind stolze und kompromisslose Hadzabe-Buschmänner. Konsequent lehnen sie jeden, wirklich jeden Kontakt mit der Außenwelt und sogar Nahrungshilfe ab. Ihr freies und selbstbestimmtes Leben ist ihr höchstes Gut. Lieber sterben sie, bevor sie, wie so viele andere Buschmänner Afrikas, als landlose Tagelöhner, Bettler, Alkoholiker oder Prostituierte enden.

Hadzabe bedeutet »Menschen«. Sie sind keine primitiven Wilden. 20 000 Jahre lang haben sie bis zur heutigen Stunde nie ihre Kultur verleugnet, nie Kriege geführt und alle großen Weltkulturen, ob die der Ägypter, der Chinesen oder der Römer, überlebt. Außerdem waren sie vor allen anderen da. Sie waren die Ersten ihrer Art. In ihren Adern fließt das Blut des Urmenschen. Doch wie lange noch? Denn Gefahr zieht auf: Aggressive Hirten drängen immer tiefer in ihr Gebiet vor, bis der letzte Büffel vertrieben ist. Dann stirbt der letzte Hadzabe-Buschmann und mit ihm die älteste Kultur der Welt.

Wäre es nicht eine ausgleichende Gerechtigkeit, wenn ein zweiter Grzimek mit den Spenden aus der Sendung »Ein Herz für Hadzabe« diese unwiederbringliche Kultur rettet? Eigentlich bräuchten sie nichts weiter als einen Lebensraum, in dem man sie in Ruhe lässt.

...

... Nachdem der Buschmann die Colaflasche am Ende der Welt über den Rand geworfen hat, lebt sein Clan wieder in Ruhe und Harmonie. Zurück am Lagerfeuer, fällt es ihm schwer zu erklären, was er gesehen hat:

»Ich traf fremdartige, große und schwere Menschen. Sie können Dinge magisch bewegen und sogar darin fliegen. Sie bauen Dinge, die ihr Leben einfacher machen sollen, aber in Wirklichkeit machen sie es komplizierter. Ihre Kinder müssen viele Jahre lernen, damit sie in der komplizierten Welt überleben können. Ihre Dinge nennen sie Auto, Flugzeug oder Maschine. Darauf sind sie sehr stolz. Aber ohne ihre magischen Tricks können sie nicht überleben.«

Evolution – quo vadis?

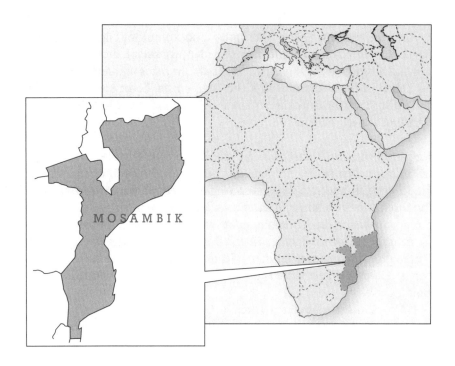

Mosambik

Verschenke nie einen weißen Elefanten

Nach sechs Monaten zu Hause und der Promotion-Tour für unser letztes Buch kommen wir wieder in Daressalam im Hof einer Autowerkstatt an. Hier bekam unser HZJ für die Zeit unseres Heimaturlaubs Asyl. Aus der Wiedersehensfreude wird schnell Entsetzen. Fassungslos stehen wir in dem modrig riechenden und von Schimmel überzogenen Innenraum unseres Land Cruisers. Wir können uns nicht vorstellen, jemals wieder in diesem angefaulten Bett zu schlafen. Ist das wirklich unser Auto? Picobello haben wir es zurückgelassen. Und jetzt das. Alles, was nicht luftdicht verschlossen war, und das war außer dem Marmeladenglas alles, wurde von Schimmelsporen zügellos zur Vermehrung genutzt. Der Monsun hat ganze Arbeit geleistet.

Ich mache es kurz.

Außentemperatur 40 °C, Luftfeuchtigkeit 90 Prozent, ein vollkommen verschimmeltes Auto und eine ordentliche Hausfrau, die am liebsten nur noch flüchten will. Doch sie setzt sich auf den Boden und ergibt sich resigniert in ihr Schicksal, kein Aufschrei, keine Aggression. Wobei ein Wutausbruch jetzt der richtige Blitzableiter für die Spannung und Enttäuschung wäre.

Resignieren bringt uns auch nicht weiter. Wir reißen uns beide zusammen und packen es an. Nun heißt es: putzen, schrubben, waschen und arbeiten von Sonnenaufgang bis Sonnenuntergang. Die Saunatemperaturen machen das Ganze nicht angenehmer. Wir schwitzen 24 Stunden, da es auch nachts kaum abkühlt.

Unterstützt von Schimmel-Ex und Meister Propper, zieht Heti alle Register der Reinigungstechnologie. Wir gehen aus diesem Kampf als Sieger hervor. Nach über einer Woche tropischem Arbeitslager ist unser Auto desinfiziert wie ein OP-Saal. Endlich sind wir wieder frei und freuen uns auf ein selbstbestimmtes Leben. Auf ein Leben, das nur vom Augenblick lebt.

...

Ich frage mich, weshalb die Menschen aus Tansania und Mosambik so distanziert zueinander sind. Vielleicht liegt es daran, dass bis 2009 die einzige Verbindung zwischen den Ländern eine jämmerliche Fähre über den Grenzfluss Rovuma war. Schließlich wurden zwei Brücken gebaut. Das hört sich nach Näherrücken und Schmusekurs an, ist es aber nicht.

Für uns unverständlich, wurden die beiden Brücken tief im Urwald versteckt und sind nur über Feldwege zu erreichen. Unser nächstgelegener Grenzübergang nach Mosambik wäre eine Fährverbindung, leider ohne Fähre, weil sie kürzlich gesunken ist. Das bedeutet 500 Kilometer Umweg, schlechte Pisten zu einer dieser Urwaldbrücken und zusätzlich einen halben Tank Diesel.

Als sich auf der katastrophalen Piste endlich der Urwald lichtet, strahlt uns in der Abendsonne eine kolossale Spannbetonbrücke entgegen. Eine Fata Morgana? Oder ist auf dieser Rüttelpiste unser Gehirn vielleicht zu oft gegen die Schädeldecke geknallt?

Doch als wir links und rechts der Brücke die riesigen Stoßzähne aus

Beton berühren, wird uns klar: Wir haben einen der legendären »Weißen Elefanten« entdeckt.

Fünf Fahrzeuge sind uns auf dem Weg hierher begegnet. Dafür würde eine kleine, zuverlässige Fähre allemal reichen. Diese gigantische Brücke ist genauso deplatziert wie eine Golden Gate Bridge über den Stadtbach.

Kennen Sie weiße Elefanten? Nein? Dann muss ich Sie kurz nach Asien entführen.

Willst du dort jemanden ehren und zugleich ruinieren, schenke ihm einen weißen Elefanten. Dieses seltene Tier stellt an Zuwendung, Pflege und Futter höchste Ansprüche ohne den geringsten wirtschaftlichen Nutzen.

Aus diesem Grund ist in Afrika ein »Weißer Elefant« das Synonym für Unmengen Gelder, die meist von der Entwicklungshilfe in prestigeträchtige Großprojekte gepumpt werden. Dadurch kommen korrupte Regierungsmitglieder und ausländische Baukonzerne schnell an viel Geld. Die Brücke hat Unsummen verschlungen. Ihr wirtschaftlicher Nutzen geht gegen null.

...

Beim tansanischen Zoll haben wir ein kleines Problem. Unser Zollpapier fürs Auto ist abgelaufen und somit ungültig. Das bedeutet Strafe plus 50 Prozent Zoll auf den Zeitwert des Fahrzeugs. Geld, das wir schlicht und einfach nicht haben.

Heti spaziert nervös in die Höhle des Löwen. Damit unsere Reise weitergehen kann, wirft sie ihren ganzen weiblichen Charme in die Waagschale. Während sie mit dem verantwortlichen Zöllner schäkert und kokettiert wie in ihren besten Zeiten, verwickle ich die anderen Beamten in ein Gespräch und halte ihr den Rücken für die bühnenreife Show frei.

Ich will nicht den Eindruck erwecken, auf der Zollstation gehe es zu wie im Moulin Rouge, aber meine Frau hat nichts verlernt.

Das Datum wird zur Nebensache, der Stempel knallt aufs Carnet, und wir schlendern zufrieden pfeifend Hand in Hand aus dem Etablissement. Wenn's drauf ankommt, sind wir schon ein verflixt gutes Team!

Auf der anderen Seite der Grenzbrücke reisen wir in den Norden von Mosambik mit neuen, aus Deutschland mitgebrachten Zollpapieren und reinem Gewissen ein. Ein verschmitzt lächelnder Zöllner zwinkert und drückt mir dann väterlich eine Packung Kondome in die Hand. Er vergewissert sich, dass Heti nicht in der Nähe ist, und tuschelt hinter vorgehaltener Hand: »Sei vorsichtig! In Mosambik haben alle schönen Mädchen Aids.«

Überrascht bedanke ich mich für seine Fürsorge und betrachte mich nachdenklich im Rückspiegel. Schon erstaunlich, welchen Eindruck ich zu hinterlassen scheine.

Als ich das Geschenk aufreizend aus der Hosentasche ziehe, rollt Heti verführerisch die Augen. Nein, deswegen stehen wir jetzt nicht auf diesem einsamen Feldweg. Grund ist ein abrupter Jahreszeitenwechsel. Noch an der Grenze herrschte sonnige Trockenzeit, doch bereits eine Stunde später stecken wir im Morast der Regenzeit fest. Die Kondome bleiben in der Tasche, wir haben anderes zu tun. Wir müssen uns durch den Matsch kämpfen.

Der Monsun hat alle Brücken weggeschwemmt. Unbarmherzig treibt er uns durch brodelnde Bäche und tiefe Schlammpassagen. Dabei schickt die Erdanziehung die 4000 Kilogramm Masse unseres HZJ erbarmungslos Richtung Erdmittelpunkt. Zum Glück wird dieses Vorhaben durch die Achsen und den Rahmen gestoppt. Also packen wir das schwere Werkzeug wie Flaschenzug und Highjack-Wagenheber aus, werden zu Maulwürfen und wühlen mit Schaufeln die Matschbleche unter die Räder. Der Blick nach oben lässt uns nicht frohlocken. Regengrau ist die vorherrschende Farbe des Himmels. Und wenn der sein Versprechen hält, dann haben wir beide ein langes und schmutziges Maulwurfdasein vor uns.

Obwohl ich es bin, der jeden Morast-Gumpen durchwatet, um den besten Weg zu finden, und obwohl ich meine ganze Fahrpraxis einsetze und mein Bestes gebe, bin ich enttäuscht – enttäuscht von Heti! Denn nach jeder geglückten Rutschpartie ohne Zwangsstopp lobt sie den HZJ, streichelt das Armaturenbrett und heroisiert seine unendliche Kraft. Vergisst sie, dass sich auch der Fahrer über eine auch noch so kleine Wertschätzung freuen würde?

Dieser Gedanke ist noch nicht zu Ende gedacht, da muss ich lachen. Eifersucht auf ein Fahrzeug aus Stahl und Kunststoff? Das ist absurd. Doch es zeigt, wie uns dieser zuverlässige Partner ans Herz gewachsen ist. Er schützt uns nicht nur vor Wind und Wetter, sondern bringt uns immer zuverlässig an die entlegensten Orte dieser Welt. Wir sind nicht zu zweit unterwegs, wir wissen es schon länger – wir sind zu dritt.

Während ich wieder einmal als Pfadfinder in einem Schlammloch unterwegs bin, fährt eine junge Frau kippelig auf ihrem Fahrrad auf mich zu. Als wäre ich der leibhaftige Teufel, lässt sie entsetzt ihr neues Rad fallen und flüchtet ohne einen Blick zurück, bis der Horizont sie verschluckt.

Die verheerende Piste lässt mich verzweifeln. Ich will mich in der nächsten Hütte erkundigen, wie lange diese Matschschlacht noch so weitergeht. Doch ich bekomme keine Chance, weil alle, vom Kind bis zur Oma, davonrennen und sich im Baumwollfeld verstecken. Sehe ich so gefährlich aus? Schnell wird mir klar: Wir sind in eine Terra incognita, eine unbekannte Welt, eingedrungen. Kein Reklameschild, das den Konsum antreibt; keine Satellitenschüssel, die dem Menschen zeigt, wie arm er ist; kein Radio, das aus jeder zweiten Hütte denselben Song trällert; keine Touristen und somit keine bettelnden Kinder, nur einfache Hütten aus Stroh, Bambus und Lehm. Ein einfaches Leben, das alles Notwendige bietet. Diese Menschen sind hier weitgehend Selbstversorger, da es in der Abgeschiedenheit kaum Einkaufsmöglichkeiten gibt. Sie essen täglich Frischfleisch, denn auf jedem Hof rennen Hühner, Gänse und Ziegen umher. Da es keinen Winter gibt, wachsen frische Früchte, Gemüse und Getreide in allen Varianten das ganze Jahr hindurch.

Die Menschen vertrauen auf Naturmedizin. Wenn sie versagt, müssen sie sterben. Folglich ist die Sterblichkeitsrate sicher höher als mit Schulmedizin. Möglicherweise ist gerade das der Grund, weshalb sich das Verhältnis von Mensch und Lebensraum noch die Waage hält und Überbevölkerung kein Problem ist.

Diese Einheimischen besitzen Fertigkeiten und Talente, alles Lebensnotwendige selbst herzustellen. Sie können autark aus sich heraus existieren und brauchen keinen Steve Jobs, Mitbegründer von Apple, der in seinem berühmten Satz verkündete:

»Die Menschen sollen uns nicht sagen, was sie möchten. Wir werden ihnen sagen, was sie brauchen.«

Lieber Steve, ich muss dir eine traurige Mitteilung machen: Hier ist eine Region, in der sich dein kapitalistisches Geschäftsmodell noch nicht durchgesetzt hat.

Die Tomatenmafia

Warum liegt Nordmosambik noch immer ohne die Segnungen der Zivilisation im wirtschaftlichen Tiefschlaf? Der Grund sind fehlende wirklich befahrbare Teerstraßen. Ohne Straßen gibt es keinen Transport von Waren, Menschen oder Informationen und somit keine Weiterentwicklung. Es fehlt das System der freien Marktwirtschaft, wo jeder wie ein Zahnrad funktioniert. Alles bleibt beim Alten, und Nordmosambik schläft ruhig weiter. Das hat natürliche und auch politische Gründe. Der natürliche ist der Sambesifluss, der das Land in der Mitte trennt. Er teilt Mosambik in siamesische Zwillingsembryos. Aber die Nabelschnur versorgt nur den Süden, wo auch das Herz schlägt, während der Norden sich selbst überlassen bleibt.

Es ist nicht zu glauben, doch erst seit 2009 verbindet die neue Sambesi-Brücke den Süden mit dem Norden Mosambiks. Diese Brücke war im Gegensatz zur »Weißen-Elefant-Brücke« über den Grenzfluss Rovuma überfällig und absolut notwendig.

Und nun zu den politischen Gründen:

Der Süden ist geordnet und besitzt eine gute Infrastruktur. Dort sorgen hauptsächlich die vielen südafrikanischen Urlauber für reichlich Geldsegen. Im Norden dagegen herrschen Korruption und die indische Mafia. Nach den Chinesen sind die Inder die aggressivsten und cleversten Geschäftemacher in Afrika. Obwohl diese Minderheit in Nordmosambik nur ein Prozent der Bevölkerung stellt, ziehen sie den restlichen 99 Prozent das Geld schnell aus der Tasche. Und das funktioniert so:

Die indische Mafia diktiert Höchstpreise für die Waren und setzt sie mit Feuer, Gewalt und Mord durch. Die korrupten Politiker werden am Geschäft beteiligt und halten den Mund.

Die großen Supermarktketten wollten sich dem Preisdiktat nicht beugen. Daher wurden ihre Geschäfte mehrmals abgefackelt, bis sie sich aus Angst in den Süden zurückzogen. Jeder, der den festgelegten Mafiapreis unterbietet, hat mit schlimmen Konsequenzen zu rechnen und verschwindet schnell vom Markt. Der indische Clan konzentriert sich hauptsächlich auf die konsumträchtigen Städte. Dort versuchen einige Mutige das Diktat zu unterwandern und kaufen im 2000 Kilometer entfernten Maputo günstig ein. An den Indern vorbei werden die Waren in den Norden geschmuggelt. Doch für den einfachen Mann auf der Straße und auch für uns ist das nicht möglich. Deshalb müssen wir zähneknirschend für ein Kilo Tomaten den unverschämten Mafiapreis von drei Euro bezahlen, während sie uns im Süden für einen Euro nachgeworfen werden. Eine gut funktionierende Infrastruktur wie im Süden wäre für diese staatlich subventionierten Halsabschneider im Norden der Untergang.

Da uns diese skurrilen Machenschaften ärgern, machen wir uns vom Acker Richtung Süden.

Auf unserem Weg dorthin wird die Piste knochentrocken, sodass eine lange Staubfahne hinter dem Auto herweht. Das Schild »Maximale Geschwindigkeit 100 km/h« ist eine Lachnummer, denn während der Fahrt könnten wir uns mit Fußgängern unterhalten. Dann warnt uns auf pfeilgeradem Weg ein Verkehrszeichen »Achtung, kurvenreiche Strecke«, gefolgt von einem »Handyverbotsschild«, und das in einer Kommunikationswüste. Doch vor einem überdimensionalen »Stoppschild«, vor dem wir als brave Deutsche natürlich anhalten, purzeln wir vor Lachen beinahe aus dem Auto. Offensichtlich arbeiten in der Straßenmeisterei talentierte Spaßvögel, denn hier kreuzt nicht einmal der kleinste Eselspfad die Straße der Komiker.

Sind das etwa alles ausrangierte Verkehrszeichen aus Europa, die ins arme Afrika entsorgt und sinnlos über das ganze Land verteilt werden müssen?

Die Vegetation wird grün, und wir erreichen den Primärurwald. Wir steigen aus und erforschen das Dickicht. Begeistert schieße ich Fotos von großen dunkelblauen Schmetterlingen. Dabei stolpere ich um ein Haar über eine feuerrote Pflanze, deren Blätter den Flammen eines Lagerfeuers gleichen. Ich kenne sie und weiß, dass eine Berührung zu Herzlähmung führt. Also mache ich einen Bogen um sie.

Heti flucht über die vielen Moskitostiche, während mich ihre Stachel wie immer, wenn meine Frau dabei ist, verschonen. Sie zieht die Quälgeister regelrecht an. Bis zum Abend schwillt einer der Stiche handtellergroß an und wird heiß. Ihr ganzer Körper brennt und juckt wie 1000 Moskitostiche zur selben Zeit. Ihr Herz rast so schnell, dass ich beim Pulszählen nicht mehr folgen kann. Zusätzliche Atemnot gibt ihr den Rest. Sie bricht in Panik aus und zittert. Wir wissen nicht, wie sich die Allergie entwickeln wird, und der nächste Arzt ist – wie immer, wenn man ihn dringend braucht – viel zu weit weg.

Schmerzmittel, diverse Salben und Kühlung können ihr nur oberfläch-
lich helfen.

Wir durchleben eine bange Nacht. Gott sei Dank gibt ihr Körper am
Morgen Entwarnung, und wir beginnen den Tag mit der Erkenntnis, wie
schnell uns ein kleiner Moskitostich in große Not bringen kann.

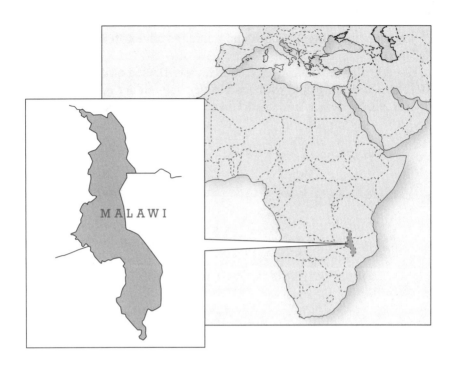

Malawi

Frauen an die Macht

»Was, Sie wollen nach Malawi?«
»Ja!«
»Aber doch nicht mit dem Auto.«
»Natürlich, wie denn sonst?«
»Selbstverständlich zu Fuß. In Malawi gibt es keinen Tropfen Diesel, nur 15 Millionen Fußgänger. Und der Präsident ist diese Woche auch noch gestorben. Da wütet ein Machtkampf.«
Ich bezahle die Eier, und der Mann schüttelt verständnislos den Kopf.

An der letzten Tankstelle vor der Grenze füllen wir jeden verfügbaren Hohlraum mit Diesel. Wir sind nun so schwer, dass wir ab sofort Blattfedern mit »P« schreiben.

Der Mann an der Zapfsäule fragt: »Malawi?«, und ich nicke.

»Na, dann viel Glück!«, meint er.

Auf alles gefasst, rollen wir mit unserem »schweren Baby« zum Grenzübergang und stehen allein vor dem verrosteten Schlagbaum. Die Geldwechsler stürzen sich wie Geier auf ihr einziges Opfer. Doch wir handeln frech wie ein Basarverkäufer und bekommen am Ende den doppelten Bankenkurs. Der todsichere Hinweis, dass sich das Land hinter dem Schlagbaum gerade auflöst.

Wir sind die einzig Motorisierten und fühlen uns zurückversetzt in die autofreien Sonntage des Ölschocks der 1970er-Jahre. Kein Auto auf der Straße. Und wenn wir doch welche entdecken, dann warten sie vor einer Tankstelle. Die Schlange der Autos reicht bis vor die Stadt. Ihre Besitzer hoffen, dass sich irgendwann demnächst ein voller Tanklastzug nach Malawi verirrt. Dann wird so viel Diesel wie möglich gehamstert. Randvoll werden Tank, Kanister und 200-Liter-Fässer gefüllt. Damit fahren sie nicht etwa zufrieden nach Hause, sondern direkt auf den Schwarzmarkt um die Ecke. Dort verkaufen sie den Treibstoff um ein Vielfaches – ein gutes Geschäft in Zeiten der Not.

TIA – THIS IS AFRICA!

Ohne Diesel überlebt der Mensch, ohne Zucker auch, aber das Leben ist weniger süß. Rar wie Gold verkaufen die Händler Zucker in Rationen, die kaum für eine Tasse Tee reichen.

»Früher«, sagen sie, »haben sie dir für wenig Geld einen ganzen Sack nachgeworfen. Jeder hatte süßen Tee, heute haben ihn nur noch korrupte Regierungsmitglieder.«

Ein Herr im Anzug und mit Al-Capone-Sonnenbrille schwingt sich aus seinem neuen Mercedes-Sportwagen. Er fragt, woher wir kommen.

»Aus Deutschland.«

»Das ist ein gutes Land. Dort kann man für wenig Arbeit sehr gut leben, und jeder ist reich.«

Er stellt sich als Parlamentsmitglied der Opposition vor.

Ich stichle: »Was ist los in deinem Land? Tagelang fahren wir durch Zuckerrohrplantagen und finden trotzdem in den Geschäften keinen Krümel Zucker.«

»Natürlich haben wir Zucker, sehr viel sogar. Er ist unser Hauptexportartikel, und das ist der Grund für das Zuckerdesaster. Um an Devisen zu kommen, exportieren wir unseren gesamten Zucker für ein paar lumpige Dollar. Dieser Galgenstrick drückt uns die Kehle ab. Ohne Dollar kein Diesel, ohne Treibstoff keine Wirtschaft und ohne Produktion keine Exporte. Weißt du, wir haben nicht so viel Geld wie Deutschland.«

Während ich provozierend auf seine Luxuslimousine zeige, frage ich erstaunt:

»Habt ihr etwa früher eure Dollars selbst gedruckt?«

»Nein, natürlich nicht. Wir hatten ausländische Investoren und Geldgeber, die inzwischen leider alle das Land verlassen haben. Das verdanken wir nur dem verstorbenen Präsidenten. Gott hab ihn selig. Unser Präsident investierte das letzte Geld in Schlösser, Privatjets, Staatskarossen und unvorstellbar teure Partys. Mit Arroganz und Größenwahn hat er unser Land international isoliert. Endlich sind wir ihn los. Und unsere Vizepräsidentin aus der Opposition hat die Geschäfte übernommen. Damit sind wir an der Macht!« Er streckt mir ein Bild der neuen Präsidentin Joyce Banda unter die Nase. Dann entschwindet er mit seinem Mercedes hinter der nächsten Kurve, während die Siegerfaust aus dem Schiebedach triumphiert.

Malawi ist ein afrikanischer Staat, der ausnahmsweise positiv zu denken gibt. Ganz ungewöhnlich: Eine Frauenrechtlerin folgt dem größenwahnsinnigen Präsidenten an die Macht, nachdem dieser Macho das Land ans Hungertuch gebracht hat. Die neue Präsidentin übernimmt aus dem Stand in dieser von Männern beherrschten Welt das Zepter.

Ihre erste Aktion als Präsidentin ist zutiefst unafrikanisch. Sie will die Staatsverschuldung reduzieren mit der Hoffnung, dass internationale Geldgeber und Investoren den Geldhahn schnell wieder öffnen. Dabei sind die Staatsschulden mit 58 Prozent des BIP (Bruttoinlandsproduktes) lächerlich niedrig. Im Vergleich dazu ist der deutsche Finanzminister mit 81 Prozent des BIP ein Bankrotteur, bei dem der Gerichtsvollzieher bereits in der Tür stehen müsste. Vielleicht sollte die Bundeskanzlerin mit ihrem Verschwendungsminister nach Malawi fliegen und an einem Seminar teilnehmen mit dem Titel »Sparen für Anfänger«.

Frau Merkel sind wir nicht begegnet, dafür einem vollen Tanklastzug, der sich tatsächlich nach Malawi verirrt hat und von einer Autoschlange verfolgt wird.

10 000 Dollar für eine Albinohaut

Wo bin ich?«, das ist jeden Morgen mit dem ersten Augenaufschlag mein erster Gedanke. Ein Blick aus dem Fenster klärt, an welchem Ort, in welchem Land ich heute aufgewacht bin, und der Tag kann beginnen. Doch erst muss ich noch meine Sucht befriedigen. Nein, ich brauche keinen Alkohol und keine Zigarette. Was ich brauche, ist ein Frühstücksei, besser gesagt zwei. Bisher war mein Spiegelei weich, doch heute kratzt etwas Hartes am Gaumen. Ich würge, und im Teller landet ein bohnengroßes knorpeliges Etwas. Einmal mehr Schlucken und ich hätte einen Hühnerembryo verspeist. Während mir der Rest des Eis dennoch schmeckt, ekelt sich Heti vor ihrem Marmeladenbrot.

Da ich kein Maulbrüter sein will, beschließen wir, in Zukunft beim Einkauf vorsichtiger zu sein.

Nach dem Frühstück verfluche ich wie jeden Tag die Engländer. Außer ihrem Kaugummibrot und dem Linksverkehr haben sie in Malawi nicht viel hinterlassen. Beim Fahren auf der linken Straßenseite starre ich auf die Rückwand eines Lkw, ohne den Gegenverkehr nur zu ahnen, und der nimmt zu, sobald Kraftstoff im Land verfügbar ist. Entweder wage ich mich beim Nach-vorn-Spitzeln zu weit auf die Gegenspur, oder ich bin zu langsam, und die Zeit zum Überholen reicht nicht. Beides drängt den Gegenverkehr auf den Seitenstreifen, wo es kaum Platz gibt, weil alle Unfallautos einfach liegen bleiben, bis der Rost sie in den Autohimmel holt. Der Seitenstreifen ist der längste und schmalste Autofriedhof auf Erden. Er spiegelt die Unfallstatistik der letzten 30 Jahre. Das hat den Vorteil, dass eine Wrackanhäufung schon von Weitem die gefährlichen Unfallstellen signalisiert.

Für mich ist jedes Überholen russisches Roulette. Ich entkomme der Kugel nur dank Hetis Hilfe und ihrem Augenmaß. Leider messen wir mit zweierlei Maßstäben. Unser Fahrerduett hat immer wieder Synchronisationsprobleme. Darunter leidet die Harmonie im Auto. Durch meine Hilflosigkeit vergreife ich mich oft im Ton, mit dem Ergebnis, dass die gut gemeinten Ansagen total versiegen.

Im Rückspiegel sehe ich einen dieser gefürchteten Überlandbusse mit rasender Geschwindigkeit zum Überholen ausscheren. Alle meine Warnlampen springen auf Feuerrot. Der HZJ vibriert und wird heftig hin und her gerissen, als würde uns ein Hurrikan überholen. Diese unverantwortlichen

Rennfahrer reißen sich und ihre zusammengedrängte Menschenfracht oft in den Tod.

Während zwischen den Bus und uns kein Blatt Papier passt, lupft der Fahrer seine Sonnenbrille und lächelt cool und relaxt herüber. Die aufgeregten Lichthupen der Entgegenkommenden langweilen ihn. Er ist der Stärkere, und alle anderen werden dazu verdonnert, auf den Seitenstreifen auszuweichen.

Es vergeht keine halbe Stunde, und wir erkennen zu unserem Entsetzen den Sarg auf Rädern wieder! Der Überlandbus liegt mit einem anderen demoliert auf der Straße, und beide haben viele Menschen in den Tod gerissen. Halbe Leiber hängen aus dem Fenster, während der Rest auf der Straße liegt. Dazwischen sehe ich eine Sonnenbrille mit zerbrochenen Gläsern. Über die Fahrbahn fließt Blut. Dessen süßlicher Duft vermischt sich mit Benzin- und Öldunst zum Geruch des Todes.

Einige Kilometer weiter stoppen wir, um Bananen zu kaufen. Nach langem Suchen finden wir den Verkäufer in einer schmutzigen Bambushütte. Dort sitzen vielleicht 20 Kinder und Erwachsene auf dem gestampften Lehmboden und starren gebannt auf eine hundertmal abgedrehte Bollywoodschnulze. Dabei pulen alle wie ferngesteuerte Roboter Maiskolben ab.

»Wieso machen die das?«, frage ich den Besitzer:

»Das ist ihr Eintrittspreis. Wer Unterhaltung will, muss arbeiten«, verkündet er und ist stolz auf sein gewinnbringendes Geschäftsmodell.

Beim Aushandeln des Preises für die Bananen fordert dieser Geldgeier mein ganzes Verhandlungsgeschick. Aber erst, als auch ich mit Auspulen bezahlen will, lenkt er ein.

Hinter dem nächsten Schlagloch wartet ganz in Blau einer meiner Freunde auf mich. Diese vielen Polizeikontrollen ertrage ich nur mit Gelassenheit und Humor. Nicht nur ich will meinen Spaß, auch der Afrikaner liebt nichts mehr als Lachen und Fröhlichkeit. Seine Seele lechzt danach. Dem komme ich entgegen und zeige, wenn einer gar zu eifrig ist, ein Bild von mir in strammer Uniform der Freiwilligen Feuerwehr Wechingen. Nach 30 Jahren aktiver Mitgliedschaft bin ich dekoriert wie ein russischer Admiral. Ab sofort ist das Gespräch entspannt, und jede Distanz verwandelt sich in Entgegenkommen, wie es unter Kollegen so üblich ist.

Doch der vor mir hat anscheinend einen sehr schlechten Tag. Grimmig und entschlossen zeigt er mit dem Zeigefinger direkt vor seine Schuhe.

Wenn schon Ärger, dann möchte ich zumindest meinen Spaß dabei haben, befolge seinen Befehl und stoppe den HZJ millimetergenau vor ihm. Wie immer bei Autoritäten lächle ich freundlich, aber nicht frech. Hat er es missverstanden? Denn er läuft erhobenen Hauptes zweimal ums Auto herum, ohne einen Angriffspunkt für astronomische Geldforderungen zu finden.

»Dokumente!«

Freundlich blättere ich Führerschein, Fahrzeugschein, Pässe, Versicherungsnachweis und obendrauf als Joker das Carnet de Passage in seine Hände.

Offensichtlich ist der Beamte mit dem Papierberg überfordert, denn er schiebt alles wieder zurück.

»Woher kommst du?«, fragt er in Kasernenton.

»Aus Kapiri!« (Das war der letzte Ort 100 Meter hinter uns.)

»Wohin fährst du?«

»Nach Mua.« (Das ist der nächste Ort 100 Meter vor uns.)

»Ist das deine Frau?«

»Ja!«, sage ich, zeige dabei auf meinen Ehering und drehe den Spieß um. Ich greife seine Hand, suche einen Ehering und frage barsch: »Bist du nicht verheiratet?«

Erschrocken zieht er seine Hand zurück und stottert: »Nein, ich bin nicht verheiratet.«

»Dann wird es aber Zeit!«, setze ich nach.

Da ändert er seine Strategie und kommt mit der Bettelnummer: »Hast du vielleicht etwas für mich, ein Magazin oder Journal?«

Nun wechsele ich in den Kasernenton und sage: »Nein, ich habe überhaupt nichts für dich!«

Mit enttäuschten Augen fragt er: »Nicht einmal eine Bibel?«

»Nein, ich habe auch keine Bibel. Ich brauche keine, ich trage sie im Herzen, denn ich bin ein guter Christ. Und du?«

Sendepause!

Dem verlegenen Lächeln folgt ein kleinlautes »Gute Reise«. Wir nutzen die Gunst des nächsten Kilometers und fahren flott über schlaglochfreien Asphalt. Im Übermut vergesse ich die größte Gefahr auf afrikanischen Straßen. Es sind nicht Kamikazebusse, nicht betrunkene Fahrer und auch nicht Kinder, die vors Auto rennen. Das Schlimmste auf Afrikas Straßen ist aus Teer, zerstörerisch hoch, zwingt zum Anhalten und wird Bumber genannt. Doch dieser harmlose Name ist eine schamlose Untertreibung.

Dafür gibt es nur eine Bezeichnung, und die muss »Zerstörer« heißen. Er kann allein auftreten, aber auch gestaffelt wie ein Waschbrett und hat nur die Funktion, den Verkehr auf minimalste Geschwindigkeit zu drosseln. In Ortschaften, vor Schulen und vor Kurven hat er seine Berechtigung und würde auch in Deutschland so manch gefährliche Stelle auf einfachste Weise entschärfen. Doch in freier Landschaft auf gerader Straße mit neuem Teerbelag so wie hier, sind diese Bumber ein Verbrechen und müssten mit dem Tod oder mindestens mit lebenslanger Haft bestraft werden.

Wirklich nur den Bruchteil einer Sekunde lasse ich mich von den schönen Mädchen ablenken, die uns strahlend zuwinken, und schon ist es zu spät. Wir knallen gegen einen Zerstörer. Als Erstes schlägt der Rahmen auf die Vorderachse durch. Mit einem lauten Schlag folgen die Hinterräder und beschleunigen in der Luft. Das Fahrzeug heult auf und hebt ab. Die Notlandung ist hart. Abrupt werden wir gestoppt. Der HZJ zittert, als würde er sich in seine Einzelteile auflösen. Die Kardanwelle bricht aus der Verankerung. Das Handbremsseil wird aus den Bremstrommeln gerissen und wickelt sich um die Kardanwelle. Die Lager werden zertrümmert, und die Steckachse fliegt auf die Straße. Doch das sind leider nur die sichtbaren Schäden. Die unsichtbaren können uns später noch gewaltige Probleme machen.

Ersatzradlager und diverse Ersatzteile habe ich dabei, so kann ich den Schaden zumindest provisorisch reparieren, und die Fahrt kann weitergehen.

· · ·

In Mzuzu parken wir auf der Suche nach Gemüse vor einem Museum. Der Museumsleiter kommt heraus und überredet uns zu einem Besuch. Wir sind skeptisch, doch dann erleben wir einen unglaublichen Museumsbesuch. Im Raum der Hexer, Wahrsager und Heiler führt uns der Museumschef persönlich von Vitrine zu Vitrine. Neben einem Fläschchen, gefüllt mit Zaubertrank, zeigt er auf ein Gebilde, das lieblos aus Lumpenfetzen und Draht geformt wurde. Er erklärt:

»Mit diesem Hubschrauber fliegt der Hexer mit 15 ausgewählten Menschen innerhalb einer Nacht nach Amerika und wieder zurück.«

Verwirrt schauen wir ihm in die Augen.

»Das ist kein Spaß«, meint er. »Entweder zaubert der Hexer die Menschen so klein oder den Hubschrauber so groß, dass alle darin Platz finden.«

Dann zeigt er auf ein weiteres, noch obskureres Hexenfahrzeug, eine fliegende Untertasse. »Damit schwebt der Hexer ins Reich der Ahnen und besucht den Mann auf dem Mond.«

Das reicht! Dieser Museumsmann erlaubt sich einen Spaß nach dem anderen mit uns. Dagegen ist Harry Potter langweilige Realität.

Doch der gute Mann lässt sich nicht aus dem Konzept bringen und präsentiert euphorisch einen verkohlten Hexenstab, der wahrscheinlich bei der letzten Zaubersitzung heiß lief. Süffisant erzählt er: »Damit befördert der Hexer den Ehemann in einen todähnlichen Tiefschlaf, damit seine Frau ungestört mit ihrem Liebhaber Sex haben kann, solange sie möchte.

Das sind genau die Geschichten, aus denen Hexenjagd und Verleumdung geboren werden. Obwohl der Museumschef gebildet ist und Englisch spricht, lebt er im Mittelalter des 20. Jahrhunderts – und damit ist er nicht allein. Denn große Teile der Bevölkerung in Malawi sind von der Hexenmagie überzeugt. Jeder Fünfte hat schon einmal an einer Hexenjagd teilgenommen.

Vor allem Alte, Frauen und Kinder werden gejagt, geschlagen, gesteinigt und verbrannt. Wer Glück hat, wird nur eingesperrt. Diese armen Kreaturen werden für alles verantwortlich gemacht, von Nasenbluten bis hin zu Aids.

Aber wie kann ein Land, dessen ursprüngliche Naturreligion aus Hexern, Wahrsagern und Heilern bestand, ebendiese heute verfolgen, ja sogar töten?

Ich denke, ein Grund liegt im Glauben. Hier sind die christlichen und islamischen Religionen noch immer auf dem Vormarsch, während die alten Naturreligionen zurückgedrängt werden. Dieses explosive Gemisch aus Missverständnis, Vorurteil und Intoleranz ist häufig Ursache für Gewalt und Hexenverleumdung. Dabei berufen sich die Gläubigen auf die Bibel, die ihnen ihrer Meinung nach das Recht und die Mittel zur Hexenvernichtung in die Hand gibt.

Ein weiterer Grund ist die zunehmende Kluft zwischen Arm und Reich in Afrika. Krasse soziale Unterschiede waren schon immer die Wurzeln für Neid, Missgunst und üble Nachrede. Reales, Irreales und Gerüchte werden zu einem giftigen Cocktail gemischt, der den vernichtet, dem man schaden will.

Doch das ist nur die eine Seite des Schreckens. Die andere sitzt leibhaftig und armselig vor mir. Sie hat lachsfarbene Kraushaare, ein schneeweißes Gesicht, das von hässlichen Sonnenbrandflecken entstellt ist, und rote Augen, die mich flehend ansehen: »Kaufst du mir die zwei Fische ab?«, murmelt das Kind.

Afrikanische Albinos werden nicht nur von der aggressiven Sonne verbrannt, bis sie an Hautkrebs sterben, sie werden sogar gejagt, geschlachtet und zerlegt wie Tiere. Ihr Kopf, ihre Arme, ihre Beine und ihre Knochen sind bei den Hexern begehrt. Die Körperteile landen in Zaubertränken, die bei den Ritualen Glück, Macht und Reichtum bringen sollen. Für eine getrocknete Albinohaut werden bis zu 10 000 Dollar bezahlt. Die mächtigen Männer in den Regierungen decken diese Gräueltaten. Als beste Kundschaft glauben sie, dass die weißen Körperteile ihre Macht bis ans Ende ihrer Tage sichern. Sie sind auch überzeugt, dass die Vergewaltigung einer Albinojungfrau die beste Medizin gegen Aids ist.

Das Kainsmal der »farblosen« Afrikaner leuchtet hell und weit. Sie können sich nicht ihr ganzes Leben vor ihren Jägern und schon gar nicht vor der sengenden Sonne verstecken.

Mir ist unerklärlich, dass gerade im sonnenverbrannten Afrika die Albinohäufigkeit siebenmal höher ist als im Rest der Welt.

Diese Ungerechtigkeit der Natur stimmt mich nachdenklich am Ende dieses ereignisreichen Tages: Ein Christentum, das Hexer verfolgt, ein Hexer, der Albinos schlachtet, und mächtige Männer, die im Aberglauben vergewaltigen, geben mir zu denken. Da bleibt mir nur ein Seufzer.

TIA – THIS IS AFRICA!

Wir haben einen Übernachtungsplatz am Friedhof gefunden. Hier werde ich mich morgen früh nach dem ersten Augenaufschlag wieder fragen: »Wo bin ich?«

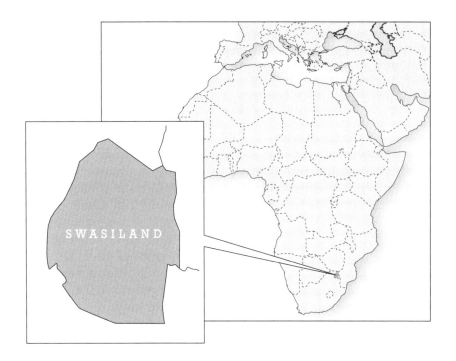

Swasiland

Möchten Sie Ihre Schwägerin erben?

Peng – der erste Stempel knallt in den Pass. Peng – der zweite Stempel knallt auf die Zollpapiere. Nach fünf Minuten sind die Einreiseformalitäten erledigt, und Swasiland ist nach 90 bereisten Ländern auf Platz eins der schnellsten Einreise. Den traurigen letzten Platz hält Eritrea. Sieben lange Tage haben wir an der Grenze gewartet, und dennoch verweigerten sie uns die begehrten Stempel.

Heti hasst Grenzübergänge. Bei korrupten Zöllnern wissen wir nie, wie lange es dauert. Doch hier drückt sie dem Mann am Schlagbaum den Ausreiseschein triumphierend in die Hand. Wir haben uns allerdings zu früh gefreut. Anstatt die Schranke zu öffnen, umrundet der Zöllner mit gierigem Dollarblick unseren HZJ. Dieser Blick, aus dem die Macht des kleinen Mannes blitzt, ist der Vorbote von Ärger und Erpressung. Das Erste nehmen wir in Kauf, doch Letzteres kommt nicht infrage. Auch dieser Zöllner wird sich an uns die Zähne ausbeißen.

Das Spiel beginnt:

Wortlos zeigt er vor sich auf den Boden, das internationale Zeichen für »Aussteigen«. Mit freundlichem Lächeln, jedoch nicht arrogant, folge ich seinem Befehl. In einem Tonfall, der locker für die nächste Eiszeit sorgen könnte, erklärt er, dass ich wegen Tierseuchengefahr verhaftet sei. Ich muss lachen und frage, welcher Tiergattung ich denn am ähnlichsten sehe. Dabei klopfe ich ihm freundschaftlich auf die Schulter. Denn Freundlichkeit und Lächeln lösen in Afrika jedes Problem. Doch vor uns steht die Ausnahme. Steif und humorlos wie ein Leichenbestatter liest er mir die Einreisebestimmungen vor. Es ist streng verboten, Tierfleisch und Tierknochen in sein Land einzuführen. Mein Gnugeweih am Auto ist ein äußerst grobes Delikt. Doch das beeindruckt mich genauso wenig wie sein arrogantes Verhalten. Ich weiß, dass diese Vorschrift an allen afrikanischen Grenzen gilt. Doch hier höre ich sie zum ersten Mal.

Ich setze mein coolstes Pokerface auf und erkläre höflich, dass mich dieses ausgebleichte Geweih seit 20 000 Kilometern problemlos über 16 Grenzen begleitet hat. Kein Virus dieser Welt überlebt so viel Staub und Hitze.

Wir haben Zeit, und die Dollars bleiben in der Tasche. Dieses Problem sitzen wir aus. Wer in Afrika nicht genügend Zeit mitbringt, hat schnell verloren.

Mittlerweile schlottere ich in kurzen Hosen bei zehn Grad im arktischen Swasihochland. Die Hitze auf diesem Kontinent hat mich zum Weichei gemacht. Kurz bevor mich der Kälteschock packt, bedrängen zum Glück die Wartenden in der Schlange hinter mir den korrupten Grenzer massiv, sodass ihm nichts anderes übrig bleibt, und er mich stocksauer ziehen lassen muss. Ein letztes Reiben des Zeigefingers mit dem Daumen bleibt erfolglos. Wütend reißt er meinen geliebten Schädel vom Auto, um ihn zu verbrennen. Das Spiel ist aus. Unentschieden! Es gibt keinen Gewinner. Er hat keine Dollars in der Tasche und ich kein Geweih mehr am Auto.

Frustriert öffnet mein arroganter Herausforderer die Schranke, und ich kurble stinksauer den ersten Pass hinunter. Die herrliche Landschaft entschädigt mich ein wenig für den Verlust meines Gnugeweihs. Die Bergwelt Swasilands ist mindestens so schön wie die in der Schweiz. Wer würde da vermuten, dass sich dahinter 70 Prozent Armutsquote, 52 Prozent HIV-positiv-Rate und 32 Jahre durchschnittliche Lebenserwartung verbergen.

Statistisch wäre ich hier seit 25 Jahren ein toter Mann. Der Geburtsort ist entscheidend für das gesamte weitere Leben.

Schon bald zeigt uns die Armut ihr Gesicht. Vor einem Geschäft sehe ich in einer langen Schlange Menschen in einfacher Kleidung stehen. Ich bedaure die Armen, weil sie vermutlich für Essen anstehen. Doch ich täusche mich. Die frierende Menschenmasse steht nicht für Brot, Milch oder Zucker an, ihr einziger Wunsch ist ein Handyvertrag. Obwohl ein Großteil von ihnen ums Überleben kämpft, ist seichte Kommunikation wichtiger als ein voller Magen.

Wenn Abraham Maslow das sehen würde, würde er sich die Haare raufen. Er müsste seine Philosophie neu definieren. Die Bedürfnispyramide von Maslow fängt auf der ersten Stufe mit den Grundbedürfnissen wie Essen, Trinken und Schlafen an. Dann folgt die zweite Stufe, die Sicherheitsbedürfnisse, Wohnen und Arbeiten. Als Nächstes kommen die sozialen Bedürfnisse Freundschaft, Liebe und Gruppenzugehörigkeit, gefolgt von den Ich-Bedürfnissen wie Anerkennung. Wer alle diese Bedürfnisse erfüllt, hat die Selbstverwirklichung erreicht und steht an der Spitze der Pyramide, wo er sein Leben frei gestalten kann.

Ein großer Teil der hier Wartenden kämpft mit leerem Magen ums tägliche Überleben. Sie haben noch nicht einmal die erste Stufe erklommen und stehen für ein Handy an, das auf die dritte oder vierte Stufe gehört. Diese Menschen stellen die Pyramide auf den Kopf.

Die Werbemanager der weltweiten Kommunikationsgiganten haben Unglaubliches geschafft: Sie ließen Maslows Bedürfnispyramide in sich zusammenstürzen. Der Besitz eines Handys ist in Afrika wichtiger als ein Laib Brot.

Werbeplakate zeigen modern gekleidete Menschen, die mit einem Blendax-Lächeln telefonieren. Unter dem Plakat sitzen zerlumpte Bettler, die eine Hand aufhalten, während sie mit der anderen simsen. Die legale Droge »mobile Kommunikation« hat uns alle süchtig gemacht.

In diesem Kommunikationsnirwana wird den bedürftigen Menschen der Dritten Welt unbemerkt das wenige Geld aus der Tasche gezogen. Das Handy als gigantischer Geldstaubsauger macht dabei die neuen Medienkonzerne reicher als die Ölscheichs. Dieser Geldstrom von unten nach oben ist Entwicklungshilfe mit negativen Vorzeichen. Sie stürzt die Armen in ein noch tieferes Loch und treibt ihre Verelendung voran.

(Link: www.mmnews.de/index.php/boerse/9319-apple-wahnsinn)

175

Aus *MM-News*: »Apple: Wahnsinn«, 25.01.2012
»Wenn die Gewinnsteigerung so weiter geht, wird es bis 2015 eine Billion sein.«
»Die Finanzkraft von Apple ist so stark, dass das Unternehmen mittlerweile gut mit Staaten konkurrieren kann. Mit einer Marktbewertung von 400 Milliarden und 100 Milliarden in der Kriegskasse zählt das Unternehmen damit rein theoretisch zu den 60 größten Staaten der Welt ...«

• • •

Jeder Reisende hat seine eigene Vorstellung von einem fremden Land. Bei Swasiland habe ich mir ein einfaches Leben mit dem Medizinmann, dem Sangoma, und einem omnipräsenten Plakat des Königs vorgestellt. Doch schnell wird mein Fantasiebild von der Realität in 1000 Fetzen gerissen. Fein gekleidete Menschen sitzen im KFC-Fast-Food-Restaurant. Angestellte in taubenblauem Anzug, weißem Hemd und rosa Krawatte hetzen aus spiegelverglasten Bankenpalästen. Frauen in figurbetonter Kleidung stöckeln auf High Heels durch die Mall. Zwischen all dem versteckt sich das Elend in Form von Aids.

Früher oder später wird sich diese Gesellschaft mit der weltweit höchsten Aids-Rate auflösen, und die Apokalypse nimmt ihren Lauf.

Wer kann dieses Desaster stoppen? Niemand! Bekanntlich hassen die Männer hier Kondome noch mehr als Aids, und angesteckt werden immer nur die anderen. Sie wollen ihre Sexualität hautnah ausleben und möglichst viele Kinder zeugen. Dadurch stürzen sie eine ganze Nation in den Abgrund.

TIA – THIS IS AFRICA!

Swasiland ist ein Königreich. Wer hier König werden will, muss zwei Hürden überspringen: Als Erstes muss er mit dem Speer allein einen Löwen töten.

Ein schöner Gedanke, wenn ich mir unsere Spitzenpolitiker vorstelle, wie sie mit einem Speer in den Dschungel ziehen, nur um Kanzler zu werden. Leider, leider muss bei uns kein Politiker seinen Mut beweisen. Diese Mutprobe würde Kopfnicker durch Couragierte ersetzen.

Als Zweites soll der neue Regent von Swasiland der einzige Sohn sein, den der tote König mit ein und derselben Frau gezeugt hat. Beim verstorbenen König traf das auf keine seiner 72 offiziellen Frauen zu, hatten sie doch

41 Werner, was nun? Wer bekommt den Zuschlag?

42 Mein Enkel Max und der kleine Aleko sind noch frei von Vorurteilen. Sie sehen nur einen Spielkameraden. Kinder an die Macht!

43 Eine schlaue, aber wenig hilfreiche Idee gegen Aids, genauso wie die des südafrikanischen Präsidenten Jacob Zuma, der sich nach dem Sex mit HIV-positiven Frauen zur Sicherheit duscht.

44

45

46

44 Becky, jetzt haben wir den Salat. Das beste Fleisch ist weg.

45 Alle fünf Kilometer Wasser nachfüllen und Motor abkühlen lassen. No problem, take it easy. Zeit ist in Afrika wertlos, sie liegt überall herum.

46 Obwohl die junge, blinde Schamanin die Zeichen des Christentums trägt, versetzt sie sich in Trance und nimmt Kontakt mit den Ahnen auf. Ihre Person vereinigt Glaube und Aberglaube.

47 Das Binnenland Angolas wurde im 30-jährigen Bürgerkrieg leer geschossen. Die Überlebenden flohen ins Ausland, nach Luanda oder an die Küste, ohne je wieder zurückzukommen.

48 Meine African Queen.

49 Ein Kontinent ohne Überalterungsproblem! Etwa die Hälfte aller Afrikaner sind Kinder.

50 Zum Abschied schenkt uns der Pfarrer eine lebende Fledermaus als Reiseproviant.

51 Hätte der Plan, mit dem Schiff den Kongo hochzufahren, funktioniert, hätten wir samt HZJ einige Wochen auf so einem Seelenverkäufer überleben müssen.

52 Dschungel-Fast-Food.

53 Die Pygmäen im Urwald des Zentralkongo müssen den Spagat vom Sammler zum Sesshaften in Lichtgeschwindigkeit schaffen, wenn sie nicht wie die Aborigines in Australien enden wollen.

52

53

54 Ein entscheidender Augenblick – ohne dieses Angolavisum wäre die Falle Kongo zugeschnappt.

55 Erst eine Irrfahrt brachte uns zu den Mucubal. Sie sind Kopfschmuck-Fetischisten mit außergewöhnlich knappem Büstenhalter.

56 Der große chinesische Plan will nicht nur die Bodenschätze, sondern auch das Geld der Afrikaner. Chinesische Shoppingcenter und Baustellen säumten unseren Weg durch Afrika.

57 Feierabend nach einem anstrengenden Farmertag bei Titus in der Kalahari.

58

59

58 Gefährliche Warzenschweinjagd in der Kalahari.

59 Das ist der Vorteil eines alten Land Cruisers: Da kann ich den Gebläse-motor noch zerlegen und neue Kohlen einbauen.

60 Am Kap der Guten Hoffnung hält Heti Ausschau nach dem nächsten Reiseziel. Vielleicht Australien oder Südostasien?

60

alle mehrere Söhne von ihm (insgesamt soll Mswatis königlicher Vater etwa 600 Kinder gezeugt haben). Doch im Seitensprungverfahren zeugte er mit einer Dienerin seinen Nachfolger. Somit hatte die Dame mit ihrem einzigen Kind einen Lottosechser mit Zusatzzahl.

Was die Frauen angeht, ist der so an die Macht gekommene Mswati III. enthaltsamer als sein Vater. In seinem Harem tummeln sich bisher nur 13 Frauen, obwohl er jedes Jahr beim Reed-Fest aus 20 000 Jungfrauen die Schönsten auswählen kann. Anlässlich dieses Festes tanzen barbusige Mädchen aufreizend mit wippenden Brüsten im Perlenminirock an seinem Thron vorbei. Jede der Schönheiten wartet nur auf einen Fingerzeig des Königs. Sieben Tage dauert die größte Brautschau des Blauen Planeten.

Weniger enthaltsam ist der letzte absolutistische Monarch Afrikas in allen anderen Bereichen. Er ist verschwenderisch, wird von Geldgier und Menschenverachtung beherrscht und versorgt ausschließlich seinen Clan mit Macht und Reichtum, während sein Volk am Bettelstab geht. Anlässlich seines Geburtstags bestellte Mswati III. ein halbes Dutzend der teuersten Mercedes-Karossen mit goldenen Nummernschildern. Vielleicht sind die einfache Herkunft und Minderwertigkeitskomplexe der Grund für den egozentrischen Lebensstil des Lakaien-Königs.

...

Trotz städtischer Moderne leben die Swasi tief in der Kultur ihrer Ahnen. Hat ein Mann genügend Rinder und Geld, kann er so viele Frauen heiraten, wie er es sich leisten kann. Sonderangebote kosten zwölf Rinder, Standard sind jedoch 17 Tiere, und nach oben ist der Markt offen.

Das Wort Emanzipation wird von den Männern gemieden wie die Pest. Vor den Rechten der Frau steht immer das Wörtchen »kein«. Kein eigenes Bankkonto bedeutet kein eigenes Geld, keine Emanzipation und somit keinen Ärger für die Männer.

Aber warum dürfen Frauen vom Rind kein Kopffleisch, keine Zunge und auch keine Füße essen? Eigentlich ganz logisch. Dadurch würden sie intelligenter als ihre Männer, bekämen eine böse Zunge und liefen ihnen davon. Doch eine Frage bleibt offen. Weshalb haben diese intelligenten Männer, die im Jaguar mit Handy am Ohr über die Autobahn brausen, ausgerechnet vor der Intelligenz einer dummen Kuh Angst?

Aber es wird noch wunderlicher. Denn auch das Scheidungsgesetz weicht von unserem ab. Um ehrlich zu sein, es gibt keines. Einmal verheiratet, immer verheiratet. Auch nach dem Tod ihres Mannes darf eine Frau nie mehr heiraten. Dafür hat sie eine lebenslange Witwenrundumversorgung. Stirbt ein Ehemann, gehen dessen Frauen in den Besitz seines jüngsten Bruders über. Und das ist zumindest für die jungen Frauen des Verstorbenen ein Glücksfall. Denn von nun an muss der Schwager die Frauen auch sexuell mit versorgen. Jedoch nur die jungen. Die älteren Frauen dagegen haben Pech mit ihren Bedürfnissen.

Ich bin wieder einmal an einem Punkt angekommen, wo dieser Kontinent Milchstraßen, nein, Galaxien von mir entfernt ist. Oder wie geht es Ihnen bei dem Gedanken, nach dem Tod Ihres Bruders die Schwägerin mit allen Rechten und Pflichten zu übernehmen?

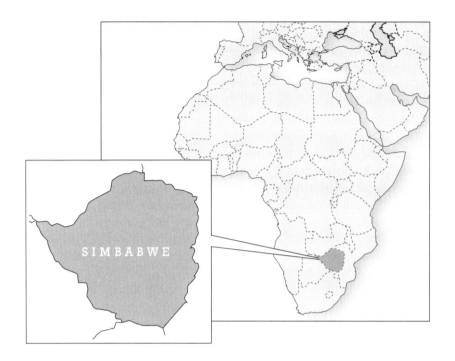

Simbabwe

Was hat Mugabe Christus voraus?

Nur ein Grenzübergang verbindet Südafrika und Simbabwe, und der heißt Beitbridge. Verwundert sehe ich endlose Menschenströme und vollbepackte Autos über die Brücke Richtung Simbabwe drängen.

»Was ist denn hier los? Seid ihr auf der Flucht vor einem Erdbeben oder gar vor Krieg?«, rufe ich in die Menge und bekomme schallendes Gelächter als Antwort.

Es ist kein Evakuierungsszenario, ihm fehlt das Entscheidende, die Angst. Das Gegenteil ist der Fall. Diese Menschen scherzen miteinander, während sie geduldig in der mehrere hundert Meter langen Warteschlange zum Grenzgebäude ausharren. Auch wir reihen uns ein. Vor uns steht

Rose. Sie schleppt einen Packen Wolldecken auf dem Kopf. Spitzbübisch verrät sie, dass sie tatsächlich auf der Flucht sind: »Wir flüchten vor der Armut in Simbabwe.«

»Weshalb steht ihr dann in die falsche Richtung an? Südafrika liegt doch hinter uns.«

Nach dreimaligem Umschauen schimpft sie leise hinter vorgehaltener Hand: »In Südafrika kaufen wir doch nur günstig ein. Die Südafrikaner wollen nicht uns, sondern unseren letzten Dollar. In Simbabwe müssen alle Waren importiert werden. Wir haben keine Arbeit, keine eigene Währung und schon gar kein Geld. Robert Mugabe hat uns in den Ruin geführt, und euer Embargo bestraft nicht Mugabe, sondern uns. Er hat die Taschen immer voller Geld. Kannst du dir vorstellen, dass er anlässlich seines 86. Geburtstags nur für Champagner und Kaviar-Aperitif 500 000 US-Dollar aus der Staatskasse gezahlt hat? Wisst ihr in eurem reichen Europa überhaupt, wie schlecht es uns geht?«

Am liebsten möchte ich antworten, dass die Simbabwer ja unbedingt eine schwarze Regierung wollten, und die haben sie jetzt. Das sage ich aber nicht, sondern frage: »Und warum stehst du dir hier die Füße in den Bauch?«

»Warum? Weil es meine einzige Überlebenschance ist. Wir alle in der Schlange kämpfen ums Überleben.«

Empört klärt sie mich auf. Sie kämen alle mit dem Nachtbus aus dem 500 Kilometer entfernten Harare, nur um ein paar Schritte hinter der Grenze im günstigen Südafrika einzukaufen. Sie habe 15 Decken gekauft, die sie hoffentlich in Harare mit Gewinn an den Mann bringen könne.

Ihre Freundin daneben versucht ihr Glück mit Unterwäsche und ihr Schwager hinter mir mit Hüten. Beide nicken zustimmend.

Das Abfertigungsgebäude ist noch immer nicht in Sicht, und je länger wir zusammen anstehen, desto offener werden die Leute. Sie riskieren eine politische Meinung, obwohl Mugabe seit 32 Jahren Angst und Schrecken verbreitet. Sie wollen, dass die Welt die Wahrheit über ihr ruiniertes Leben erfährt.

Ein Mann hat mitbekommen, dass wir aus Deutschland sind. Er winkt mich zu sich heran. Charmant bittet er mich, ihn nach Deutschland mitzunehmen. Dort gebe es viel Arbeit, und er könne schnell reich werden.

Er hat Mathematik studiert, ist ohne Job und hält sich mit dem kleinen Grenzhandel über Wasser. Seine Stimme ist hoffnungslos, als er weiterredet: »Uns hat Gott verlassen. Mugabe hat er vergessen. Der Präsident ist schon 88 Jahre alt und glaubt trotz seiner Gesundheitsprobleme, im nächsten Jahr die Wahlen erneut zu gewinnen. Die ersten zehn Mugabe-Jahre waren noch okay. Er ließ die weiße Führungsschicht, die das Land wirtschaftlich vorantrieb, in Ruhe, schränkte jedoch deren politische Macht ein. Er hat sogar die eine oder andere Reform durchgeführt, war beim Volk beliebt und bekam internationale Auszeichnungen für seinen politischen Weitblick.«

»Aber was um alles in der Welt machte ihn dann zu diesem schrecklichen Diktator?«

»Willst du wirklich die Wahrheit wissen?«

»Ja, natürlich!«

»Er ist plemplem!«, dabei tippt er sich mit dem Zeigefinger an die Schläfe. »Seit den 1980er-Jahren leidet er unter Verfolgungswahn. Jede Nacht erscheint ihm der Geist von Tongogara, um ihn für seine Bosheiten und Gewalttaten zu bestrafen.«

»Tongogara? Wer ist Tongogara?«

»Tongogara war sein Herausforderer bei der ersten Präsidentenwahl und hatte die größten Chancen zu gewinnen. Kurz vor der Wahl kam er bei einem sehr mysteriösen Autounfall ums Leben. Seither lässt Mugabe jeden Abend einen Teller voller Köstlichkeiten vor einem leeren Stuhl auftischen, nur um Tongogara zu beschwichtigen. Frag das Personal im Präsidentenpalast, wenn du mir nicht glaubst.«

Dann stimmt es, dass seine Schandtaten Mugabe verrückt gemacht haben. Erst vor Kurzem, als seine Wiederwahl angezweifelt wurde, zeigte sich, wie verrückt er wirklich ist. Er behauptete tatsächlich, schon oft gestorben zu sein und deswegen Christus einiges vorauszuhaben. Christus ist nur einmal gestorben und nur einmal auferstanden.

»Glaubst du wirklich, er ist paranoid?«

»Ja, ich schon, aber die Weltöffentlichkeit sieht das anders. Sie glaubt, dass die Ursache für seinen negativen Wandel Machthunger und die Angst war, die Wahlen zu verlieren.«

»Wie kann ein Diktator eine Wahl verlieren? Gewaltherrschaft siegt doch immer!«

»Ja, aber nur, wenn es zu keinem Bürgerkrieg kommt, und davor hatte er Angst. Er brauchte Stimmen, und die bekam er am schnellsten, indem er den Weißen nahm, was eigentlich uns gehört. Also zog er seinen letzten Joker aus dem Ärmel, die überfällige und hochexplosive Landreform. Auch ich fiel darauf herein. Doch es kam anders, als das Volk es erwartet hat.

Wieder Gewalt! Mugabe schickte Todesschwadronen zu den Farmen, und wenn die Weißen nicht binnen 24 Stunden ihre Anwesen verließen, waren sie tot.«

Er erzählt weiter, dass die meisten der 5000 »frei gewordenen« Farmen an Clanmitglieder und politische Freunde verteilt wurden. Leider konnten die neuen Farmer eine Kuh nicht von einem Esel unterscheiden. Und das Volk ging wieder leer aus.

»Ist dir der ›Brotkorb Afrikas‹ ein Begriff? Das waren wir! Aber schnell wurde aus unserem Vorzeigeland, dessen Hauptexportartikel Fleisch war, ein Armenhaus, in dem der Hunger regierte. Die Regale in den Geschäften waren vollkommen leer. Die Inflationsrate explodierte auf 231 000 000 Prozent p. a. Morgens musste ich für ein Brot mit einem Schubkarren voller Simbabwe-Dollar vorfahren, und am Nachmittag reichte nicht einmal mehr ein Lkw. Unsere Währung war weniger wert als das Papier, auf dem nicht noch mehr Nullen Platz fanden. Da half auch nicht die Einführung der 100-Billionen-Geldscheine. Kannst du dir 100 000 000 000 000 überhaupt vorstellen?«

»Tut mir leid, zu viele Nullen. Nach einer Million bin ich überfordert.«

»Wir waren auch überfordert, aber vor allem hungrig. Ohne Geld kehrten wir zum steinzeitlichen Tauschhandel zurück. Dann kam der US-Dollar und sorgte für Stabilität. Diese harte Währung ist gleichzeitig auch ein Fluch. Kannst du mir sagen, wie ein bettelarmes Land mit einem teuren Dollar überleben soll?«

Das kann ich natürlich nicht, aber ich will ihn trösten und versuche, der Tragödie einen Funken Positives zu geben: »Zumindest hat das brutale Vorgehen von Robert Mugabe viele afrikanische Staaten vor der gleichen vernichtenden Landreform bewahrt.«

Er lächelt gequält. Meine Weisheit hilft ihm nicht weiter, aber vielleicht das Geld für ein Feuerzeug, das ich ihm abkaufe.

Inzwischen ist am Grenzübergang der zweite Tag mit Warten angebrochen, und ich bewundere die Menschen um mich herum, die noch immer geduldig sind und Zeit haben. Womit wir bei einem afrikanischen Phänomen wären, der Zeit. Egal ob die Menschen in Afrika an der Grenze warten, einen Graben ausschaufeln oder stundenlang den Verkehr am Straßenrand beobachten, auf mich machen sie den Eindruck, als hätten sie alle Zeit der Welt. Doch am meisten Zeit nehmen sie sich beim Gehen.

Nur in Ausnahmesituationen werden Sie Afrikaner schnell laufen sehen. Ihr normaler Gang ist bedacht, langsam und erinnert eher an Gehmeditation. Ich versuche meinen forschen Schritt auf ihr Tempo zu drosseln. Langsam laufen bedeutet für mich ständige Konzentration und harte Arbeit. Immer wieder muss ich auf die Bremse treten. Aber mit der Zeit werde ich ruhiger, Heti dafür nervöser.

»Dein Schmidtchen-Schleicher-Gang macht mich noch wahnsinnig! Geht's vielleicht noch langsamer? Dann laufen wir bald rückwärts«, schimpft sie. Mein Spruch, nur wenn Geduld und Zeit zusammenkommen, wird Zeit haben ein Genuss, macht mich noch unbeliebter. Also schalte ich wieder auf meine »deutsche« Geschwindigkeit hoch.

Warum fällt uns »Zeit haben« so schwer, oder warum haben die Einheimischen immer Zeit? Vielleicht brauchten die Afrikaner nie einen Zeitmaßstab, da sie kein Jahrhundert der Industrialisierung mit Zeiteinheiten, Terminplänen, Kalkulationen und Gewinnberechnungen durchliefen. Wahrscheinlich verstehen sie deshalb nicht die Bedeutung von »Zeit ist Geld«. Der Zusammenhang zwischen Zeit und Geld ist ihnen fremd.

Die meisten Menschen hier leben noch immer in den Dörfern, wo sich keiner nach der Uhr richtet. Der Zeitpunkt für die Aussaat und Ernte wird von der Jahreszeit und dem Wetter bestimmt. Und das kann, wenn überhaupt, nur der Schamane beeinflussen und nicht die Uhr am Handgelenk. In diesem autarken Landleben finde ich keine technische Arbeitsteilung, bei der Arbeiten zu einem bestimmten Zeitpunkt erledigt sein müssen. Die Menschen brauchen sich nach keinem Busfahrplan zu richten, denn sie gehen nicht zur Arbeit. Niemand muss zu einem bestimmten Zeitpunkt an einem bestimmten Ort sein. Vorratshaltung ist weitgehend unbekannt, weil sich niemand damit auseinandersetzt, wie lange das Sorghum für die Familie reicht. Somit haben die afrikanischen Menschen keinen Grund, aber auch keine Möglichkeit, ihr Dasein mit immer mehr Arbeit und Aktivität schnelllebiger zu machen. Ihr Leben ist bedarfs- und nicht erfolgsorientiert. Deshalb bleibt viel Zeit, die einfach da ist, keinen materiellen Wert darstellt und auch nicht wahrgenommen wird.

Das ist auch der Grund, warum wir auf die Frage, wie lange die Frau zum Brunnen geht, nur eine ausweichende Antwort bekommen. Denn entscheidend ist nicht, wie lange es dauert, bis es Wasser gibt, sondern dass es Wasser gibt. Den Tag bestimmen noch immer Sonnenauf- und Sonnenuntergang und nicht Sekunden, Minuten oder Stunden.

Wenn gesteigerte Aktivität mein Zeitgefühl verändert, ist nur die Zeit auf der Uhr ein exakter Maßstab. Ansonsten ist Zeit ein dehnbares Gummiband, das seine Länge ständig verändert. Ziemlich kurz ist es, wenn ich unsere Reisen mit Zielen überhäufe, nur um in kostbarer Zeit möglichst viel zu sehen und zu erleben. Dabei huschen die Eindrücke vorbei und haben keine Zeit, sich zu festigen. Übrig bleiben nur die Reisefotos auf der Computerfestplatte.

Nach langer Zeit in Afrika fühle ich mich ohne konkreten Terminplan am wohlsten. Ich nehme mir viel Zeit für Menschen, Begegnungen und die vielen, vielen kleinen Dinge, die uns jeden Tag überraschen. Die Zeit vergeht auch für uns langsamer, je länger wir unterwegs sind. Eine Woche kommt uns dann wie ein Monat vor.

Wenn weniger Aktivität die gefühlte Zeit verlängert, dann hat der Afrikaner viel davon.

Nicht umsonst gibt es das Sprichwort:

»Als Gott die Welt erschuf, schenkte er den Afrikanern die Zeit und uns die Uhr!«

Ein Telefongespräch mit den Ahnen

Eine Million Granitsteine mit 15 000 Tonnen Gewicht wurden zu einer elf Meter hohen und sechs Meter breiten Ringmauer passgenau wie das Puzzle eines Riesen zusammengefügt, und das mitten in Schwarzafrika. Wir stehen vor Groß-Simbabwe, den größten historischen Ruinen Afrikas nach den ägyptischen Pyramiden.

Welche Kultur hat Groß-Simbabwe erschaffen?

Zu welchem Zweck?

Noch rätselhafter erscheint mir, warum diese Ruinen sich gerade im südlichen Afrika befinden, wo sonst die größten Bauwerke strohbedeckte Lehmhütten sind, die nach kurzer Zeit von der Witterung zersetzt werden. Dieses Land hat nie eine eigene Schrift besessen. Sind zum Errichten solcher Bauwerke nicht Zahlen und Berechnungen notwendig?

Bis 1969 waren die britischen Kolonialisten sowieso überzeugt, dass »Schwarze« dieses Meisterwerk der Baukunst nie erschaffen haben konnten. Zu geringschätzig war ihre Meinung von den Eingeborenen. Die Denkweise der Kolonialisten war von schwarz und weiß geprägt und unterschied genau zwischen gebildet und ungebildet, zwischen Kultur und Kulturlosen.

Groß-Simbabwe ist ein Beispiel für den Überlegenheitswahn der Weißen, die es nicht zulassen wollten, dass die »primitiven Schwarzen« jemals eine zu Stein gewordene Kultur hervorgebracht haben könnten. Schon gar nicht, als sich herausstellte, dass sich hier vom 11. Jahrhundert bis Mitte des 15. Jahrhunderts eine Hochkultur befand, die Welthandel bis nach China betrieben hat.

Heerscharen unqualifizierter Ausgräber wurden bemüht, nur um zu beweisen, dass die Bauwerke von hochentwickelten Kulturen außerhalb Afrikas erschaffen wurden. Dabei reichte die Fantasie von der Nachbildung des Salomonischen Tempels über das biblische Goldland Ophir bis zum Reich der Königin von Saba. Sogar die überhaupt nicht afrikanische Zahl Pi = 3,14... musste als Beweis herhalten. Denn der große Ruinenkomplex soll angeblich präzise auf ihrer Basis konstruiert worden sein. Diesem Wunschdenken fehlte jeder fundamentale Beweis.

Stressman heißt der junge Mann, der uns über das weitläufige Gelände führt, das aus der Bergruine, dem runden Tempelbezirk und den Überresten der Stadt für ehemals bis zu 20 000 Menschen besteht. Wir finden den Namen unseres Führers lustig. Er jedoch beklagt sich darüber. Seine Mutter nannte ihn so, weil sein Vater zwei Tage nach seiner Geburt gestorben ist, was für zusätzlichen Stress sorgte.

»Wisst ihr«, erklärt er, während wir den großen Hügel hinaufsteigen, »dass in unseren Namen Emotionen und Familiengeschichten stecken? Hätten meine Eltern nach meiner Geburt einen großen Lotteriegewinn gemacht, würde ich heute wahrscheinlich ›Richman‹ heißen. Aber auch dieser Name hätte mir nicht gefallen.«

Stressman studiert Archäologie und ist überzeugt, ein berühmter Archäologe zu werden. In Simbabwe warten noch viele Überraschungen unter der Erde auf ihn, die aus Geldmangel bisher noch nicht ausgegraben sind.

Er erzählt, dass der König damals auf dem Kegelberg in einer Umfriedung aus Granitfelsen und Steinmauern residierte. Wir stehen oben auf dem breiten Felsenbalkon, von wo aus er auf sein Volk blicken konnte. Sein Volk erblicken wir nicht, aber dafür die Überreste der Steinhäuser, die schon damals ein ausgeklügeltes Abwassersystem besaßen. Daneben offenbart der kolossale Granitmauerkreis, der etwa 100 Meter Durchmesser hat, den einstigen Reichtum und die Macht seiner Erbauer im 11. Jahrhundert.

Simbabwe bedeutet »großes Steinhaus«. Nach diesem Kolossalbauwerk wurde das Land Südrhodesien nach der Kolonialzeit Simbabwe genannt. Der Name »Groß-Simbabwe« hat auch noch einen weiteren Grund, denn bisher wurden etwa 150 kleine Simbabwes entdeckt, die über das ganze Land verteilt sind und Filialen der Macht waren.

Leider kann Stressman nur sehr wenig über die afrikanische Ruinenstadt erzählen. Denn im Wahn, eine europäische Herkunft beweisen zu wollen, wurden die meisten Spuren der hochentwickelten Shona-Kultur für immer zerstört. Unser Führer weiß nur, dass die Shona durch Gold, Elfenbein und Kupfer reich und mächtig wurden. Sie tauschten diese Materialien gegen Waren aus der ganzen Welt. Es wurden sogar Porzellanscherben aus China gefunden.

Doch ihre wirkliche Stärke waren die Religion und die klugen Gottkönige, die Mambos. Nur sie konnten direkte Verbindung mit den Ahnen aufnehmen. Aber die Mambos waren Schlitzohren und benutzten dafür ein geheimes, überdimensionales Ahnentelefon, und das funktionierte so: Während der Zeremonie unten im Heiligtum flüsterte oben in der Felsenruine ein

Priester die Antwort der Ahnen in den Höhlenspalt, vor dem wir gerade sitzen. Die geologische Form und Beschaffenheit dieses Spaltes verstärkte die Stimme derart, dass die Antwort im 400 Meter entfernten Heiligtum gut zu hören war. Der außerirdische Klang muss eine furchteinflößende Wirkung gehabt haben und erzeugte sicher Respekt und Gehorsam.

Nachdem auch wir telefoniert haben, verlassen wir die Bergruine durch einen schmalen Felsspalt. Nur eine Person kann sich mit Mühe durchzwängen. Ein Engpass, um Angreifer mit einer Steinlawine auf Distanz zu halten.

In der Ebene, im Heiligtum angekommen, stehen wir vor dem größten Rätsel des großen Komplexes, dem massiven Steinturm. Bei seiner Entdeckung war er 22 Meter hoch. Warum dieser Turm keinen Aufgang hat, weshalb er von der großen Steinmauer geschützt wird und welche Funktion er hatte, wurde bisher nicht geklärt.

Diese außergewöhnliche Ruinenstadt beeindruckt nicht nur durch ihre Größe, sondern auch durch die ungelösten Rätsel und mangelnden Informationen.

Zu gern hätte ich beim Telefonieren mit den Ahnen um mehr Infos gebeten, doch leider war die Leitung besetzt. Ich vermute, unser Freund Robert Mugabe, der mit Geistern guten Kontakt pflegt, ja sogar mit ihnen zu Abend isst, hat gerade mit seinen Vorfahren telefoniert und die Leitung blockiert. Bekanntlich behauptet Mugabe, in direkter Linie von den alten Shona-Gottkönigen abzustammen. Infolgedessen lässt er sich von den Schulkindern mit Liedern und Gedichten als »Our King« lobpreisen. Hoffentlich weiß »Our King«, dass naturgemäß alle Könige und Hochkulturen früher oder später von der Bildfläche verschwinden.

Groß-Simbabwe ist ein Paradebeispiel, wie aus Rundhütten mit Strohdach eine große Kultur mit gigantischen Bauwerken und weltweitem Handelsnetz entstand. Doch die Menschen in Simbabwe sind nach 500 Jahren wieder in die gleichen Lehmhütten mit Strohdach gezogen, als hätte es nie etwas anderes gegeben. Aber etwas haben sie aus der ruhmreichen Zeit herübergerettet, ihre Totems. Die Shona kennen 52 Totems. Jeder Mensch wird durch Geburt dem Totem seines Vaters zugeordnet. Es wird durch ein Tier, einen Körperteil oder eine Pflanze verkörpert, wie zum Beispiel Fischadler, Zebra, Herz oder ein Elefantenbein.

Stressman erzählt, dass er zum Totem der »Mukuwanda«, der Affen, gehört. Die Mukuwanda dürfen logischerweise kein Affenfleisch essen. Sollten sie es trotzdem tun, werden sie wahnsinnig.

»Wir essen auch nie aus einem Tontopf, in dem irgendwann einmal ein Affe zubereitet wurde. Tun wir es unbewusst, werden Frauen unfruchtbar oder ihre Babys stumm geboren. Wir Affen haben einen gemeinsamen Vorfahren, der vor langer Zeit das Totem gegründet hat. Deshalb sind wir alle Brüder und Schwestern, was wir auch so empfinden. Bei 52 Totems und 13 Millionen Simbabwern habe ich eine große Familie. Wegen Inzucht heiraten wir nie jemanden mit demselben Totem und haben auch keine sexuellen Beziehungen untereinander. In meiner Kultur ist Familie alles. Sie verbindet uns mit den Ahnen und bietet Sicherheit, Bildung und Geborgenheit. Vor allem für die vielen, die keine Arbeit haben. Bei uns ist es Sitte, dass derjenige, der Arbeit hat, abgibt, soviel er kann. Das Leben ist teuer, und nur zusammen sind wir stark.«

Während wir zum Auto zurücklaufen, sehen wir einen Mann, der Abfall einsammelt, und ich frage Stressman, wie viel er wohl verdient.

»Zu wenig, etwa 200 Dollar!«

»Was verdient dann der Manager von Groß-Simbabwe?«

»Vielleicht 300 Dollar.«

»Und wie alt ist er?«

»Er geht bald in Rente.«

Für mich ist es erstaunlich, dass ein Manager mit vielen Berufsjahren nicht wesentlich mehr verdient als ein junger Abfallsammler.

Doch Stressman meint, hier sei es egal, ob du ein Jahr oder 30 Jahre deinen Job machst, du verdienst immer das Gleiche. »Weshalb solltest du für dieselbe Arbeit mehr bekommen, nur weil du älter bist? Im Alter leistet man doch nicht mehr.«

»So gesehen, ist das richtig«, muss ich zugeben.

Unsere Kulturen sind zu verschieden. Stressman versteht mich nicht.

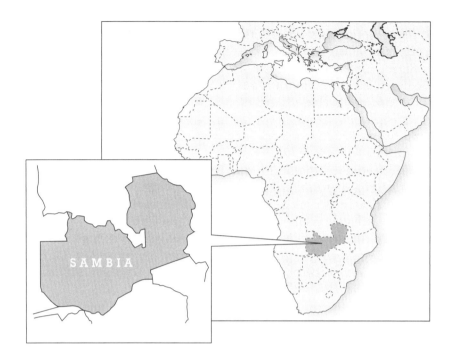

Sambia

Welche Konsequenz hat Ihre Kleiderspende?

Im Nordwesten Sambias, nur einen Steinwurf von der Grenze zum Kongo entfernt, entpuppt sich die Felspiste als Achterbahn, und der HZJ nähert sich gefährlich dem Kipppunkt. Leider wird uns hier im Worst Case keine Hydraulikwand auffangen wie im ADAC-Kipptest, bei dem dieser kritische Punkt ermittelt wird. Zuverlässig zeigt uns der Neigungswinkelmesser dann immer an, wie weit die Katastrophe entfernt ist.

Nur einmal überschritten wir bisher diesen Punkt, und zwar damals im Iran. Ein schreckliches Gefühl, wenn sich das Auto auf einer Seite langsam erhebt, sich dem Punkt ohne Umkehr nähert, kurz in Bewegungslosigkeit erstarrt, um wie ein besiegter Gladiator mit einem Knall der Zerstörung zur Seite zu kippen und im Staub zu landen. Dann steht die Welt still.

Dieser Horror hat sich tief in Hetis Seele eingebrannt und packt sie bei jeder Steilwandfahrt, so wie jetzt.

Bittend fixiert mich ihr Blick: »Mach dieser Qual ein Ende!« Wie gern würde ich ihre Bitte erfüllen. Doch ich kann unmöglich umkehren, denn der Urwald schabt links und rechts am HZJ.

Ich weiß nicht, ob ich überhaupt irgendwo umkehren kann. Ich weiß nicht, welche Hindernisse noch auf uns warten. Ich weiß nur das Ziel: die Kabweluma-Wasserfälle.

Wieder neigt sich der HZJ bedenklich. Mit bleichem Gesicht und rot unterlaufenen Fingernägeln krallt sich Heti am Griff des Armaturenbretts fest. Plötzlich ist es auch bei mir da. Es wird irgendwo in der Bauchspeicheldrüse geboren, schleicht sich in den Magen, krabbelt den Hals hoch und drückt den Kehlkopf mit aller Gewalt ab, das Gefühl der Angst. Sollten wir auf dieser Piste eine Rolle seitwärts machen, sitzen wir fest, bis der Urwald den HZJ überwuchert und mein Bart zum Boden reicht. Das letzte Auto begegnete uns vor drei Tagen.

Endlich öffnet sich das Blätterdach zu einer Lichtung, und wir sind erlöst. Hier ist Schluss! Wir machen uns zu Fuß auf den Weg. Aus dem leisen Rauschen wird ein wildes Dröhnen. Ich kann den Geruch des kühlen Wassers riechen. Der Kabweluma ist scheu und versteckt sich immer wieder hinter undurchdringlichen Urwaldwänden, bis ihn seine Gischt verrät, die über dem Urwald wabert.

Wie durch Geisterhand öffnet sich der Blättervorhang, und uns zeigt sich ein Schauspiel, das wir mit offenem Mund bestaunen. Direkt vor uns stürzt mit unvorstellbarem Tosen das Wasser in allen möglichen Zustandsformen in die Tiefe, entweder wuchtig von hoch oben bis nach unten oder verspielt von einer moosbedeckten Kaskade zur nächsten. Das Spektakel beherrscht jeden unserer Sinne. Die Gischt beschert uns eine eiskalte Dusche, eine angenehme Abkühlung. Der Kabweluma ist nicht der höchste, auch nicht der mächtigste Wasserfall, seine Superlative sind Schönheit und Einsamkeit.

Sind wir verrückt? Quälen uns tagelang über miserable Pisten, nur um einen Fluss zu bewundern, der über eine Felskante fällt? Ich denke, ja!

Sonst könnten wir nicht hier und nicht allein die Faszination dieses exklusiven Augenblickes genießen.

Heutzutage ist es einfach, mit genügend Geld und einem Charterflugzeug die Niagarafälle schnell und bequem zu erreichen. Doch an diesen Ort kommt nur, wer mit seinem Auto auf einer Piste drei Tage von Schlagloch zu Schlagloch hüpft. Es gibt keinen Flugplatz, kein Hotel und kein Restaurant, auch keine Touristen, die zehnmal »klick« machen und zum nächsten Afrika-Highlight eilen, getreu dem Motto: schnell da, schnell weg! Dafür steht man an einem dieser seltenen und besonderen Orte auf der Erde, die noch nicht vom Massentourismus abgelutscht worden sind.

Nach der vielen Mühe und Anstrengung überkommt uns das gleiche Entdeckergefühl, wie es einst David Livingstone empfunden haben muss. Er vermutete in der Nähe die Nilquelle und starb nach unendlichen Strapazen unweit in den Bangweulu-Sümpfen. Sein Lebensziel, die magische Nilquelle zu sehen, hat er nie erreicht.

Viele Stunden genießen wir das Naturschauspiel und haben diesen wunderbaren Ort ganz für uns allein. Die Erinnerung daran macht den harten Rückweg etwas weicher, und wir erreichen Mporokoso.

Obwohl Mporokoso der Verwaltungssitz der Nordregion ist, führt nur eine staubige Straße hinein und zum Glück wieder hinaus. Links und rechts stehen einige schmuddelige Hütten und Geschäfte, in denen sich das Angebot wiederholt. Es ist wie im Film *High Noon*, als wir den verschlafenen Ort erreichen, und genauso ist die Stimmung.

Hier muss ich doch einmal über die ausgefallenste Geschäftsidee Afrikas berichten. Sie ist exklusiver als der Handel mit Uran und noch einmaliger als die Versteigerung von Elvis Presleys Glitzeranzug. Es geht um Secondhand-Kleidung, die Frauen an jeder Straßenecke anbieten. Abgelegte Kleidung wird in riesigen Mengen in Europa gesammelt und für 100 Euro pro Tonne nach Afrika verkauft.

Vor uns liegt ein großer Wühlhaufen im roten Staub. Das kunterbunte Angebot reicht von A wie Abendkleid bis Z wie Zwickelunterhose mit den klingenden Markennamen von Esprit bis Strenesse.

Hetis Sandalen haben sich aufgelöst, und kaputte Kleidung muss ersetzt werden. Wir werden sogar fündig. Die dicke Verkäuferin pokert. Sie setzt alles auf eine Karte. Für ein T-Shirt, eine Esprit-Hose und Sandalen verlangt sie den unverschämten Touristenpreis von 120 000 Kwacha. Mit viel Glück zahlt ihn vielleicht ein an Preisschilder gewöhnter Tourist. Ein Afrikaner ließe sich lieber vierteilen, als dass er einen geforderten Preis bezahlt. Handeln gehört zum Leben wie das Atmen und wird als Kunst hoch geschätzt.

Die Dame zeigt Schauspieltalent und fleht herzerweichend, dass sie die umgerechnet 20 Euro zum Überleben braucht.

»Soll ich dich allein reich machen?«, frage ich.

»Nein, nein«, jammert sie, »den letzten Kunden hatte ich vor einer Woche und morgen ist die Rate für den Mikrofinanzkredit fällig.«

»Und? Wo liegt das Problem?«

Sie rollt mit den Augen und erklärt, dass sie 500 Dollar Kredit von der Bank zu fünf Prozent Zinsen im Monat bekommen hat, das sind 60 Prozent im Jahr. Doch das Schlimmste ist, dass die erste der zwölf Monatsraten gleich nach einem Monat samt Zins und Zinseszins fällig ist.

»Kennst du eine Saat oder ein Küken, das bereits nach einem Monat gewinnbringend geerntet oder geschlachtet werden kann?«, fragt sie mich und schimpft, als wäre ich daran schuld.

»Aber das wusstest du doch vorher«, kontere ich.

»Ja, schon«, sagt sie kleinlaut, »aber weil mein Schneiderberuf die Familie schon lange nicht mehr ernährt, musste ich in Secondhand-Kleidung investieren, und wegen der Tilgung des Kredits brauche ich schnelle Gewinne, die nur durch Handel möglich sind.«

»Dann ist doch alles super«, erwidere ich. Das bringt sie in Rage, und ich schrecke vor ihren stechenden Augen zurück.

»Ja super! Vielleicht am Anfang! Schau dich doch mal um. Inzwischen sind wir 30 Frauen, die mit Secondhand-Waren handeln, und die Kunden werden immer weniger. Wegen dieses blöden Kredits sitze ich hier sinnlos herum und muss meine Familie sowie den Gemüsegarten vernachlässigen. Bitte gib mir die 120 000 Kwacha.«

Ich drücke ihr 50 000 in die Hand. Sie freut sich, aber ich bin mit dem Thema noch nicht fertig.

Stellen Sie sich vor, wir fahren in ein kleines, entlegenes Dorf mit dem Namen »Zufrieden«. Dort gibt es alles Lebensnotwendige, aber nur eine bestimmte Menge Geld. Dieses Geld wandert vom Schneider zum Fischer, vom Fischer zum Schmied und vom Schmied wieder zum Schneider. Waren und Geld bilden einen gesunden Kreislauf, bei dem das Geld im Dorf bleibt und alle gut leben.

Doch dann kauft sich einer ein Handy in der Stadt und ein anderer einen Fernsehapparat. Somit wandert viel Geld vom Dorf in die Stadt. Die Menschen in der Stadt werden reicher, die im Dorf ärmer und müssen dem Geld in die Stadt folgen. Das Dorf »Zufrieden« blutet aus, und die Slums in der Stadt werden von Arbeitslosen überschwemmt.

Und da sind wir wieder zurück bei unserer Schneiderin, die sich hinter ihrem Stand erfolglos die Beine in den Bauch steht. Sie wird zwischen europäischer Secondhand-Kleidung und einem Mikrofinanzkredit der Deutschen Bank notgedrungen zum Global Player. Mit hohen Zinsen und einer schlechten Geschäftsidee kämpft die Schneiderin um die Existenz ihrer Familie, während sich Anleger und Bank in ihrer Profitgier die Hände reiben.

Die Deutsche Bank hat einen Mikrofinanzfonds aufgelegt, der garantierte 9,5 Prozent Armenzins pro Jahr ausschüttet und dabei idiotensicher ist. Denn wie die Erfahrung zeigt, zahlen einfache Menschen ihren Kredit zu 98 Prozent zurück und enttäuschen nur höchst selten das in sie gesetzte Vertrauen. Großbanken dagegen verkommen zu Spielcasinos, die das Geld ihrer Kunden leichtfertig verspekulieren.

Mohammed Yunus' Idee, mittellosen Menschen ohne Sicherheit Kleinkredite als Startkapital zu geben, ist gut. Die Banken sind es nicht. Es ist skrupellos, wie sie diesen Gedanken schamlos als Barmherzigkeit verpacken, um damit am Kapitalmarkt auf Kosten der Armen viel Geld zu verdienen.

Aber es geht auch anders, wie wir am folgenden Beispiel einer Frauenkooperative sehen. Und so funktioniert es:

Jede der 20 Frauen legt Geld, das sie entbehren kann, in einen Gemeinschaftstopf, sagen wir 5000 Kwacha. Am Monatsende wird abgestimmt, welche der Frauen die beste Geschäftsidee hat. Sie bekommt dann zinslos die 100 000 Kwacha, Die Frauen haben den Ehrgeiz, das geborgte Geld schnellstmöglich zurückzubezahlen. Somit landet das geliehene Geld wieder im Gemeinschaftstopf.

Anfangs sind die Kredite sehr klein. Doch durch die Rückzahlungen und die monatlichen Einzahlungen wächst das Grundkapital der »Frauenbank« rasant, und es können schnell größere Projekte finanziert werden.

Die Frauenkooperative ist die Wiedergeburt der afrikanischen Urzelle, die trotz unendlich vieler sinnloser Hilfsprogramme wieder an sich selbst glaubt. So wie es vor der Ankunft der ausländischen Ausbeuter selbstverständlich war.

Die Kooperativen haben weitere Vorteile. Das Kapital kommt immer wieder zurück und macht die Gemeinschaft stärker. Die Männer haben auf das Geld der 20 Frauen keinen Zugriff und können es weder versaufen noch verspielen. Durch den finanziellen Erfolg werden die Frauen unabhängig, selbstsicher und emanzipieren sich ganz nebenbei ohne gesetzlich vorgeschriebene Frauenquote.

Hätten mich doch nur die noblen Herren vom Nobelpreiskomitee gefragt, wäre nicht Herrn Yunus der Nobelpreis verliehen worden. Ich hätte jeder einzelnen Frau aus den Kooperativen einen Nobelpreis mit der Gravur »Hilf dir selbst und nicht der Bank« umgehängt. Diese Frauen haben meine Hochachtung. Während ihre Männer im Schatten unter einem Baum dösen, tragen die Frauen nicht nur die Lasten Afrikas auf dem Kopf, sondern haben auch wirtschaftliches Denken im Kopf. Damit beweisen sie: Erfolg ist auch ohne Bankkredit möglich.

Meine Campingplatzallergie

ch leide an einer unheilbaren Krankheit mit dem Namen »Campingplatzallergie«. Schon bei dem Gedanken an einen Campingplatz gerät
mein Körper in Aufruhr, und mich überfällt ein Gefühl der Enge und
Isolation.

Es ist immer schön, mit Gleichgesinnten zusammen zu sein und ein
Schwätzchen zu führen, aber nicht, wenn auf der anderen Seite des Zauns
viel Neues und Unbekanntes wartet. Besonders abends nach getaner Arbeit
ist es die beste Zeit, den Einheimischen näher zu kommen, mit ihnen
zu reden, zu erfahren, wie sie leben, was sie denken und was sie essen.
Deshalb liebe ich Übernachtungsplätze in gebührendem Abstand zu einem
Haus oder einer Hütte. Dabei sind durch gegenseitiges Interesse Spaß und
Unterhaltung garantiert.

Tagesetappen nach Campingplatzentfernungen zu planen ist lästig. Es
raubt mir die Freiheit des Unterwegsseins. Ich kann dann nicht mehr frei
über genügend Zeit für Menschen, Landschaften oder zum Fotografieren
verfügen. Zudem belasten unverschämt hohe Gebühren die Reisekasse.

Ja, da ist dann noch die Frage der Sicherheit. Es ist eine wichtige Frage,
die in fremden Regionen meist nicht beantwortet werden kann. Ich kann
nur über meine persönliche Statistik berichten. Sie soll jedoch niemanden
leichtsinnig machen, weil jeder sein Risiko und seinen Wohlfühlfaktor auf
einen anderen Level setzt. Wir haben bisher etwa 2000-mal in unserem HZJ
übernachtet. Dabei war es fast immer möglich, nicht auf Campingplätzen
zu stehen, sondern im Busch, in der Wüste, neben Hütten oder Häusern, in
Gefängnishöfen, an Tankstellen und auf Verkehrsinseln, in Irrenanstalten –
nein, nicht in einer Zelle – sowie auf Friedhöfen. Und es war dort meist
angenehm ruhig. Während all dieser Übernachtungen hat nie ein Mensch
versucht, unsere Türschnalle hinunterzudrücken oder gar einzudringen.
Darüber hinaus wurden wir noch nie auf unseren vielen Reisen bestohlen,
obwohl sie meist durch bettelarme Länder führen.

Meine »Campingplatzallergie« ist offensichtlich nicht ansteckend. Heti
ist gegen dieses Virus immun. Vor allem in Städten und wenn sie »große
Wäsche« hat, ist wie immer der Kompromiss die einzige Lösung.

Gegen meine Allergie hilft nur eine Medizin. Auf dem Arzneifläschchen
steht: »Familienbesuch«. Da sich unsere Gäste im einsamen Buschcamp
wahrscheinlich nicht so wohl fühlen werden, suchen wir einen Camping-

platz mit Chalet für unsere Tochter Melanie, ihren Mann Thomas und unsere beiden allerliebsten Enkel Toni und Max.

Für einen Familienbesuch bietet sich der Karibasee an, doch leider tummeln sich darin reichlich Krokodile und Nilpferde. Zudem ist die Suche nach einem passenden Platz schwierig. Der erste, den wir besichtigen, liegt nicht in unserer Preisklasse, und als wir uns nach den Krokodilen erkundigen, wird der Wärter überraschend gesprächig. Erst letzte Woche wollte eine Frau nur ihre Hände am Ufer waschen und ist seitdem spurlos verschwunden.

Wir schlucken, verabschieden uns und suchen weiter.

Dann landen wir einen Volltreffer! Ein einfaches Chalet direkt am Sandstrand mit genügend Platz für den HZJ und als Zugabe einen krokodilfreien Strand. Laut Besitzer finden sie hier nichts zu fressen. Irritiert muss ich an den Wachmann und die verschwundene Frau denken.

Hier verbringen wir eine herrliche Zeit mit unserer Familie. Besonders genießen wir das Zusammensein mit unseren Enkeln, die wir leider viel zu wenig sehen. Das ist der hohe Preis für unseren Lebensstil.

Wir genießen jede Minute. Toni und ich beobachten Tag für Tag ein Motorboot, das immer um die gleiche Zeit eine Strandrunde dreht und dann wieder bei der Lodge anlegt. Neugierig frage ich nach dem Grund. »Probefahrten wegen Motorproblemen« sind des Rätsels Lösung.

Das kommt mir komisch vor, aber was soll's. Am letzten Tag unseres Aufenthalts erkundigt sich ein anderer Gast, ob ich auch das Krokodil gesehen habe.

»Welches Krokodil?«, sage ich, »hier gibt es doch keine.«

»So, so, keine Krokodile! Weshalb dann die ständigen Bootsfahrten?«, fragt er mit hochgezogenen Augenbrauen.

»Motorprobleme«, antworte ich verunsichert.

»Ich weiß, der Besitzer besteht darauf, dass es an seinem Strand keine Krokos gibt«, flüstert er mir ins Ohr, »doch um die Ecke ist eine Krokodilfarm mit über 5000 Tieren. Zurzeit ist die Ledernachfrage miserabel. Deshalb entlassen sie einen Großteil der Tiere in die Freiheit, um Futter zu sparen. Das ist der Grund, weshalb die Gegend hier so extrem von Krokodilen verseucht ist.

Sofort trommle ich alle Familienmitglieder zusammen und stelle mit Erleichterung fest, dass wir vollzählig und unversehrt sind.

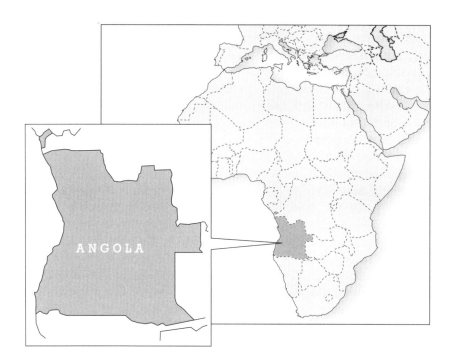

Angola

Eine Flasche Champagner für 1000 Dollar

Die Hauptstadt Luanda wuchert in alle Richtungen. Täglich explodiert der Verkehr aufs Neue. Drei Stunden stop and go für 500 Meter sind auch für Fahrer in hochglanzpolierten Ferrari und Hummer ein ständiges Ritual der Geduld. Jeder will ins Zentrum, so auch ich. Aber mir geht's wie Boris Becker – plötzlich »bin ich drin«.

Wir finden einen Parkplatz, wo ich die Dreckkruste der letzten Piste von den Rücklichtern kratze. Ein Mann kommt des Weges und spricht mich an. Ich hoffe, er will nicht betteln. Zum Glück nicht. Er erkundigt sich interessiert nach unserem Woher und Wohin. Sein Name ist John. Er ist Philippine und lebt seit 28 Jahren mit seiner Familie in Angola, wo er als erfolgreicher Geschäftsmann in vielen Bereichen mit Dienstleistungen aller Art sein

Geld verdient. Er hat einen Freund zum Abendessen eingeladen und ist gerade auf dem Weg ins Restaurant. Höflich und etwas schüchtern bittet er uns, ihn zu begleiten. Damit bringt er mich in Verlegenheit, denn ich weiß, dass sich Heti niemals spontan von einem fremden Mann in einer fremden Stadt und dazu noch abends irgendwohin zum Essen einladen lässt. Doch als er auch ihr seine Einladung vorträgt, kommt ein kurzes »Okay« über ihre Lippen. Ich bin perplex und kenne meine Frau nicht mehr.

Wir gehen mit John in die Nacht Luandas hinaus, und ich frage mich, in welcher Spelunke dieser Abend enden wird. Vorbei an Yachten, die das Mehrfache eines Einfamilienhauses kosten, führt er uns ins feudale Restaurant des Yachtclubs. Bilder an den Wänden zeigen, dass hier die Erfolgreichen aus dem Diamanten-, Gold- und Ölgeschäft mit dem Präsidenten dinieren. Umso mehr sind wir in Jesussandalen, kurzen Schlabberhosen und verwaschenen T-Shirts Fremdkörper, die alle Blicke auf sich ziehen. Doch John hofiert uns, als würden wir heute Abend ein milliardenschweres Geschäft unterschreiben.

Als John's Freund Ernesto Platz nimmt, wird der Abend noch grotesker. Na so was, nun sitzen wir auch noch einem VIP gegenüber, der für die Diamantenminen im Land verantwortlich ist.

Es wird immer besser. Garnelen von der Größe einer Brezel und gegrillte Riesenfischköpfe werden uns serviert. Von dieser Spezialität lassen wir uns nur das zarte Backenfleisch auf der Zunge zergehen. Ein Ober steht bereit, besten portugiesischen Rotwein nachzuschenken.

Heti muss ich in den Oberschenkel kneifen, sie glaubt zu träumen. Alles ist real, und wir »verschlemmen« im Gourmettempel der High Society Luandas so viele Dollars wie wir in drei Monaten in Afrika ausgeben.

Provozierend frage ich Ernesto, wie es möglich ist, dass in einer afrikanischen Hauptstadt das Leben teurer ist als in der Metropole Tokio.

Nachdenklich nimmt er sein Glas und sinniert: »Diese Stadt ist das Symbol für schnellen Reichtum. Sie zieht die Glücksritter magischer an als das Licht die Motten, und viele verbrennen darin.«

»Ach, das ist wohl das Heer der Unglücklichen, das ich auf der Müllhalde mitten in der Stadt gesehen habe«, wende ich ein.

Noch nie habe ich so einen armseligen Slum in Sichtweite der Reichen gesehen. Wenn die Elite aus ihren klimatisierten Hochhäusern schaut, blickt sie direkt ins Elend. Die Regel, dass Reichtum nur auf Kosten der Armen möglich ist, gilt in allen afrikanischen Ländern. Ernesto sieht das völlig anders: »Diese Menschen sind selbst schuld. Sie setzen alles auf eine Karte, nur um einen klitzekleinen Krümel vom großen Kuchen zu erhaschen, und wundern sich, wenn sie im Slum enden. Der Überlebenskampf in Luanda ist rücksichtsloser als der beim großen Goldrausch in Alaska!«

Während John eine Flasche vom feinsten französischen Champagner für 1000 Dollar bestellt, erzählt Ernesto, dass sich die Baggerschaufeln beim Ausgraben der neuen Flughafenlandebahn mit Diamanten gefüllt haben. Kurzerhand wurde die Landebahn für drei Jahre als Diamantenmine genutzt, bevor weitergebaut wurde. Deshalb darf ohne eine staatliche Genehmigung kein tiefes Loch gegraben oder gebohrt werden.

Die Champagnergläser sind gefüllt, und wir stoßen auf Angolas Zukunft an.

»Wo wird Angola in 20 Jahren stehen, wenn alle Abbaukonzessionen verkauft beziehungsweise erschöpft sind?«

Ein bisschen arrogant antwortet Ernesto: »In 20 Jahren wirst du dieses Land nicht wiedererkennen, dann sind wir reicher und weiter entwickelt als Dubai oder jeder andere Staat dieser Erde. Mach dir um Gottes willen um unsere Rohstoffe keine Gedanken. Sie reichen für die Ewigkeit. Unsere Goldressourcen haben wir überhaupt noch nicht angerührt, genauso wie die über Jahrmillionen ins Meer gespülten Diamanten. Das Öl fließt bisher nur aus den Bohrinseln im Meer, und nach Diamanten graben wir nur an Land. Das ganze Gold, das Öl unter Land und der Diamantenschatz im Meer gehören den Generationen nach uns. Vergiss nie, wir sind der Hai Afrikas und können alle auffressen!«

Bei so viel Selbstsicherheit fällt mir nichts mehr ein!

John ist über die Deutschen irritiert: »Alle machen hier das große Geld, nur die tüchtigen Deutschen meiden Angola mehr als den Zahnarzt. Luanda ertrinkt in Geld. Vor Heiligabend ankerten mehr als 100 Containerschiffe vollgestopft mit Weihnachtsgeschenken in der Bucht und konnten aus Kapazitätsgründen nicht rechtzeitig entladen werden. Wegen diesem Chaos brachte erst der Osterhase unsere Weihnachtsgeschenke.«

Auch sündteurer Alkohol bleibt nicht ohne Wirkung, und als der Ober die vierte Flasche Champagner anschleppt, winkt Heti in gegenseitigem Einverständnis ab.

Beim Bezahlen rauschen durch Johns Finger mehrere Bündel mit Hundert-Dollar-Noten. Wir bedanken uns von Herzen für diesen Abend aus *Tausendundeiner Nacht*. Doch John winkt großzügig ab: »Das ist doch gar nichts!«

Er begleitet uns zum HZJ und lädt uns ein, auf seinem Firmengelände zu übernachten. Da hätten wir eine warme Dusche, und sicher sei es dort auch. Das sind Argumente, die Heti ganz schnell überzeugen, und wir folgen ihm.

Am nächsten Morgen sitzen wir mit John und seiner Frau Isa beim Frühstück, als sein Handy klingelt. Hinterher erzählt er traurig, dass soeben einer seiner Mitarbeiter an Malaria gestorben ist. Vor fünf Tagen zeigten sich erste Symptome wie leichte Kopfschmerzen und Schwindel, auf die er zu spät reagierte. Da wird Heti hellhörig. Sie hat seit ein paar Tagen die gleichen Beschwerden. Sofort schickt John sie mit seinem Fahrer zum Malariatest. Und dann der Schock: Meine Frau hat Malaria falciparum. Sie ist entsetzt.

Nach drei Tagen Behandlung mit der Malariamedizin Coartem verschlimmern sich ihre Beschwerden. Ein erneuter Test ist wieder positiv. Heti kämpft mit den Tränen. Ausgerechnet ihr muss das passieren, obwohl sie es hasst, schwach zu sein. Ihre Seele weint, und ihr Körper leidet. Die zweite Malaria-Hammermedizin Fansidar fordert ihren Körper bis an die Grenzen. Sogar Haare fallen ihr aus. Dann endlich!! – Nach zwei Wochen ist der dritte Test negativ.

Es ist makaber. Ein Mensch musste sterben, sonst hätte Heti wegen dieser banalen Beschwerden nie an Malaria gedacht. Zum Glück werden wir nie wissen, was weitab irgendwo in der Wildnis ohne Arzt aus ihr geworden wäre. Doch hier werden wir selbstlos und aufopfernd von John, seiner Familie und den philippinischen Arbeitern mit allem versorgt, und Heti kann die Malaria in einem Wattebausch der Herzlichkeit auskurieren.

Der große chinesische Plan

Folgender Witz macht in Angola die Runde:
Warum rennen plötzlich alle Chinesen auf den Platz des Himmlischen Friedens und pinkeln an die Fahnenmasten der Nationalflagge? Weil für einen Chinesen der schnellste Weg in die Freiheit durchs Gefängnis führt.

Der Witz ist makabre Realität und nicht zum Lachen. China entrümpelt seine Staatsgefängnisse und entsorgt seine Gefangenen wie Abfall in Afrika. Die Chinesen errichten im afrikanischen Busch stacheldrahtgesicherte Arbeitslager, wo die Gefangenen Straßen, Brücken oder Staudämme bauen müssen. Niemand weiß es genau, es ist ein Staatsgeheimnis, aber es wird gemunkelt, dass etwa die Hälfte der zurzeit 400 000 Chinesen in Angola verurteilte Verbrecher sein sollen.

Sobald sie ihre Haftzeit im afrikanischen Gulag abgeschuftet haben, sind sie frei. Viele bleiben, eröffnen chinesische Geschäfte, gründen Familien und mehren so den Einfluss Chinas in Afrika. Das ist nur ein Baustein im »großen chinesischen Plan«, der bereits vor 15 Jahren begann. Als damals im rohstoffreichen Angola noch der Bürgerkrieg tobte, wurden vorausschauend 10 000 Chinesen ins 50 Kilometer von Hongkong entfernte Macao geschickt. Sie sollten in dieser ehemaligen portugiesischen Kolonie die angolanische Amtssprache Portugiesisch lernen. Diese Leute sind heute die Aufpasser vor Ort und lenken das chinesische Ameisenheer in Angola.

Um ihre riesigen Projekte zu verwirklichen, sind die Chinesen auf afrikanische Hilfsarbeiter angewiesen. Als wir vor einem der vielen chinesischen Gulags übernachten, bin ich schockiert, wie menschenunwürdig die afrikanischen Arbeiter ausbezahlt werden. Vor dem Eingangstor thront ein Chinese im Scheinwerferlicht auf einem Schemel wie Mao auf dem Sockel. Mit versteinerter Miene ruft er einen Namen. Der Genannte tritt aus der Gruppe und nimmt demütig den Geldschein entgegen. Als er sieht, wie wenig er bekommt, will er aufbegehren. Doch der Chinese zischt ein paar Worte, und der Mann versteckt sich mit gesenktem Kopf in der Gruppe. Dort frage ich ihn, was los war? Wütend knurrt er: »Heute haben mir diese Schweine für einen Tag harte Arbeit nur zwei Dollar bezahlt. Wir wissen nie, was sie am Abend ausbezahlen, und wenn sie mit unserer Arbeit unzufrieden sind, gehen wir ohne Geld zur Familie zurück.«

Unser Weg durch Afrika ist gesäumt von diesen Straflagern, aber auch von chinesischen Einkaufsparadiesen. In ihnen gibt es alles, und das meiste fast umsonst. China begräbt Afrika unter einer Billigproduktlawine und zieht den Afrikanern damit die letzten Cents aus der Hosentasche.

Immer, wenn wir uns in so einem Geschäft umsehen, ertappe ich mich bei der Frage, was dieser chinesische Verkäufer wohl auf dem Kerbholz hat. Das fragt sich zunehmend auch die Regierung Angolas. Denn immer öfter müssen brutale chinesische Verbrecher, die selbst vor Mord nicht zurückschrecken, ausgewiesen werden. Wie Angola mit diesem Gewaltproblem fertig wird, interessiert die Chinesen weniger, als wenn in ihrer Heimat ein Fahrrad umfällt. Sie interessiert nur ihr Ziel, und das ist die wirtschaftliche Weltherrschaft. Aber dazu brauchen sie die afrikanischen Rohstoffe. Um diese zu bekommen, setzen sie auf die lautlose Würgetaktik. Die chinesische Würgefeige umschlingt unbemerkt und langsam den afrikanischen Baum, würgt ihn und saugt ihn aus, bis er abgestorben ist. Diesem Treiben schaut die restliche Völkergemeinschaft gelangweilt zu. Auf den Nenner gebracht: China verleibt sich Afrika ein, während die Welt seit Jahrzehnten erfolglos Unsummen an Entwicklungshilfe in den afrikanischen Kontinent pumpt. Die Chinesen dagegen lassen sich ihre Arbeit mit Rohstoffabbaukonzessionen teuer bezahlen. Denn Maos Enkel verschenken nichts und schon gar keine Entwicklungshilfe. Die stecken sie lieber selbst ein.

Es ist eine Schande, dass China, nach dem Irak und Nigeria, von Deutschland die dritthöchste Entwicklungshilfe ausbezahlt bekommt. Im Klartext: Mit schwer verdienten deutschen Steuergeldern wird ein Land gesponsert, das zu den reichsten Staaten der Welt zählt und in dessen Kasse mehr Dollars liegen als in der von Amerika.

Deutschland, wach endlich auf!

Zurück zur Entwicklungshilfe für Afrika. Afrika nimmt dieses Geschenk gern an, ohne es zu schätzen. Schon ein afrikanisches Sprichwort sagt: »Der Schwache gibt, der Starke nimmt«! Somit stehen China und Afrika auf Augenhöhe. Die Gebernationen dagegen werden wegen ihrer Besserwisserei und ihrer zwiespältigen politischen Moral belächelt.

Der Kampf um die Rohstoffe Afrikas ist in vollem Gange und bis zum letzten Zug präzise wie ein Schachspiel durchdacht.

Im Eröffnungszug werden alle afrikanischen Verantwortlichen mit unvorstellbaren Summen gekauft. Im zweiten Zug lassen sich die Ausbeuter für die erschwindelten Aufträge langfristige Rohstoffkonzessionen überschreiben. Denn China hat dank seiner zentralen Planwirtschaft einen langen Atem und nicht das wirtschaftliche Kurzzeitgedächtnis der freien Marktwirtschaft, in der die Investition schnellstens wieder erwirtschaftet sein muss. Vielleicht entwickelt China mit seinem wirtschaftlich orientierten Kommunismus eine effiziente Staatsform der Zukunft, welche die Welt noch grundsätzlich verändern kann.

Beim dritten Schachzug importieren die Chinesen die gesamte Ausrüstung aus der Heimat und schaffen dort viele Arbeitsplätze. Nun kommen wir zum genialsten Schachzug, den sich nur die Strategen aus dem Reich der Mitte ausgedacht haben können. In diesem vierten Zug bezahlen die Afrikaner mit Rohstoff-Abbaukonzessionen die Chinesen für den Bau von Straßen, Brücken und Eisenbahnlinien. Erst damit können die Chinesen überhaupt die Rohstoffe bequem außer Landes schaffen – ein chinesisches Perpetuum mobile, das die Afrikaner in Gang halten.

Der fünfte Zug geht an die Afrikaner. Sie dürfen Arbeitskräfte liefern, aber nur, wenn sie billiger als die chinesischen sind. Im sechsten Zug sind die Chinesen auf der Siegerstraße, schmieden mit den afrikanischen Rohstoffen ihre Zukunft, und die Afrikaner verlieren einmal mehr. Nun ist das Tafelsilber verkauft, und sie sind wieder Bettler im eigenen Haus. Da die Chinesen keine Wohltäter, sondern gnadenlose Geschäftsmänner sind, werden sie sagen: »Okay, ihr dürft in eurem Haus weiterhin wohnen, doch ab sofort zahlt ihr Miete.«

Schachmatt Afrika oder: TIA – THIS IS AFRICA!

Das ist der finale Schachzug einer postmodernen chinesischen Spätkolonialisation. Mittlerweile hat der gierige chinesische Drache seine scharfen Krallen schon tiefer im trägen afrikanischen Elefanten, als wir es uns vorstellen können.

Unter Kopfschmuck-Fetischisten

Tómbua liegt in Südangola am Atlantischen Ozean. Dort entscheiden wir uns, die Moçâmedes-Wüste, die Verlängerung der namibischen Skelettküste, zu durchqueren. Auf kleinen Pisten möchten wir uns durch dünnbesiedeltes Gebiet zum namibischen Grenzort Ruacana durchschlagen. Euphorisch brechen wir auf, ohne zu ahnen, dass wir Ruacana nie erreichen werden.

In der Moçâmedes-Einöde stolpern wir über die außergewöhnlichste Pflanze dieser Erde – Welwitschia, die Wundersame. Sie wird bis zu 100 Zentimeter hoch, hat in der Mitte einen betonharten Stummelstamm, von dem sich zwei schmale, lange Blätter auf den heißen Sand wagen, weshalb sie weitgehend verschmort sind. Hässlich sieht dieser Überlebenskünstler aus. Trotzdem verbeuge ich mich vor ihm und ziehe mit Hochachtung meinen Hut. Ihm reicht etwas Nebelfeuchtigkeit, um in glühender Hitze 2000 Jahre zu überleben, während mein Körper schon nach drei Tagen ohne Flüssigkeit am Tropf hängt.

Flüssigkeitsmangel und ein knochentrockener Wassertank sind der Grund, warum wir diese Todeszone schleunigst verlassen müssen. Wir halten uns weiter südlich Richtung Pediva, wo eine Quelle sein soll. Die Piste dorthin quält sich durch steinige Berge und ist entsprechend ruppig.

Tatsächlich finden wir in Pediva Wasser. Leider ist es warm, stinkt nach Schwefel, und am Ufer liegen Tierkadaver. Wenn wir es trinken, werden wir genauso enden. Etwas entfernt stehen zwei Grashütten. Die Menschen fuchteln mit den Händen, nicht trinken, nicht trinken!

Ich schaue mir das armselige Lager näher an und entdecke einen Kanister mit dreckigem Wasser. Vorsichtig nehme ich einen kleinen Schluck, es ist genießbar.

»Es kommt aus den Bergen und muss den ganzen Weg auf dem Kopf getragen werden«, geben mir zwei Frauen mit pantomimischem Talent zu verstehen. Beide heben einen leeren Kanister auf den Kopf und zeigen auf den Boden. Aha, wir sollen uns setzen. Dann verschwinden sie in den Bergen.

Nach zwei Stunden kommen die Frauen zurück, und obwohl jede 15 Liter Wasser auf dem Kopf trägt, ist ihr Gang genauso geschmeidig wie beim Aufbruch. Wir bedanken uns für das kostbare Nass mit etwas Mehl und Zucker.

Auf meine Frage hin, welche der vielen Pisten nach Ruacana führt, wird mit einem Stock auf die eingeebnete Sandfläche gezeichnet und so geantwortet.

Der Weg schlängelt sich in ein breites Flusstal, das wie viele andere nur in der Trockenzeit passierbar ist. Doch dieser Fluss hat trotz der Trockenzeit ein klägliches Rinnsal vergessen, und das genau an der einzig möglichen Passage. Das Wasser ist nicht tief, aber als ich es durchwate, stecke ich bis zu den Knien im tiefen Morast. Das Blubbern überzeugt mich: Nichts geht mehr!

Weit und breit sehe ich keine alten Autospuren. Hier kam schon lange keiner mehr durch. Somit wären wir die Ersten, die eine Durchquerung wagen. Dabei würde unser HZJ bis über die Achsen versinken, und wir drei säßen tief im Schlamassel und nicht nur im Matsch.

Zurück Richtung Norden wollen wir nicht. Vielleicht schwierig zu verstehen, aber wir hassen es, denselben Weg zweimal zu fahren. So bleibt uns nur noch eine Piste Richtung Westen, und die führt laut Karte durch tiefbraune Höhenlinien, was hohe Berge bedeutet.

Wir gehen es vorsichtig an und fahren, bis es zu dämmern beginnt. In der Abendsonne taucht ein kleines Dorf mit außergewöhnlichen Bewohnern auf. Beim ersten Blick überrascht uns der extravagante Kopfschmuck der Frauen. Und beim zweiten die Art, wie sie ihre Brust tragen. Mit rauer, fingerdicker Rohfaserschnur binden sie den nackten Busen direkt über der Brustwarze ganz flach an den Oberkörper, sodass die Warzen vor Schmerz gequält Richtung Himmel starren.

»Andere Länder, andere Sitten, andere Frauen, andere Titten.« Das ist sonst nicht mein Jargon, doch in diesem speziellen Fall komme ich nicht an dem Lieblingsspruch unseres Freundes Walter vorbei.

Diese Damen lieben nicht nur enge und knappe BHs, sie sind auch Kopfschmuck-Fetischisten. Nicht eine Frau im Dorf trägt die gleiche Kopfbedeckung. Ihre Fantasie kennt keine Grenze. Nur zwei Gemeinsamkeiten kann ich an den Kopfbedeckungen erkennen: Groß und bunt müssen sie sein.

Bei einer Frau sieht es aus, als ob sie eine Obstkiste auf dem Kopf trägt, die mit buntem Stoff bezogen ist. Die nächste ist mit einer Kopfhaube dekoriert, ähnlich wie sie Nonnen tragen, nur breiter und leuchtend orange. Eine weitere zeigt sich im kunstvoll drapierten Kopftuch, das die gesamte Schulter vor der Sonne schützt. Allen gemein ist, dass neun von zehn Frauen auf dem Rücken ein Baby im Ziegensack tragen.

Diese Menschen sind sehr scheu, fast ängstlich. Das macht sogar eine Unterhaltung in Körpersprache unmöglich. Das Einzige, was wir herausfinden, ist ihre Stammesbezeichnung. Sie nennen sich Mucubal. Schade, dass wir nicht mehr über sie erfahren können.

Wir müssen weiter und folgen der Piste mit den meisten frischen Spuren immer Richtung Westen. Doch diese lösen sich in nichts auf und werden von einer Bergpiste ersetzt, die mit fußballgroßen Steinbrocken gepflastert ist.

Obwohl wir bereits mit steilen Anstiegen kämpfen, sind die Höhenfarben in der Karte noch grün wie in der Rheinischen Tiefebene. Doch unser Klettermaxe arbeitet sich unnachgiebig im Fußgängertempo hinauf.

Am nächsten Tag treffen wir erneut auf ein Dorf. Obwohl es nur etwa 50 Kilometer von dem der Mucubal entfernt ist, sind die beiden Stämme unterschiedlicher als Eskimos und Indianer. Sie nennen sich Mumuila. Die Frauen zeigen bei der Kopftracht wenig Individualismus. Sie gehen alle zum selben »Frisör«, und der beherrscht nur eine »Frisur«, die viel Geduld erfordert. Die schulterlangen Kraushaare werden in vier Zöpfe gezwungen, die mit Sorghum- und Kleiebrei zu langen Strängen geformt werden. Solange bis die Pampe knochenhart getrocknet ist, sitzen die Schönheiten verklärt und bewegungslos auf dem Boden. Danach verzieren sie die Stränge mit Kaurimuscheln, Glasperlen und allem, was ihnen gefällt. Diese Frauen opfern ihrer Schönheit genauso viel Zeit wie europäische Damen im Beautysalon. Und ich kann mir nicht vorstellen, wie diese Frisur eine stürmische Nacht überlebt. Am nächsten Tag weiß doch jeder Bescheid …

Die Mumuila-Frau zeigt ungeniert ihre Brust, doch ihren Hals versteckt sie unter Hunderten dünner Glasperlen, die sie mit Ockerfett zu einer Einheit verklebt. Ein nicht alltägliches Schönheitsattribut sind die vier ausgeschlagenen oberen Schneidezähne. Auch in der Mentalität unterscheiden sie sich grundlegend von den Mucubal-Leuten. Die Mumuila sind offen, streicheln neugierig die weiße Haut und kokettieren verführerisch.

Unser Weg führt nun schnurstracks über einen Abbruch in ein Wadi. Die Hitze macht mich faul, und ich überprüfe nicht, ob er befahrbar ist. Das Gefälle des sandigen Steilufers wird immer senkrechter, und wir rutschen wie auf einer Schlittenbahn hinab. Zwar bin ich zum einen froh, dass die Rutschpartie so gut geklappt hat, doch zum anderen entsetzt mich dieser folgenschwere Fehler. Denn diesen steilen Sandabhang kommen wir nie wieder hinauf. Jetzt gibt es nur noch eine Richtung, und die heißt vorwärts, komme, was da wolle!

Am Ende des Tales sitzen wir endgültig in der Falle. Vor uns baut sich ein steiles Gebirge auf, durch das unmöglich ein befahrbarer Weg führen kann. Heti will umkehren, doch ein Zurück ist nicht mehr möglich. Und es kommt noch schlimmer, als wir es uns jemals vorstellen konnten. Der Weg verkommt zu einem steilen Pfad mit großen Felsbrocken, tiefen Erosionsrinnen und eng stehenden Bäumen. Der kleinste Fahrfehler, und der HZJ kippt, oder die Felsen zertrümmern die Achsen. Die Blattfedern, der Rahmen und der Aufbau knacken und knallen wie noch nie gehört, als ob unser Riesenbaby jeden Augenblick in zwei Teile zerbrechen könnte. Der Aufbau schlägt mit voller Wucht gegen Bäume, so eng ist der Pfad. Hier kommen nur Esel durch, und ich bin der größte von allen.

Nie, nie, nie hätte ich geglaubt, dass unser HZJ Terrain bewältigt, bei dem meist nur drei Räder den Boden berühren. Er ist über sich hinausgewachsen – danke, auch an die Toyota-Konstrukteure, für dieses Wunder.

Für nur 70 Kilometer zittern wir 14 Stunden lang. Und als wir endlich wieder auf Teer stehen, sind wir drei stark ramponiert. Der Auspuffkrümmer ist abgebrochen, an der Hinterachse ist eine Schweißnaht gerissen, mir brummt der Schädel, und Heti hat Magenschmerzen.

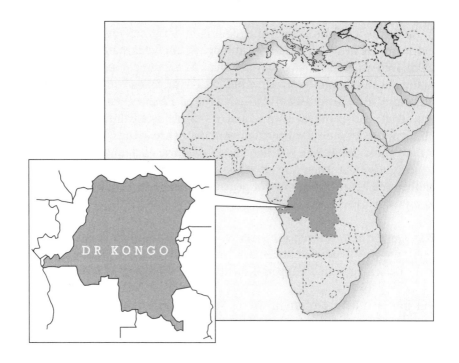

DR Kongo

Ist Armut gottgegeben?

»**S**ei auf der Hut vor Polizisten. Sie sind die schlimmsten Verbrecher, da weder Recht noch Ordnung gelten! Reise nur mit einem Kettenfahrzeug ein, denn alle Straßen, soweit noch vorhanden, sind zerbombt! Schließe auch bei größter Hitze die Autofenster und verriegle die Fahrzeugtüren, sonst wirst du aus dem fahrenden Wagen entführt! Gib niemandem die Hand, nicht dass dich das Ebolafieber innerlich zersetzt oder dir durch Lepra Ohren und Nase abfaulen!

Solltest du das alles überstanden haben, wird die ›Malaria falciparum‹ binnen 24 Stunden dein Gehirn in eine breiige Masse verwandeln. Ansonsten ist der Kongo ein noch sehr ursprüngliches Reiseland und vom internationalen Tourismus noch nicht überrannt.

Viel Spaß und gute Erholung!«

So oder so ähnlich berichten Internet und Medien über die Demokratische Republik Kongo.

Würden Sie ein solches Land bereisen?

Nehmen wir das Recherchierte für bare Münze, ist der Kongo das Reiseland, wo sich nur Verrückte und Selbstmörder treffen. Doch um all diese Negativschlagzeilen zu glauben, waren wir schon zu oft in angeblichen Schurkenstaaten und haben eine andere Realität gesehen. Etwas zu glauben oder es selbst zu erfahren ist bekanntlich ein großer Unterschied. Wir trafen viele gute und hilfsbereite Menschen in Ländern wie Iran oder Pakistan. Nicht die Ausgeburt des Bösen, sondern Freunde fürs Leben fanden wir dort. Deshalb vertraue ich lieber auf meine eigene Erfahrung als auf die reißerischen Secondhand-Medieninformationen. Wir wissen, dass Regierungen schlecht sein können, aber niemals ein ganzes Volk. Trotz allem bleibt jede negative Nachricht irgendwo im Unterbewusstsein hängen und nimmt uns die unvoreingenommene Begegnung mit fremden Menschen und Kulturen.

Ich weiß, Heti will es nur ungern zugeben, aber die Salven dieser Hiobsbotschaften haben ihre Psyche tief getroffen. Obwohl die vielen positiven Erfahrungen und die Vernunft ihr sagen müssten, dass wir nichts zu befürchten haben, wird sie zusehends unruhiger. Hinzu kommt die Sorge um unser zweites Angola-Visum. Dieses Land verbrennt lieber seine Staatsflagge, als Overlandern ein Visum auszustellen. Meine Frau ist überzeugt, dass unser aktuelles Angola-Visum ein Glücksfall war. Ob wir für den Rückweg nochmals Visaglück haben werden, steht in den Sternen.

Mit all diesen Risiken im Hinterkopf ist ein Aufbruch schwierig. Heti ist ziemlich nervös. Dennoch fahren wir nach vielen Diskussionen los, vertrauen auf die eigene Erfahrung und hoffen, dass uns unsere Schutzengelarmee auch in den Kongo folgt.

In diesem Augenblick spielt der CD-Player den Song von Pur:

»Komm mit mir ins Abenteuerland

Der Eintritt kostet den Verstand

Komm mit mir ins Abenteuerland

Und tu's auf deine Weise

Deine Fantasie schenkt dir ein Land

Das Abenteuerland ...«

...

Krieg und Urwald haben im Kongo die meisten Straßen zerstört. Deswegen wurde es das Land der Schiffe und Flugzeuge und nicht das der Autos. Doch unser kräftiger HZJ lacht über die ersten Kilometer der rauen Sandpiste. Nicht ganz so lustig findet Heti den Soldaten, der auf der Pritsche eines Armeefahrzeugs steht und den Verkehr überwacht. Ausgerüstet wie Rambo, bricht er fast unter der Last von schusssicherer Weste, MG, Schlagstock, Pistole und mehreren Patronenhaltern zusammen. Jetzt hat sie die Bestätigung für ihre Zweifel. Meine Hypothese, dass seine Kollegen im Moment garantiert alle ohne Bewaffnung und entspannt auf dem Lokus sitzen, überzeugt sie nicht sonderlich.

Auf dem Weg nach Banana Richtung Atlantikküste werden wir bei einem Checkpoint gestoppt. Die erste Polizeikontrolle in einem neuen Land ist immer spannend. Dadurch können wir einschätzen, wie aggressiv sich die hiesige Autorität auf ein Portemonnaie stürzt.

Der Polizist geht in Grundstellung und lächelt: »Herzlich willkommen in meinem Land. Ich freue mich, Sie begrüßen zu dürfen, und wünsche Ihnen einen angenehmen Aufenthalt im Kongo.«

»Was für ein schönes Vorspiel«, denke ich und warte, dass er unsere Papiere fordert, das Auto inspiziert und die kleinste Unzulänglichkeit mit einer astronomischen Dollar-Forderung quittiert. Beschäftigt mit meinen schlechten Gedanken, überhöre ich sein »Bon voyage«.

Heti boxt mich in die Seite: »Fahr endlich los, du Schlaftablette!« Vorurteil Nummer eins hat sich soeben in sympathische Realität verwandelt.

Banana ist nicht die Frucht im Bananensplit, sondern ein winziges Fischernest auf einer schmalen Landzunge, die wie ein mahnender Zeigefinger in die breite Kongomündung zeigt. In der Flussmitte verläuft die sensible Grenze zu Angola. Über sie wechseln in einer kleinen Pirogge im Schutz der Dunkelheit Diamanten im Wert von 100 Millionen Dollar schneller das Land als mit einer offiziellen Banküberweisung. Deswegen sind die langen Stahlrohrgeschütze in den Bunkern ständig in Bereitschaft.

Der nur 30 Kilometer lange Küstenstreifen zum Atlantik zwischen Banana und der angolanischen Exklave Cabinda ist die Achillesferse des Landes. Es ist der einzige schmale Zugang zum Meer, und hier konzentriert sich die Ölförderung. Das Meer ist mit Plattformen gespickt, deren Gasfackeln nachts eine Lichterskyline zaubern. Tagsüber schwärmen Helikopter aus und versorgen die schwimmenden Pumpstationen des Reichtums.

Dieser wirtschaftliche Hotspot an der Spitze der Halbinsel wird von einer großen Militärbasis wie ein Augapfel behütet. Die Kaserne macht es für uns schwierig, einen ruhigen Übernachtungsplatz zu finden. Für mich steht die Welt auf dem Kopf, als das Militär uns erlaubt, einige Tage am Strand zu stehen. Es ist, als hätte Erich Honecker uns zu einem Campingurlaub auf die Zonengrenze eingeladen.

Beschützt wie der Kaiser von China, schlagen wir unser Camp auf und werden von den Fischern mit köstlichen Seezungen und frischen Krabben verwöhnt. Dazu genießen wir Turbo-King-Bier aus Dreiviertelliterflaschen. Die Einheimischen lieben es stark und sind gierig auf den dunklen Doppelbock-Gerstensaft mit 6,5 Prozent Alkohol. Obwohl den Braumeistern das bayerische Reinheitsgebot fremd ist und sie mit undefinierbaren Säuren, Vitaminen sowie Farb- und Geschmacksstoffen nachhelfen, rinnt es köstlich durch bayerische Kehlen.

Heti schickt mich am nächsten Morgen zum Gemüseeinkauf. Die Dame hinter dem Stand ist gerade mit einem Kunden beschäftigt und flirtet vergnügt. Doch als sie mich sieht, erstarrt ihr Gesichtsausdruck zu dem des »hungernden Biafra-Kindes« auf der »Brot-für-die-Welt«-Tüte. Gemästet wie eine Weihnachtsgans, reibt sie ungeniert die Fettröllchen an ihrem Bauch und bettelt mich mitleidheischend an: »Gib mir Geld, mein Magen tut vor Hunger weh.« Ich will gerade nachfragen, ob die Ursache ihrer Magenschmerzen zu gieriges Schlemmen ist, als mich von der Seite ein gepflegter, junger Mann anfleht: »Gib mir Geld!«

»Warum sollte ich?«

»Ich möchte Whisky kaufen, mir ist so kalt.«

Ich bin mit dem Kopfschütteln noch nicht fertig, als ein weiterer Jammerlappen mit Zigarette im Mund und Handy in der Hand meinen Ellbogen greift und bittet: »Gib mir Geld.«

Jetzt reicht es mir. Ich schüttle seine Hand ab und muss mich beherrschen, dass ich nicht grob werde. Wütend schreie ich die Meute an: »Was seid ihr nur für Schmarotzer? Soll ich euch alle durchfüttern?«

»Nein, Nein, nur mich!«, schleimt der zuletzt Abgewiesene.

Dieses würdelose Bettlerpack macht mich aggressiv. Doch ich beherrsche mich, obwohl sie mir respektlos zeigen, für wie blöd sie mich halten. Sie bringen es tatsächlich fertig und drehen den Spieß um, sodass nicht sie, sondern ich mich beleidigt und herabgesetzt fühle.

Es bleibt die Frage, weshalb betteln die Menschen ohne offensichtlichen Grund in diesem reichen Land so flächendeckend?

Aus Hunger? Sicher nicht, dieses Land gehört zu den fruchtbarsten der Erde. Oder sind doch die Touristen schuld, die mit Geld um sich werfen? Ganz sicher auch nicht! Denn Touristen sind hier seltener als Saurier in New York. Die Entwicklungshilfe vielleicht? Schon eher! Wer arbeitet freiwillig, wenn er das tägliche »Brot für die Welt« geschenkt bekommt.

Liegt es etwa doch an ihrer Kultur? Alles deutet darauf hin. Denn im Kongo überwiegt noch immer eine naturalistische Denkweise: Nicht sie sind für ihre Ernährung und ihr Leben verantwortlich, sondern die Natur.

Für einen hungrigen Kongolesen war es schon immer selbstverständlich, in den Urwald zu gehen, um sich dort ohne großen Aufwand an Früchten und dem Fleisch der erbeuteten Tiere satt zu essen. Arbeit und Vorratshaltung waren nicht notwendig.

Inzwischen leben viele in Städten wie Kinshasa, wo sie keine Urwaldnahrung finden. Dort funktioniert das uralte System nicht. Ihr naturalistisches Denken ändern sie trotzdem nicht. Was bleibt ihnen übrig außer Jammern und Betteln?

Wer nicht bettelt, verpasst vielleicht die Chance, ohne Mühe an Geld zu kommen.

Mein Bettlertest besteht aus einer einfachen Banane, die meist mit der Forderung nach Geld abgewiesen wird. Ein Beweis, dass diese Menschen aus vielen Gründen betteln, Hunger gehört jedoch nicht dazu.

Ich glaube nicht, dass Armut Schicksal oder gottgegeben ist, sondern die Folge vom Handeln oder Unterlassen des einzelnen Menschen oder der Politik.

Die Schlacht um Coltan

Auf dem Weg nach Kinshasa blockiert eine Menschenmenge die Straße. Sie johlen und umtanzen unser Auto. Die Frauen trillern mit schwirrender Zunge, und die Männer stampfen dazu mit abgehackten Bewegungen, als wären sie in Trance. Ihre ascheverschmierten Gesichter zeigen deutliche Alkoholspuren.

Plötzlich schießt ein Autokorso auf die laute Partymeile zu. Der Konvoi drängelt sich rücksichtslos durch die Massen. Alle Fahrzeuge sind vollgestopft und überladen mit Menschen, die sich an Dachreling und Seitenfenster festkrallen. Aus dem Kofferraum des letzten Fahrzeugs ragt ein Sarg, auf dem ein Betrunkener sitzt.

Der Korso stoppt, die Besoffenen stürzen aus dem Auto und reißen den Sarg aus dem Kofferraum. Dabei knallt er im Übereifer beinahe auf den Boden. Im Takt der Musik tanzen die Trauergäste dem Sarg und der Musikband hinterher. Die jungen Sargträger hüpfen übermütig, und ich befürchte, dass der Tote jeden Augenblick aus dem Sarg fallen und über die Straße rollen wird.

Wir sind sprachlos. Dieses Fest mit Besäufnis ist keine Party, sondern ein Totentanz. Der junge Mann wurde bei einem Autounfall getötet, und der Autokorso ist seine letzte Rallye.

Heti und ich sind uns einig: Die Lebenslust dieser Menschen macht auch vor dem Tod nicht halt. Er gehört zum Leben wie ein rauschendes Fest, das irgendwann zu Ende geht.

TIA – THIS IS AFRICA!

...

Ohne weiteren Zwischenfall erreichen wir Kinshasa und stoppen vor dem maroden Stadion »Tata Raphaël«, in dem am 30. Oktober 1974 das legendäre Comeback von Muhammad Ali stattfand.

»Ali boma ye, Ali boma ye ...« »Ali, töte ihn, Ali, töte ihn«, schrie die geifernde Menschenmasse im schwülen Hexenkessel. Die Schreie dröhnten weltweit aus jedem Fernsehapparat und hallten durch ganz Kinshasa.

Doch anstatt der Schreie empfangen uns in den Katakomben bestialischer Uringestank und Ratten, die um die Ecke huschen. Ohne Beleuchtung tasten wir uns mühsam die Treppe hoch. Am Ende des Lichtkegels stehen wir vor dem Ort, der mich als 18-Jähriger magisch vor dem Fernseher in seinen Bann zog. Fasziniert verfolgte ich damals in den frühen Morgenstunden den Boxkampf des Jahrhunderts: Muhammad Ali gegen George Foreman.

Für drei Millionen Dollar, das bis damals höchste Preisgeld, hatte sich der Diktator Mobuto den Boxkampf aller Boxkämpfe gekauft. Dafür bekam sein größenwahnsinniges Ego eine weltweit einmalige Werbeshow, die keiner für möglich gehalten hätte.

Eigentlich hatte Muhammad Ali keine Chance und sollte für sehr viel Geld nur einige Minuten Prügel aushalten.

Während das Großmaul Ali zur Vorbereitung werbewirksam durch die Gassen Kinshasas joggte und der Held der Massen wurde, blieb Foreman unsichtbar. Den bescheidenen Foreman machte dieser Psychokrimi beinahe verrückt, und er wollte aufgeben. Doch Mobuto sagte ihnen deutlich, dass keiner das Land ohne Kampf verlassen werde.

Auch die internationalen Journalisten machten sich Sorgen um ihre Sicherheit mitten im afrikanischen Dschungel. Um diese zu garantieren, statuierte Mobuto ein Exempel. Er sammelte kurzerhand 1000 Gangster in der Stadt ein, brachte sie ins Stadion und erschoss wahllos 100 von ihnen auf der Stelle. Den übrigen drohte er: »Sollte während des Boxkampfes nur eine einzige Haarnadel gestohlen werden, ereilt euch alle das gleiche Schicksal.«

Dadurch wurde Kinshasa während »The Rumble in the Jungle« die sicherste Hauptstadt auf dem Erdball.

Ali gewann den Psychokampf in der achten Runde, und jedes Kind auf der Welt kannte den Namen Mobuto.

...

Gehen wir zurück zu Mobutos Anfängen. Als der selbstherrliche Diktator an der Macht war, verbot er alle nicht afrikanischen Namen. Auch er musste seinen ändern und nannte sich »Mobuto Sese Seko Kuku Ngbendu wa Zabanga«. Das heißt übersetzt: Mobuto, auf alle Zeiten der mächtigste Hahn, der im Hinterhof keine Henne unbestiegen lässt.

Ob er alle Hennen zufrieden stellen konnte, weiß ich nicht. Aber ich weiß, »Mobuto auf alle Zeiten« dauerte 32 Jahre. Den Kongo betrachtete er als seine persönliche Nationalbank, in dessen Vorgarten Diamanten funkelten, Gold glänzte und Öl floss. Schätze, an denen sich der Diktator schamlos bediente.

Mit diesem Geld, das er dem Volk stahl, sammelte »Champagner Rosé«, so sein Spitzname, Schlösser in Europa wie andere Leute Briefmarken. Zum Ölwechsel wurden seine Luxuskarossen nach Amerika geflogen. Mit der Concorde düste er in Schallgeschwindigkeit regelmäßig mit seinem Clan zum Abendessen nach Frankreich. So verprasste er den Staatshaushalt. Doch das alles sind Peanuts verglichen mit den Rohstoffwerten, die gegen Schmiergeld von den Ausbeuterstaaten in Milliardenhöhe aus dem Land geschafft werden.

Aber Ausbeutung hat im Kongo Tradition und ein bestialisches Vorbild: den in Deutschland geborenen belgischen König Leopold II., im Weiteren kurz Poldi genannt. Ihm war sein Zwergenstaat zu klein, und er wollte expandieren. Also ließ Poldi von 450 Häuptlingen zwielichtige Übereignungsverträge unterschreiben. Er täuschte sie mit einem billigen Taschenspielertrick, indem er mit einem Brennglas Blätter entzündete und behauptete, der Sonnengott zu sein. Am Ende herrschte er über den Freistaat Kongo, der zehnmal größer als Belgien war.

Nach 20 Jahren bestialischer Ausbeutung waren zehn Millionen Menschen tot, die Hälfte der Bevölkerung.

Und diese Tradition setzt sich bis heute fort, wie wir von Jean, einem Philosophen und Freiheitsdenker, in Kinshasa erfahren. Wenn er uns besucht, redet er nur im Schutz unseres Autos Klartext. Ich darf ihn hinterher nie nach Hause fahren. Niemand soll wissen, dass er mit Ausländern Kontakt hat. Auch wir sollen nicht wissen, wo er lebt. Das ist nicht Misstrauen uns gegenüber, sondern dient unserer Sicherheit, beteuert er. »Untergrundaktivität bedeutet ständige Vorsicht gegenüber jedem, sonst bist du schnell ein toter Mann.«

Unser erstes konspiratives Treffen beginnt er mit »No photo, no video please«, und dann erzählt er:

»Das Leben im Kongo ist zwischen Revolution und Resignation zerrissen. Viele Kongolesen glauben bis heute, dass Unabhängigkeit eine Einkaufstüte ist, die sie vollgestopft mit Essen und Trinken in eine Villa tragen, um dort in Saus und Braus wie einst der ›weiße Mann‹ zu leben. Sie wissen nicht, dass Unabhängigkeit Verantwortung und Engagement bedeutet. Schuld an diesem Desaster sind wir selbst, weil wir nie gelernt haben, Verantwortung zu übernehmen. Unser Weltbild ist einfach. Für uns zählt nur der Clan, der Rest des Landes interessiert uns nicht. Der Clan sorgt für Geborgenheit und die Natur für Nahrung. Somit sind wir nie selbst für unser Leben verantwortlich. Wie sollen wir da ein konstruiertes Staatsgebilde verstehen und uns ihm unterordnen, wenn unser Horizont beim Clanchef endet? Deswegen hatten es die korrupten Despoten schon immer leicht, das Land auszubeuten. Mobuto und Konsorten waren nie Präsident eines Volkes, sondern nur der ihres Clans. Nur dessen Taschen haben sie reichlich gefüllt. Uns forderte Mobuto auf: ‚Schlagt euch durch, egal wie.' Damit gab er auch uns den Freibrief zur Staatsplünderung, und der Staat verkam zum korrupten Selbstbedienungsladen für jedermann. Aber die absolute Lachnummer ist unser aktueller Präsident Joseph Kabila. Die berechnenden Plünderstaaten setzten uns diese Marionette vor die Nase. Kabila wurde aus Ruanda importiert und spricht nicht einmal unsere Sprache. Er bekam einen neuen Lebenslauf, der ihn als Sohn des ermordeten Vorgängers, Laurent-Désiré Kabila, ausweist. Da er keine Interviews gibt, verhöhnen wir ihn als Phantom im Präsidentenpalast. Du wunderst dich, warum wir uns nicht wehren? Weil wir Fremde im eigenen Land sind. Das Sagen haben unsere Nachbarn und die Industriestaaten, die hier um Coltan kämpfen, den Stoff, aus dem die moderne Welt erschaffen wird. Ohne Coltan gibt es kein Handy, keinen Laptop, keinen Satelliten. Und das größte Coltan-Vorkommen der Welt liegt im Ostkongo. Würdest du ein Handy benutzen, aus dem Blut tropft?«

Irritiert schaue ich ihn an, und er fährt fort:

»Blut fließt natürlich nicht direkt aus den Handys, sondern in den niedrigen Stollen, die über den Kindern einstürzen, wenn sie mit bloßen Händen nach Coltan scharren. Mit diesem blutigen Coltan machen die internationalen Kommunikationskonzerne gigantische Gewinne und finanzieren nebenbei den Krieg um die Macht über den begehrten Rohstoff im Ostkongo. Sie halten ihn bewusst am Leben, denn sie brauchen keinen funktionierenden Staat, sondern Unfrieden und Chaos, um preiswert an Coltan zu kommen. Mehrere Millionen Menschen mussten bisher dafür sterben.«

Nach dieser letzten Unterhaltung verschwindet er wie immer zu Fuß.

Jean leidet unter diesem Staat. Deshalb baut er vorsichtig ein Netzwerk Gleichgesinnter auf, um im passenden Moment parat zu stehen. Denn er weiß: Im Kongo kann sich über Nacht alles ändern.

Eine Fledermaus als Reiseproviant

Besorgt verlassen wir die deutsche Botschaft in Kinshasa. Unsere Zweitpässe mit den Angola-Visa sind noch immer nicht eingetroffen. Leider konnten wir das Visum nur bei der angolanischen Botschaft in Berlin beantragen. Die versprochene Bearbeitungszeit von drei Wochen ist längst abgelaufen. Niemand sagt uns, wann wir unsere Pässe wieder in den Händen halten werden.

Das bedeutet Warten. Um die Zeit zu verkürzen, machen wir uns auf den Weg zum Beach. Der Name weckt Badeträume. Doch statt Sommer, Sonne, Strand und Meer erwartet uns ein stinkender Hafen mit verrosteten Schleppkähnen, die wegen Niedrigwasser ganz oder teilweise auf dem Trockenen liegen. Nur wenige haben noch Wasser unterm Kiel und scheinen jeden Augenblick auseinanderzubrechen. Mit einem dieser Seelenverkäufer möchten wir nach Mbandaka schippern, weil dorthin keine Straße führt. Mbandaka liegt 600 Kilometer stromaufwärts am Kongofluss, wo noch Urwaldpygmäen leben.

Im Hafen ziehen wir von Containerbüro zu Containerbüro, doch niemand kann uns einen Abfahrtstermin nennen. Die Schiffe legen erst ab, wenn alle Plätze gebucht sind und genügend Fracht an Bord ist. Das kann Tage oder Wochen dauern.

Die Reisedauer kann uns ebenfalls keiner garantieren. Sie hängt von mehreren Faktoren ab: Vom Wasserstand, er bestimmt, wie oft das Schiff eine Sandbank rammt; vom Motor, falls er unterwegs repariert werden muss, und von den Menschen an den vielen Anlegestellen. Das Schiff fährt aber immer erst dann los, wenn es wieder total überfüllt ist.

Die Kapitäne sind sich uneinig und nennen einen Zeitraum von zwei bis sechs Wochen, vorausgesetzt der Motor kann repariert werden.

Wahrscheinlich ist es einfacher, auf den Mond zu fliegen, als mit dem Schiff Mbandaka im Äquatorialkongo zu erreichen.

Für uns wird der Kongo immer mehr zum großen Wartezimmer, und Warten war noch nie meine Stärke. Denn wer nichts macht, macht garantiert was falsch. Wir wollen nichts falsch machen und brechen mit dem Auto auf nach Kikwit. Die etwa 600 Kilometer lange Fahrt führt Richtung Osten über hügeliges Waldgelände zu den großen Diamantenfeldern. Die Strecke ist eine einzige Oldtimerwerkstatt. Heti zählt über 100 Lkw, die wegen doppelter Überladung am Wegrand oder mitten auf der Straße liegen geblieben sind. Neben den Veteranen warten bis zur letzten Schraube zerlegte Motoren und Getriebe auf Ersatzteile. Autos sind hier kein Statussymbol, sondern sie haben eine Funktion, und die heißt: Fahren! Damit meine ich Fahren im ursprünglichen Sinn der Fortbewegung. Nur Weicheier brauchen Türen, Kotflügel oder Beleuchtung – hier alles überflüssiger Luxus. Motor, Getriebe, Rahmen und zwei Achsen mit Rädern genügen, um Waren oder Menschen von A nach B zu bringen.

Jeder Fahrer ist bis zur letzten Konsequenz für das Weiterkommen seines Vehikels verantwortlich. Egal, wie groß der Schaden ist, er muss sein Fahrzeug vor Ort reparieren, und das kann Wochen dauern. Gleichgültig, wie lange es braucht, niemand lässt sich davon hier unter Druck setzen. Zeit bedeutet hier nicht Geld, sondern ist ein Reichtum, den jeder unbegrenzt besitzt.

Oft müssen die Fahrer die Ersatzteile in einer Hinterhofwerkstatt selbst herstellen. Das bedeutet weite Wege, weil auf der gesamten Strecke kein nennenswerter Ort liegt und nur selten Hüttenansammlungen aus Stroh und Lehm zu finden sind.

Während der Fahrt fantasieren wir, was wohl mit den Bauwerken der Menschheit geschieht, wenn eine Neutronenbombe alles Leben auslöschen würde. Diese Landschaft mit ihren einfachen Hütten aus Naturmaterialien würde nach 20 Jahren wieder genauso aussehen, wie 2000 Jahre zuvor. Unsere Betonkultur dagegen würde in 2000 Jahren noch genauso in den Himmel ragen wie heute. Wir schmunzeln und stellen uns vor, wie Außerirdische im Jahre 4012 unser Haus inspizieren und sich fragen, welche sonderbaren Aliens wohl in diesen quadratischen Höhlen gehaust haben.

Kurz vor Kikwit fällt mein Blick auf eine sonderbare Gestalt am Straßenrand, um die sich viele Menschen scharen. Von Weitem gleicht sie in ihrer weißen Kutte und dem purpurroten Kreuz auf der Brust einem Engel. Doch der Engel ist eine junge Frau, die mich durch ihr Fratzengesicht erschrickt. Die weißen Augen starren pupillenlos ins Nichts – sie sind blind. Das schwarze Gesicht ist mit weißer Asche beschmiert, und die Haare verstecken sich unter einem weißen Leinentuch. Auf dem mickrigen Tischchen vor ihr liegen qualmende Zigaretten, Blätter und einige Geldscheine. Im Sand steckt ein kleines Holzkreuz. In der rechten Hand hält sie eine leere Coladose, die mit Steinchen gefüllt ist. Mit ihr schlägt sie den Takt, während ihre linke Hand rhythmisch auf die Hüfte schlägt. Dabei wiegt sie sich mit dem Oberkörper langsam hin und her. Ihr Kopf dreht sich, als würde sie jemanden suchen. Dann belehrt sie mit erhobenem Zeigefinger die Menschen, die demütig auf den Boden blicken.

Obwohl die junge blinde Schamanin die Zeichen des Christentums trägt, versetzt sie sich durch rhythmische Bewegungen in Trance und nimmt Kontakt mit den Ahnen auf. Deren Weissagungen verkündet sie der erwartungsvollen Menge. Die Frau tanzt, bis sie vor Erschöpfung in Ohnmacht fällt.

In dieser Blinden vereinigen sich Glaube und Aberglaube.

Die Kongolesen ersetzen ihren natürlichen Urglauben nicht einfach durch eine fremde Religion, sondern sie wechseln zwischen beiden hin und her. Am Sonntagmorgen gehen sie in die Kirche und am Abend zum Schamanen, und wir fahren weiter nach Kikwit.

»Bleibt zu Hause, auf der Straße wartet der Tod!« Mit dieser Schlagzeile stand Kikwit in den 1980er-Jahren ganz oben in den Weltnachrichten. Hier wütete das heimtückische Ebolafieber am schlimmsten. Der ganze Ort stand mit seinen 500 000 Einwohnern unter Quarantäne.

Die Welt hielt den Atem an und fragte sich, ob dieses aggressive und unheilbare Virus außer Kontrolle geraten und sich zur Weltpandemie entwickeln würde.

Ebola wird unter anderem durch Affenfleisch übertragen. Deshalb sind wir vorsichtig, als uns auf dem Markt Affe, Pangolin, Bisamratte und andere mir unbekannte Nagetiere angeboten werden. Wir haben keine Lust auf diese Delikatessen, auch wenn sie gegrillt, geräuchert, gesalzen oder lebend sind. Gern verzichten wir auf die Schmerzen, wenn Blutgefäße zerfallen und der Körper sich langsam bis zum qualvollen Ende mit Blut füllt. Doch gegen eine Hosentasche voller Diamanten hätten wir nichts. Und als uns Diamanten-Charly für zwei Dollar fünf reiskorngroße Rohdiamanten anbietet, sind wir vor allem vom unschlagbaren Preis überrascht. Trotzdem lehnen wir ab, denn uns könnte er glitzernde Kieselsteine als Diamanten verkaufen. Charly ist darüber entsetzt und legt wie der Billige Jakob die gleiche Menge Steine dazu. Als ich wieder mit dem Kopf schüttle, versteht er die Welt nicht mehr. Er schnappt nach Luft und verdreht die Augen über so viel Dummheit.

»Diese einmalige Gelegenheit für schnellen Reichtum gibt es nur heute und nur für euch, weil ihr so nette Menschen seid. Als Ehrenmann garantiere ich die Echtheit der Steine«, versucht er erfolglos, uns zu überzeugen. Im Land der Glücksritter wimmelt es von dubiosen Schnäppchen. Erst gestern bot uns Carlos, ein Bekannter aus Banana, per Mail 50 Kilogramm pures Gold in bester Qualität an. Den Preis dürften wir bestimmen. Auch dieses Angebot schlugen wir aus, und Heti meinte: »So werde ich mit dir nie reich!«

Zurück in Kinshasa, lesen wir entsetzt folgende Nachricht vom Visadienst: »Das Außenministerium in Luanda macht Schwierigkeiten. Wir wissen nicht, ob das Angola-Visum genehmigt wird.«

Das wäre eine Katastrophe. Wenn Hetis Vorahnung eintritt, sitzen wir im Kongo fest. Aber ohne endgültige Visaabsage bleibe ich positiv und hoffe, in der Zwischenzeit bei den altbekannten Kapitänen einen zuverlässigen Abfahrtstermin für ein Boot nach Mbandaka zu ergattern.

Einer der Kapitäne meint, wir müssten geduldiger sein und uns ein Beispiel an den katholischen Schwestern nehmen, die seit sieben Wochen in Mbandaka festsitzen und auf ein Boot nach Kinshasa warten. Eine von ihnen sei zwischenzeitlich verstorben.

Danke, ein langsamer Tod auf dem Kongo muss nicht sein. Aber wenn wir die Urwaldpygmäen kennenlernen wollen, haben wir nur die Möglichkeit, nach Mbandaka zu fliegen. Obwohl die Absturzzahlen im Kongo beeindruckend sind, buchen wir den teuren Flug ins grüne Herz des Landes.

Wir schweben über einem Urwaldteppich, in dem sich dicke und dünne Wasseradern sammeln. Urwaldriesen drohen die kleine Landebahn zu überwuchern und werden ständig zurückgeschnitten. Durch die spartanische Ankunftshalle flattern Schmetterlinge, und Reptilien mit roten Köpfen huschen durch unsere Beine.

Mbandaka ist eine eigenartige Urwaldstadt. Obwohl in ihr eine halbe Million Menschen leben, bin ich mir nicht sicher, ob sie wirklich den Namen »Stadt« verdient. Ohne Teerstraßen, Stromversorgung und Hochhäuser wächst sie nicht wie andere Großstädte in den Himmel, sondern immer tiefer in den Urwald hinein. Der einzige Industriebetrieb ist die Primus-Brauerei mit 123 Arbeitsplätzen. Mit diesen lächerlichen Steuereinnahmen kann keine teure Stadtstruktur finanziert werden.

Für mich ist Mbandaka die Stadt der Überlebenskünstler und der Beweis, dass sehr wohl viele Menschen zusammenleben können, wenn man ihnen nur genügend Platz und Natur lässt, um sich daraus zu ernähren.

Um die Pygmäen zu finden, brauchen wir drei Dinge: eine Pirogge, Ruderer und etwas Glück. Mit allen dreien machen wir uns auf den Weg. Unser erster Stopp ist ein Bantudorf auf einer Insel mitten im Fluss. Wir werden als Missionare empfangen. Mir scheint, eine weiße Hautfarbe und »Missionar« bilden an diesem Ort eine untrennbare Einheit. Offensichtlich glaubt der schwarze Dorfpfarrer, dass wir ihn kontrollieren wollen. Denn er berichtet unaufgefordert von vier Gottesdiensten pro Woche und einer täglichen Morgenandacht, womit er seine Schäfchen bestens versorgt.

Als wir uns verabschieden, kramt er aus einer Holzkiste eine Fledermaus hervor, die ängstlich kreischt und flattert. Hungrig müssen wir aussehen, denn er überreicht uns das arme Tier als Reiseproviant. Dabei schnappt es zu. Erschrocken weicht Heti zurück und muss mit Grauen zuschauen, wie der Pfarrer dem armen Tier mit einem Stock den Schädel einschlägt. Dann umwickelt er den zuckenden Körper mit den eigenen Flügeln. Aus dem handlichen Knäuel ragen nur noch die blutende Schnauze und die langen Radarohren hervor.

Mit einem »Guten Appetit!« übergibt er mir die Wegmahlzeit. Wieder im Boot, schenken wir den noch körperwarmen Reiseproviant unseren Begleitern. Beim Anblick des seltenen Leckerbissens läuft ihnen das Wasser im Mund zusammen.

Unsere drei Ruderer haben den gleichen eleganten Stil wie die Gondoliere in Venedig. Sie stehen im Boot und treiben mit ihren langen Paddeln den schnittigen Einbaum durch die Strömung.

Kinder winken uns vom Ufer entgegen. Wir winken zurück und nehmen Kurs auf sie. Als wir am Steilufer aus dem Boot klettern, entpuppen sich die Kinder als erwachsene Pygmäen. Eine Frau, die mir bis zum Bauchnabel reicht, nimmt meine Hand und zieht mich vor ihre Hütte. Dort setzt sie sich unter das verrauchte Palmwedeldach und zerschlägt mit einem Stein die etwa fingergroßen Palmölfrüchte, damit das Öl ablaufen kann. Sie lässt mich nicht aus den Augen, während sie in einem großen Blechtopf das Öl aus den aufgebrochenen Früchten kocht. Ihr Mann ist kaum größer als sie. Er hat unten am Kongofluss gerade einen Fisch am Haken. Aufgeregt schreit er unbekannte Worte mit den seltsamen Klicklauten und wird dabei vom Fisch beinahe ins Wasser gezogen. Der Arme hat seinem Fang wenig entgegenzusetzen und muss immer wieder Leine nachgeben. Nach langem

Hin und Her ziehen wir einen kapitalen Wels ans Ufer, der dem Pygmäen bis ans Kinn reicht. Glücklich über die große Mahlzeit, lädt er uns ans Feuer ein. Fisch wird hier weder geschuppt noch filetiert. Der Mann packt die Machete und zerstückelt den Wels in kochtopfgroße Teile. Nichts wird weggeworfen. Seine Frau gibt das größte Fischstück zusammen mit dem nun ausgekochten Palmöl in den Kochtopf.

Als unser Fang frittiert ist, reichen sie uns ein Teil vom »Wels à la nature«.

Wir verlassen das fröhliche Pygmäenpaar und dringen über einen schmalen überwachsenen Pfad in den Urwald vor. Auf einer Lichtung steht eine Hütte. Mit Erdfarbe sind Hände an die Türen gemalt. Warum diese Hände alle fünf Finger ausstrecken, als wollten sie »Stopp hier!« signalisieren, wissen wir nicht. Im Gegensatz zu dem gastfreundlichen Paar am Flussufer sind diese Pygmäen uns gegenüber feindselig und beschimpfen uns aggressiv. Sie zeigen unmissverständlich, dass wir verschwinden sollen.

Wir erfahren, dass sich immer öfter Pygmäen aus Angst vor der herrschenden Bantubevölkerung in den Urwald zurückziehen und sich verstecken. Zu lange schon werden sie von den machtbesessenen schwarzen Bantu unterworfen.

Die Bantu schimpfen die Pygmäen geringschätzig »Binga«, was so viel wie »Wilde« heißt. Sie behandeln die zähen Naturmenschen wie Leibeigene und bürden ihnen die schwerste Arbeit auf. Essen und Schläge sind der Lohn dafür. Diese fremde Lebensart ist für die Pygmäen ein Seelenmartyrium, das oft in Alkoholismus und Depression endet.

Die kleinen Menschen sind Meister im Jagen, Fallenstellen und in der Naturheilkunde, aber nicht im Autofahren, Schreiben und Lesen.

Den Glauben an ihre Talente, mit denen sie in der Sesshaftigkeit nichts anfangen können, haben ihnen die Bantu genommen. Dadurch haben sie es geschafft, dass die kleinwüchsigen Geschöpfe die Abhängigkeit von ihnen als normal und gottgegeben akzeptieren.

Doch eines ihrer Talente ist noch immer sehr gefragt: das Wissen über die Heilkraft der Naturmedizin. Ihre Erfolge damit sind so groß, dass kein Bantu darauf verzichtet.

Ursprünglich lebten die Pygmäen in weit voneinander entfernten Großfamilien. Holzkahlschlag, Brandrodung und Rohstoffabbau zwingen sie jetzt zur Sesshaftigkeit in die Dörfer.

In ihrer Kultur herrscht Matriarchat: Nicht der Mann, sondern die Frau entscheidet.

Meine Erfahrung sagt mir, dass Frauen nicht so extrem nach Macht und Status streben wie Männer. Damit meine ich nicht Frauenpower und Quotenregelung, sondern die gutmütige und uneigennützige Fürsorge einer Frau und Mutter, der das Wohl ihrer Familie und nicht die Macht über andere am Herzen liegt.

Das Matriarchat organisiert nur den Familienclan. Weiterreichende Machtstrukturen haben Pygmäen nie entwickelt. Ihre friedliche Art, die jeder Konfrontation ausweicht, erleichtert es der von Macht besessenen Bantubevölkerung, die Pygmäen zu unterwerfen.

Die Pygmäen müssen den Sprung vom Sammler zum Sesshaften in Lichtgeschwindigkeit schaffen, wenn ihre Kinder nicht ebenfalls in Leibeigenschaft enden sollen. Ein frommer Wunsch, doch das Beispiel der Aborigines in Australien, der Sioux in Nordamerika oder der Eskimos auf Grönland sprechen eine hoffnungslose Sprache.

Nach dem Besuch bei den Pygmäen sind fünf Wochen vorbei, und wir haben noch immer kein Angola-Visum. Unser Visadienst in Deutschland ist mit seinem Latein am Ende. Die einzige Chance für uns, den Kongo jemals wieder zu verlassen, führt über Angola. Richtung Osten gibt es keine Straße, im Westen ist der Atlantik, und der Norden ist die falsche Richtung. Nach Südosten soll ein etwa 2500 Kilometer langer Trampelpfad zur Grenze nach Sambia führen. Diese letzte Möglichkeit ist, wenn überhaupt, nur in der Trockenzeit befahrbar, und gestern hatten wir den ersten Regen.

Die letzte Hoffnung von mir als altem Optimisten schwindet vollends, als wir erfahren, dass in dieser Region ein hoher General erschossen wurde und bürgerkriegsähnliche Zustände herrschen.

Da die Regenzeit gegen uns arbeitet, können wir nur noch drei Tage auf das Visum warten. Dann müssen wir trotz aller Bedenken los und hoffen, dass schlechte Nachrichten wie meist negativer sind als die Wirklichkeit.

Einen Tag bevor wir aufbrechen, bekommen wir die Visazusage. Wir jubeln vor Freude und unterschreiben hundertprozentig das Sprichwort »Die Hoffnung stirbt zuletzt«.

Ach ja, obwohl wir 2500 Kilometer durch das Land gefahren sind, haben wir im Kongo keine zerbombten Straßen vorgefunden, wurden kein einziges Mal von einem Polizisten ausgenommen, nicht entführt, und obwohl wir den Menschen ständig die Hand gegeben haben, sehen unsere Nasen und Ohren noch genauso aus wie bei der Einreise. Zudem dürfen wir uns nun endlich »Abenteurer« nennen. Denn wer das Land Kongo nur betritt, ist laut Reiseführer ein verwegener Abenteurer.

Botswana

Low-low-Budget-Tour ins Okavangodelta

Tommy ist ein Riese und schwarz wie die Nacht. Ann ist zierlich, und ihre Haut hat die Farbe von Kaffee mit einem Schuss Sahne. Beide sind nette, freundliche, aber skrupellose Lügner, die alles tun, um an Geld zu kommen. Mit ihnen werden wir später in das Labyrinth des Okavangodeltas aufbrechen.

Das Okavangodelta ist eine Sackgasse der Natur. Für gewöhnlich mündet ein großer Fluss ins Meer. Doch der Okavango versandet in der Wüste in einem Delta so groß wie Dänemark. Ein Amphibienfahrzeug wäre für die Erkundung die erste Wahl. Da unser HZJ dabei an seine Grenzen stößt, möchten wir diesen Irrtum der Natur wenigstens vom Boot aus erleben.

Wir erkundigen uns bei einer Lodge, von der aus soeben ein Hovercraft-Boot startet. In ihm sind Holzfäller mit grüner Schutzkleidung und orange-farbenem Ohrschutz festgeschnallt. Der Heckpropeller heult auf, und das Boot jagt mit dem Startgeräusch eines Düsenjägers davon. Die junge, flippige Dame hinter dem Tresen nickt stolz über das soeben beobachtete Spektakel: »Das bekommen Sie nur bei uns!«

»Schön, aber ich will nicht zum Holzfällen, ich will nur das Okavango-delta sehen.«

»Wieso Holz fällen? Was meinen Sie damit? Diese Schutzkleidung soll doch unsere Gäste vor starkem Gegenwind und vor Trommelfellschäden schützen.«

Die Dame hat mein Späßchen nicht verstanden. Ich helfe ihr auf die Sprünge: »Im Düsenjet mit Schutzkleidung und taub durchs Okavango-delta ist wirklich das Allerletzte, was wir suchen.«

Leicht angesäuert, bietet sie uns dann doch Schnellboottouren oder Schnellboottouren kombiniert mit einer Einbaumtour an.

»Ach ja, wir haben auch noch Touren nur mit dem Einbaum, doch die sind nicht gefragt, weil sie ohne jeglichen Luxus sind. Da sie mehrere Tage dauern, müssten sie bei so einer Tour Verpflegung und Campingausrüs-tung schon selbst mitbringen«, winkt sie verächtlich ab.

Wir verabschieden uns freundlich, denn auch die »Low-Budget-Version« der Lodge ist uns zu teuer. In der Stadt spüren wir einen Anbieter auf, der eine Low-low-Budget-Tour zu einem Low-low-Budget-Preis anbietet. Ich bin hin und weg, Heti weniger. Sie gibt der teureren Schnellboot-Einbaum-Variante den Vorzug, und ich bin für die Low-low-Budget-Variante. Was tun? Wie beim Konfliktmanagement gelernt, greifen wir zur emotionslosen Entscheidungsmatrix, bei der alle Vor- und Nachteile bewertet werden. Und dann passiert das, was niemand erwartet hat, ein Patt. Er wirft uns auf die Emotionsebene zurück.

Hetis Hauptargument ist eine zuverlässige Organisation durch die Lodge, und meine Rechtfertigung ist der günstige Preis. Am Ende gibt der Klügere nach, und das ist in diesem Fall meine Frau. Aber wir sind beide mit dieser Entscheidung nicht glücklich.

Kennen Sie das Gefühl, wenn Sie sich durchgesetzt haben und sich dennoch schlechter fühlen als zuvor?

Ich wollte, ich hätte mich nicht durchgesetzt. Das werde ich noch büßen.

Am nächsten Morgen wartet unser Geschäftspartner Nalu bereits am

Tourismusbüro auf uns. »Ein zuverlässiger Mann«, denke ich und fühle mich in meiner Wahl bestärkt. Doch leider kann er nicht mit uns kommen, denn letzte Nacht hat ein Hippo sein Mokoro, den traditionellen Einbaum der Fischer, zertrümmert. »Zufälle gibt's!«, stänkert Heti.

Nalu stellt uns Ann und Tommy vor, die für ihn einspringen. Tommy ist Guide und Pooler für unseren Einbaum. Ann ist Pooler für das Boot mit der Verpflegung und Ausrüstung. Ein Pooler stakt den Einbaum mit einer langen Stange durch das Wasser.

Geplant sind vier Tage im Delta.

Die beiden sind mir sehr sympathisch. Aber wenn ich die zierliche Ann anschaue, kann ich mir nicht vorstellen, woher sie die Kraft nehmen soll, vier Tage einen Einbaum durch das Delta zu staken. Aber Nalu zerstreut meine Bedenken: »Afrikanische Frauen sind stark und zäh.« Ann nickt dazu. Nun ja, wir werden sehen.

Auf dem Weg zu den Mokoros fahren wir durch offene Buschsavanne. Die Mopanebüsche werden schnell zu Bäumen und überwuchern die schmale Piste. Der HZJ muss sich eine Schneise hindurchbahnen, wobei gegen seine Außenwand Äste und Zweige schlagen, als wäre der Arme beim Spießrutenlaufen. Ich hoffe nur, dass sie nicht unsere Kunststofffenster zerstören. Auch Heti leidet mit unserem Gefährten und stichelt: »Mit einem Schnellboot wäre das nicht passiert.«

Abgesehen von zwei zersprungenen Außenspiegeln kommen wir zum Glück ohne größeren Schaden an einem Schilfgürtel an, wo zwei Mokoros auf uns warten. Ein Mokoro wird aus einem Baumstamm herausgehackt. Die Wände sind dünn, und der Boden ist flach. Somit hat es wenig Tiefgang, ein unschätzbarer Vorteil in seichtem Wasser. Zudem kippt der Einbaum nicht, wenn der Pooler mit seiner fünf Meter langen Stange hinten im Boot steht.

Wir legen unsere beiden Rucksäcke in das Transportmokoro und sind überrascht, dass Tommy und Ann doppelt so viel Gepäck wie wir mitnehmen. So bequem wie möglich setzen wir uns auf den Boden des anderen Bootes. Von uns aus kann es losgehen.

Beim dumpfen Eintauchen der Stechstange, dem fröhlichen Zwitschern der Vögel und dem Gleiten auf glasklarem Wasser, vorbei an hohen Papyrusgräsern, stellt sich ein Gefühl ein, genauso wie ich es in meiner Fantasie erträumt habe. Immer wenn meine Vorstellungen der Realität entsprechen, ist meine Seele in Hochstimmung und mit sich und der Welt zufrieden.

Aber in meiner Fantasie war keine Rede von der sengenden Mittagshitze, die hier unsere Haut verbrennt. Da hilft auch keine Sonnencreme, sondern nur Schatten, und den gibt es im Einbaum nicht. Der einzige Schutz wäre langärmelige und langbeinige Kleidung.

Tommy hat sein Boot im Griff. Er hält immer wieder an und macht uns auf Vögel und andere kleine Tiere aufmerksam, die er uns in seinem Tierbestimmungsbuch zeigt. Doch ich glaube, für die Pausen gibt es einen weiteren Grund, und der heißt Ann. Dem zierlichen Mädchen fehlt offensichtlich nicht nur die Kraft, sondern auch die Erfahrung, ein Mokoro zu poolen. Ann tut mir leid. Denn jedes Mal, wenn sie uns schweißgebadet mit einem gequälten Lächeln eingeholt hat, stakt der Muskelmann Tommy sofort weiter.

Tommy verblüfft uns. Er will unbedingt Deutsch lernen, denn er hat eine deutsche Freundin. Von ihr kennt er bereits einige Worte.

»Sie war vor einem Jahr hier in Urlaub, und ich habe sie geliebt, natürlich richtig geliebt«, schmunzelt er. »Sie hat mir versprochen, mich nach Deutschland zu holen, und bis dahin muss ich ja Deutsch reden können.«

»Wann hattest du denn zuletzt Kontakt mit ihr?«

»Vor ungefähr einem Jahr, als sie heimflog.«

»Und wann gehst du nach Deutschland?«

»Vielleicht im nächsten Jahr, wenn sie alles geregelt hat.«

Als er dann noch erwähnt, dass seine Freundin 42 Jahre alt ist – Tommy ist 18 –, sage ich ihm natürlich nicht, dass es für weiße Frauen oft ein besonderer Kick ist, Sex mit knackigen schwarzen Männern zu haben. Für manche ist das der einzige Grund ihrer Reise. Auch verschweige ich, dass es viele »weiße Massai« gibt, die nie vorhaben, ihren »schwarzen Massai« zu heiraten. Dennoch lernen wir fleißig Deutsch zusammen. Wer weiß, vielleicht erfüllt sich ja sein Traum von der reichen deutschen Fee.

Abrupt bricht er die Deutschlektion ab, legt den Zeigefinger auf die Lippen und schiebt das Schilf mit der Bootsspitze vorsichtig zur Seite. Mehrere Flusspferdaugen starren uns an. Beinahe hätten wir sie während unserer Deutschstunde überfahren. Zu sehen sind nur Ohren, Augen und Atemlöcher, aus denen sie angriffsbereit Wasserfontänen in die Luft stoßen. Die restlichen drei Tonnen des gefährlichsten Tieres in Afrika warten unter der Wasseroberfläche und können pfeilschnell angreifen.

Nicht der wilde Löwe, sondern das fette Nilpferd tötet die meisten Menschen in Afrika. Das musste ein Hochzeitspaar auf seiner Honeymoon-Reise im Okavangodelta am eigenen Leibe erfahren. Sein Mokoro wurde von einem Hippo unter Wasser gezogen. Der Frau wurde ins Herz und in die Lunge gebissen. Sie war sofort tot. Ihr Mann überlebte schwer verletzt.

Der Koloss, der uns am nächsten ist, reißt sein rosarotes Maul mit den langen Eckzähnen so weit auf, dass wir sein Mittagessen sehen.

Tommy flüstert: »Jetzt wird's heiß. Höchste Zeit zu verschwinden. Die Hippos dulden niemanden so nah in ihrem Revier.« Vorsichtig setzt er das Boot zurück, und wir stehlen uns im Schutz des Schilfes am Hippopool vorbei.

Die Wasserpfade werden enger, und wir müssen uns mit den Armen gegen das Schilf schützen, damit es uns nicht ins Gesicht peitscht. Lautes Gelächter zerstört die Ruhe, und unser Lastenmokoro schießt mit einem fremden Pooler an uns vorbei. Ann liegt gemütlich im Boot und strahlt. Der Pooler stachelt Tommy zu einem Rennen an: »Let's go, my friend!« Tommy nimmt die Herausforderung an. Seine Muskeln spannen sich, die Stechstange biegt sich, und die Bootsspitze hebt sich. Beim wilden Rennen quer durchs Schilf werden die Binsen unter das Boot gedrückt. Mir scheint, durch den zusätzlichen Auftrieb ist die Jagd noch schneller.

Tommy siegt. Er erreicht als Erster eine kleine Insel. Ich gratuliere ihm mit den Worten: »Jetzt weiß ich endlich, wie schnell du mit dem Mokoro sein kannst.«

Da wird ihm klar, dass das Rennen ein Fehler war. Und mir ist klar, die Tour war ein noch größerer Fehler. In diesen zehn Rennminuten legten wir eine längere Strecke zurück als mit der kraftlosen Bremse Ann während des gesamten Vormittags.

Hätte nicht Anns Bruder ausgeholfen, der mit Touristen gerade Mittagspause gemacht hat, würden wir bis spät in die Nacht im Schilf herumdümpeln.

Ann ist kein Pooler, mit ihr kommen wir nicht weiter, und schon gar nicht vier Tage lang. Ich brauche Heti nur anzuschauen und weiß, was sie denkt. Und Recht hat sie! Durch meine Sparsamkeit wurde aus unserer Vorfreude auf das Okavangodelta Frust und Ärger.

Tommy, Ann und ihr Bruder haben den größten Spaß zusammen, während ich mich über ihre skrupellose Frechheit entsetzlich ärgere. Wie können sie es wagen, uns in so eine Situation zu bringen?

Trocken bemerkt Heti: »So, mein lieber, starker Ehemann, morgen darfst du den Job von Ann übernehmen. Dieses Mädchen ist nach dem ersten Tag schon am Ende. Aber ärgere dich nicht, dafür haben wir ja ein paar Euro gespart!«

Jetzt habe ich die Schnauze voll und stelle Tommy wütend vor die Alternative: »Entweder Anns Bruder ist ab morgen unser Pooler, oder wir brechen diesen Wahnsinn hier ab!«

Die drei beraten. Wir warten im Schatten einer Akazie auf das Ergebnis. Tommy kommt angetrottet. Der Bruder kann Ann nicht ersetzen, denn er ist mit einer anderen Gruppe unterwegs. Aber Ann hat noch einen Bruder, und der wird morgen Mittag nach unserer »Fußsafari« hier sein.

Ich traue ihm nicht. Tommy ist ein Lügner. Außerdem sehe ich bei dunkelhäutigen Menschen nicht, ob sie rot werden, wenn sie mich anlügen. Doch wir haben keine Alternative und harren der Dinge, die da kommen.

Zumindest ist unsere kleine Insel mit ihren Schattenbäumen eine trockene Oase im nassen Delta. Ein außergewöhnlicher Übernachtungsplatz in wilder Natur, wäre da nicht der Elefantenkot. Ich befürchte, das glaubt mir keiner, aber wir stehen mitten in einem Elefantenklo. Wir finden keine zwei Quadratmeter ohne Elefantenscheiße mit einer Konsistenz von ausgetrocknet bis dampfend. Hastig suchen wir trockene Äste für ein weit sichtbares Lagerfeuer zur Abschreckung der Elefanten und für den Fall, dass sie schnell zur Toilette müssen.

Bevor Tommy den Holzstapel anzündet, stößt er ein komisches Geräusch aus. Wie soll ich es beschreiben? Sie können es nachahmen, indem Sie beim Schlucken den Gaumen nach vorn drücken und dabei versuchen, mit geschlossenem Mund einen Ton auszustoßen. Es sollte sich so ähnlich wie ein Glucksen anhören.

Nachdem er dieses urtümliche Geräusch zweimal ausgestoßen hat, zündet er mit einem Streichholz den Scheiterhaufen an. Die Betonung liegt auf »einem«, denn in seiner Kultur muss das Feuer beim ersten Anzünden brennen, sonst kommt Unglück. In Tommys bisherigem Leben war nie ein zweiter Versuch notwendig. Das ist der Grund für sein fortwährendes Glück, behauptet er.

Nachdem wir einen kleinen Teil der Elefantentoilette freigeschoben haben, stehen schnell unsere zwei kleinen Zelte auf dem nun viel appetitlicheren Lagerplatz.

Anns Bruder muss zu seiner Gruppe zurück und bricht mit einem unserer zwei Mokoros auf. Er verspricht, dass der andere Bruder morgen mit dem Boot zurückkommt und ganz sicher Ann als Pooler ersetzt.

Uns knurrt der Magen. Heti macht ein Fertiggericht heiß. Tommy packt seinen Proviant aus, der für eine ganze Afrikaexpedition reichen würde.

Ann ist so erschöpft, dass sie gleich zum Schlafen ins Zelt kriecht. Tommy schaut Heti beim Kochen zu.

Ich frage ihn, wo er Englisch gelernt hat. »Auf der Straße und hauptsächlich von den Touristen.« Die Schule hat er meist nur von außen gesehen. Seine Eltern starben an Aids, als er noch ein Kind war. Wie üblich kam er dann zum Onkel, der zehn eigene Kinder hatte.

»Wir haben die sozialste Regierung ganz Afrikas, und mein Onkel bekam für mich jeden Monat 500 Pula Waisengeld für Essen und Kleidung. Das ist viel Geld für unsere Verhältnisse. Aber ich sah nie etwas davon. Ich bekam immer nur, was übrig blieb, und musste die Schafe hüten. Ich habe mich früh auf eigene Beine gestellt. Jetzt muss ich nur noch genug Geld verdienen, um auf eine gute Privatschule gehen zu können. Dann werde ich Guide, und zwar ein richtiger.«

Heti fragt unseren »falschen« Guide, warum er denn nicht koche. »Hast du keinen Hunger?«

»Schon, und das nicht wenig. Aber wir haben weder Töpfe noch Geschirr dabei, nur das.« Er kramt in seiner Tasche und zeigt ein Plastikmesser. Unser Fertiggericht ist schnell warm. Tommy stellt unseren Topf aufs Lagerfeuer und zieht alle Kochregister. Er kreiert ein Gericht mit Reis, Tomaten und Tunfisch. Wortlos gibt er Heti hinterher Topf und Besteck zurück, und mir scheint, Dank ist ein Produkt der Erziehung.

Wir genießen noch das Lagerfeuer, den Vollmond und das abendliche Urwaldkonzert.

Morgen früh um sechs wollen wir zu Fuß aufbrechen. Tommy möchte uns die Wildtiere Afrikas Auge in Auge zeigen.

Zur Sicherheit lässt er die ganze Nacht das Feuer nicht ausgehen. Als wir im Zelt liegen, brüllt ein Löwe. Wir hören Elefanten vorbeiziehen, die trompetend eine andere Toilette suchen. Trotzdem fühlen wir uns sicher und wohl so tief in Afrika.

Im Morgengrauen verlassen wir das Lager mit dem Mokoro und legen bei Sonnenaufgang an einer anderen Insel an. Eine seltene Sitatunga-Antilope mit tellerartigen Hufen, perfekt für Sumpf, steht wie bestellt im warmen Licht vor dem Sonnenaufgang. Löwenspuren im Sand lassen uns vorsichtig werden. Wer bei einem Löwenangriff ins Wasser flüchtet, lässt sich auf ein Wettschwimmen ein, das er schnell verlieren kann. Denn Okavango-Löwen sind ausgezeichnete Schwimmer. Die Zebras, eine Leibspeise der Löwen, sind ständig wachsam. Sobald wir uns ihnen nähern, suchen sie das Weite.

Wir waten in knietiefem Wasser zur nächsten Insel. »Wie sieht es mit Krokodilen aus?«, frage ich Tommy.

»Hier ist überall Wasser, das ist ihr Lebensraum. Es gibt mehr Krokodile als Dickhäuter«, ist seine kurze Antwort.

Im geschlossenen Auto auf Safari zu gehen ist eine Sache. Doch schutzlos durch den Lebensraum der Wildtiere zu spazieren ist eine ganz andere. Hinter jedem Baum könnte (!) ein hungriges Löwenweibchen auf langsame Zweibeiner-Beute warten. Endlich stehen wir in krokodilfreier Zone auf einer Insel. Strahlend weiße Flecken ziehen unsere Aufmerksamkeit an. Als wir näher kommen, liegen auf einer großen Wiese Elefantenskelette und Knochen, die die Witterung weiß gebleicht hat. Es sieht aus wie ein Elefantenfriedhof.

Tommy behauptet, es gebe keine Elefantenfriedhöfe.

»Warum nicht?«

»Das ist eine längere Geschichte. Du weißt vielleicht, dass ein Elefant täglich etwa 300 Kilogramm frisst. Dabei ist er 17 Stunden unterwegs. Am Ende seines Lebens ist er siebenmal um die Erde getrottet und hat etwa 7000 Tonnen harte Zweige, Rinde oder Wurzeln zermalmt. Das geht auf die Zähne, auch wenn sie noch so groß sind. Deshalb schont er sie und kaut nur immer auf einem der beiden vorderen Backenzähne. Sind diese abgenutzt, schiebt ein hinterer nach. Leider nur sechs Mal, danach kann er harte Nahrung nicht mehr kauen und verhungert. Sein einziger, wenn auch nur kurzer Ausweg ist Nahrung wie Gras und Schilf. Aus diesem Grund sterben Elefanten oft an speziellen Plätzen, wo sie ausreichend »weiche« Nahrung finden. Deswegen ist das hier kein Elefantenfriedhof, sondern ein Platz, wo sich die Alten sammeln, um den Tod hinauszuzögern.«

Tommy gibt sich wirklich Mühe, will uns noch dieses oder jenes zeigen und erklären. Aus den geplanten zwei bis drei Stunden Fußsafari werden fünf. Der Lehmboden hat sich mittlerweile wie ein Backofen aufgeheizt. Bei brütender Hitze erreichen wir das Camp. Dampfende fußballgroße Haufen liegen neben unseren Zelten. Elefanten waren hier, aber weit und breit ist kein Pooler zu entdecken. Auch unser zweites Mokoroboot fehlt noch immer. Wusste Tommy, dass niemand kommen wird? Hatte er deshalb unseren Ausflug so ausgedehnt? Nun sitzen wir gewaltig im Schlamassel. Wie kann es sein, dass ein Bruder seine Schwester und seinen Cousin so hängen lässt? Und das in einer afrikanischen Familie, die ich bisher als das Heiligste eines jeden Afrikaners kennengelernt habe. Sie können lügen, stehlen und betrügen, wen immer sie wollen, aber niemals ein Familienmitglied. Als ich das Tommy vorwerfe, zuckt er nur die Achseln und schaut an mir vorbei.

Ich bin kurz vor dem Explodieren! Was machen wir jetzt? Das Boot ist weg, und Ann kann nicht poolen. Da ich an diesem Desaster schuld bin, muss ich auch eine Lösung finden.

Ohne zweites Boot kommen wir hier nicht mehr raus.

Ich mache Tommy unmissverständlich klar, dass binnen einer Stunde unser zweites Boot sowie ein neuer Pooler hier sein müssen. Sollte auch er nicht mehr zurückkommen, wird er mich in seinem ganzen Leben nie mehr vergessen. Das sind meine letzten Worte, bevor er mit Ann ins Mokoro steigt und im Schilf verschwindet.

Die Zeit, in der die kleine Insel eine Oase der Fröhlichkeit war, ist vorbei. Stumm und verärgert warten zwei Menschen eine Stunde, noch eine Stunde, noch eine … Wir sitzen auf einer stickig heißen Insel fest, wo kein Lufthauch auch nur die bescheidenste Abkühlung bringt.

Endlich, nach fünf Stunden, tauchen die beiden wieder auf. Tommy ist schweißgebadet, und Ann sieht erschöpft aus. Sie haben ein zweites Boot, aber keinen Pooler. Woher sie das Mokoro haben, bleibt ihr Geheimnis. Tommy ist mit seinem Pokerface undurchschaubar.

Wir brechen zum Rückweg mit derselben Besatzung auf, mit der wir gekommen sind. Das gleiche Drama nimmt seinen Lauf, mit dem Unterschied, dass Tommy nicht mehr so lange auf Ann wartet.

Nach einer halben Stunde hören wir Ann um Hilfe rufen. Tommy braucht einige Zeit, bis er sie zwischen den abgestorbenen Bäumen im dichten Schilf findet. Sie sitzt zitternd im Boot inmitten einer Hippoherde. Sie hat sich verirrt.

So kommen wir auf keinen Fall weiter, deshalb halten Heti und ich ihr Boot seitlich fest, und Tommy muss sich doppelt plagen. Ohne schlechtes Gewissen ruht Ann sich aus.

Wir sind froh, als wir bei Dunkelheit wieder am Auto sind.

Ich habe einen Fehler gemacht, Heti ist nicht nachtragend, und Tommy verzichtet auf eine Bezahlung. Das überrascht mich. Mir war es nicht möglich, hinter seine Maske zu blicken, hinter der sogar kurz Charakter aufblitzte.

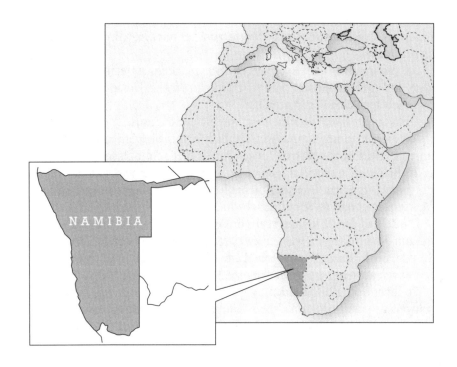

Namibia

Die Freiheit des einfachen Mannes

Mit dem letzten Tropfen Diesel und dem letzten Schluck Wasser, zwei Flüssigkeiten, ohne die ein Reisender nicht weiterkommt und verdurstet, verlassen wir die menschenleere Zentralkalahari Botswanas. An der ersten Tankstelle in Namibia füllen wir alle Tanks bis zum Anschlag. Beim Bezahlen trifft mich der Schlag. Es ist nicht der Preis, auch nicht die unübersehbaren Zeichen der Zivilisation. Hier werden Erdnüsse nicht mehr in Zeitungspapier, sondern in bunten Vakuumtüten angeboten. Mit dem Aufdruck »Achtung, für Menschen mit Nussallergie ungenießbar« und »Vorsicht, Kinder können an Nüssen ersticken« sichern sich die Hersteller ab. Was mich schockt, ist die Musik.

Aus dem Lautsprecher schallt mir *Drei weiße Birken* entgegen. Der junge schwarze Kassierer mit schwarzer Sonnenbrille und schwarzen Lackschuhen schnippt tiefversunken den Takt dazu.

Fragen Sie mich nicht, woher, aber er weiß, dass ich ein Bayer bin und begrüßt mich mit einem fröhlichen »Grüß Gott«. Jetzt warte ich nur noch, dass er, anstatt Auf Wiedersehen zu sagen, *Sag beim Abschied leise Servus* singt.

Darauf warten wir aber nicht, wir müssen auf dem schnellsten Weg nach Windhoek. Heti hat ihr Lachen verloren. Ihr ist eine Brücke herausgebrochen. Keine Frau der Welt zeigt dann noch Zähne.

Irgendetwas läuft schief in meinem Kopf. Halluziniere ich, oder sind wir schon zu lange in Afrika? Ich habe das Gefühl, ich bin in San Francisco mit seinen Hügeln und hübschen Vorstadthäusern unterwegs. Aber die vielen schwarzen Menschen holen mich nach Afrika zurück. Wir fahren auf mehrspurigen Straßen durch eine hypermoderne Stadt mit funkelnden Hochhäusern, vorbei an gepflegten Grünflächen, die dem Wimbledon-Rasen Konkurrenz machen. Alles ist hygienisch sauber und so neu, als wäre es erst gestern Abend fertig geworden.

Auf dem Weg zum Zahnarzt passieren wir eine bayerische Metzgerei, eine »German Bakery«, und in einem Briefkasten steckt die »Deutsche Allgemeine Zeitung«. Die Menschen hasten genauso schnell durch die Fußgängerzone wie in Wuppertal.

Ganz Afrika hat Zeit, doch Windhoek hat es eilig. Eine so tolle Stadt zu bauen und zu erhalten macht viel Arbeit. Die Windhoeker müssen sich sputen. Sie haben keine Zeit, im Schatten einer Akazie zu dösen.

Eingequetscht im Fahrstuhl, die Zahnarztpraxis liegt im sechsten Stock, treibt mir die Enge den Schweiß auf die Stirn, und mein Magen schnürt sich zusammen. Mir geht es schlecht. Ist das der Windhoek-Schock? Noch vor 24 Stunden saßen wir in der Stille und Weite der Kalahari am Schein des Lagerfeuers und lauschten dem Brüllen der Löwen. Und jetzt lauschen wir dem Hupen der Autos.

Ich befürchte, der Sprung zwischen zwei Welten, die unterschiedlicher nicht sein könnten, ist für Körper und Seele zu viel.

Aber Heti lacht wieder, und es wird höchste Zeit, dass wir uns einen Übernachtungsplatz etwas außerhalb suchen.

Am Stadtrand erreichen wir schnell den dunklen Schatten dieser Stadt. Hier hausen die Schwarzen in Wellblechhütten an Staubstraßen, über die stinkendes Abwasser rinnt. Ein Beweis, dass die schöne Fassade Risse hat. Nie hätten wir in dieser Stadt mit solcher Armut gerechnet. Deswegen schauen wir in den Gini-Koeffizienten. Den hat sich ein Italiener ausgedacht, um die Einkommensverteilung zwischen den Reichen und Armen in einem Land aufzuzeigen. An erster Stelle steht Dänemark. Namibia, das afrikanische Musterland, ist mit Abstand auf dem bittertraurig letzten Platz hinter Nigeria und Sierra Leone.

Der Gini-Index beweist, dass sich 20 Prozent der Bevölkerung 1,4 Prozent des Gesamteinkommens teilen müssen.

In der vermögendsten Volkswirtschaft auf dem afrikanischen Kontinent leben 50 Prozent der Menschen von weniger als einem Dollar pro Tag. Wenn ein Kilo Tomaten drei Dollar kostet, wird Überlebenskunst zur Pflichtübung.

Namibia ist tief gespalten. Auf der einen Seite existiert eine reiche Minderheit aus Weißen und Schwarzen und auf der anderen Seite eine extrem benachteiligte Mehrheit mit ausschließlich schwarzer Hautfarbe. Theoretisch müssten an jeder Ecke mindestens drei zerlumpte Bettler stehen, aber die Ärmsten der Armen machen sich unsichtbar. Der Tourist bemerkt vom Elend im Traumreiseland nur wenig.

Es stimmt, dass die Weißen am meisten besitzen. Es stimmt auch, dass die schwarze Regierung Vorteile und Jobs an ohnehin schon Reiche vergibt. Und es stimmt ebenfalls, dass viele Schwarze jede Mühe scheuen und lieber mit wenig zufrieden sind.

Gerade weil die Apartheid seit 20 Jahren abgeschafft ist, ist es für die schwarze SWAPO-Regierung eine Schande, dass in einem bodenschatzreichen Land mit zwei Millionen Einwohnern die Hälfte in Armut lebt, und die ist schwarz. Diese armen Menschen haben keine Chance, an Geld zu kommen. Wer bei der hohen Arbeitslosigkeit einen Job hat, gehört zu den Glücklichen. Dazwischen gibt es nicht viele Möglichkeiten, Geld zu verdienen.

In den armen afrikanischen Ländern wie Mosambik oder Burundi sahen wir an jeder Ecke Straßenhändler, bei denen wir uns immer bestens versorgt haben. Jeder kann ein paar Tomaten oder Zwiebeln verkaufen und etwas verdienen. Wenn es auch wenig ist, zum Überleben reicht es meist. Dieser Straßenhandel ist die Sozialhilfe der Armen.

In Namibia jedoch dulden die wenigen Einkaufszentren und Supermarktketten, die eine Filiale nach der anderen eröffnen, keine Konkurrenz des kleinen Mannes an der Straßenecke. Die Arbeitslosen haben keine Chance, sich ohne Investition durch eigene Leistung ein lebenswertes Dasein zu schaffen. Der namibische Geldadel ist einer der Gründe für die große Kluft zwischen Arm und Reich.

Gertrud aus dem Caprivizipfel erzählt uns von ihren Erfahrungen mit Schwarzen und macht uns dabei auf eine ganz unerwartete Seite von ihnen aufmerksam. Als weiße Farmersfrau betreibt sie aus Gutmütigkeit ein Allerlei-Geschäftchen, wo es von Tunfischdosen bis Toilettenpapier alles Mögliche gibt. Sie führt den Laden extra für die Schwarzen, die keine Möglichkeit haben, zum Einkaufen nach Grootfontein zu kommen. Ihren Lebensunterhalt verdienen sie und ihr Mann mit der 2500 Hektar großen Farm. Dieses Land bekamen sie von den Ovambos geschenkt. Dazu später mehr.

Die etwa 60 Jahre alte, bescheidene Dame lädt uns in ihr einzigartiges Heim ein. Sie meint: »So schade, dass mein Mann gerade Besorgungen in Grootfontein macht. Mit ihm könntet ihr Deutsch sprechen.«

Ihr Schlafzimmer ist ein Wohnwagen. Um ihn herum wurden nach und nach aus Natursteinen gemauerte Räume hinzugefügt. Die Enten, Hühner, Rinder und Schafe sind ihr großer Stolz. Denn die Farmersfrau stellt alles selbst her, was sie zum Leben brauchen, außer Toilettenpapier.

Sie hat einige schwarze Arbeiter, ohne die sie die Arbeit nicht schaffen könnte. Sie mag ihre Angestellten. Aber trotzdem würde sie nie einen Schwarzen in ihr Haus einladen. Dennoch meint sie, müssten Kinder so erzogen werden, dass sie mit Schwarzen in der Schule und am Arbeitsplatz befreundet sind, aber nie untereinander heiraten. Sie glaubt, dass Jesus Schwarze und Weiße erschaffen hat, aber nicht daran dachte, dass sie sich vermischen sollen.

Bevor sie weitererzählt, lächelt sie verlegen, denn ihr Mann glaubt aufgrund seiner langen negativen Erfahrungen, dass die Schwarzen auf der Stufe von Tieren stehen. Er behauptet, ihr Gehirn sei nicht besser entwickelt als das von einem Spatz. Aber sie betont, dass das nicht ihre Meinung sei.

Gott habe bei der Erschaffung der Menschen den Weißen die Gabe des Organisierens und Strebens gegeben, wobei die Schwarzen leer ausgingen, glaubt Gertrud. Sie rät uns: »Schenk einem Schwarzen nie zwei Dinge auf einmal. Wenn du ihm zwei T-Shirts gibst, zieht er eines an, das zweite verschenkt er weiter. Und das ist mit allem so. Auch mit großen Dingen wie unserer Farm.«

»Wieso haben euch die Schwarzen 2500 Hektar Land geschenkt?«, stoppe ich sie.

»Vielleicht weil sie es nicht brauchen oder zum Bewirtschaften zu bequem sind? Deshalb kommen sie auch zu nichts! Sie denken grundsätzlich anders als wir.«

»Und wie denken sie denn?«

»Obwohl ich hier geboren bin, weiß ich es auch nicht wirklich. Ich weiß nur, dass sie nie an morgen, geschweige denn an nächstes Jahr denken.«

Nun will ich natürlich genau wissen, wie sie zu dem Farmland gekommen sind.

»Das war eigentlich ziemlich einfach. Wir haben freundlich beim Humba, dem Clanchef, nachgefragt und ihm ein Pferd geschenkt. Danach stimmten die Verantwortlichen in der Kommune über unseren Antrag positiv ab, und wir bekamen kostenlos 2500 Hektar Land für 99 Jahre. Ja, so sind sie, was sie im Moment nicht brauchen, verschenken sie.«

Während uns Gertrud Trockenfleisch anbietet, erzählt sie von ihren Arbeitern: »Es ist nicht einfach mit ihnen. Ich muss sie um jede einzelne Arbeit freundlich bitten, obwohl ich dafür bezahle. Wenn ich mich ärgere und deswegen einen strengeren Ton anschlage oder sie gar kritisiere, kommen sie am nächsten Tag nicht mehr. Dann müssen wir die viele Arbeit allein machen. Das schaffen wir natürlich nicht. Eigentlich brauchen wir sie und sie nicht uns. Und das wissen sie. Sie sind nicht auf unser Geld angewiesen, und das sagen sie mir geradeheraus ins Gesicht. Sie sind mit dreimal Maisbrei und etwas Wasser zufrieden, was sie immer in der Hütte ihrer Mutter bekommen. In Wirklichkeit sind sie frei und nicht wir! Sie können auf alles außer Nahrung verzichten. Dagegen fällt uns Weißen Verzicht und Bescheidenheit, etwas loslassen oder aufgeben, sehr schwer. Im Gegenteil, wir sind erzogen, ständig mehr zu leisten und ständig erfolgreicher zu sein.«

Dann erstaunt sie mich mit einer schlauen Aussage:

»Wir Weißen sind erfolgsorientiert. Die Schwarzen sind bedarfsorientiert, und das hört bei ihnen nach einem vollen Magen auf. Sie sind freier, als wir es jemals sein werden. Dies ist die Freiheit der einfachen und zufriedenen Menschen.«

Weshalb Farmer keine Sissys sind

Der größte Gewinn einer Reise sind die Menschen, die wir treffen. Viele bleiben durch einen besonderen Charakter oder außergewöhnliche Lebensumstände in tiefer Erinnerung. Einige werden nach einer gemeinsam durchzechten Nacht wieder vergessen. Nur wenige werden zu echten Freunden. Einer von ihnen ist Titus.

Das erste Mal trafen wir ihn im Sudan, dann in Kenia und schließlich bei uns zu Hause. Das nächste Treffen sollte in seiner Heimatstadt Kapstadt in Südafrika sein.

Dass sich das Leben nicht immer an Absprachen hält, zeigt folgende Mail in Afrikaans-Deutsch:

»Hallo Herta und Werner, bin in Namibia auf Farm in Kalahari, dauert zwei Monate. Bis Südafrikatreff ist lang. Kommt besuchen auf Farm, warte. Titus«

Gute Freunde lässt man nicht warten, also ändern wir unsere Route und stehen nach zwei Wochen vor dem Tor der Farm, wo Titus uns mit einem Strahlen im Gesicht empfängt. Wir sind mehr als Freunde. Denn keiner scheut Mühe und Kosten, um den anderen, egal wo auf der Welt, in die Arme zu nehmen. Wir freuen uns auf die Zeit mit Titus, der für zwei Monate die Farm seines Freundes führt. Im »richtigen« Leben ist er Reiseleiter.

Wer hinter dem Tor einen Bauernhof mit Misthaufen und Vorgartenzwergen erwartet, der irrt. Eine halbe Stunde wühlen wir uns über rote Sanddünen, vorbei an ausgetrockneten Wasserlöchern, bis wir endlich das Farmhaus mit Wellblechflachdach erreichen. Es ist geschützt von hohen Mauern, die den Flugsand abhalten. Das Haus steht in einer Ebene mit dürren Büschen, vertrocknetem Gras und Sand, wobei der Sand den meisten Platz beansprucht.

»Ein idealer Platz für eine Sandgrube, aber nicht für Rinderzucht«, flachse ich mit Titus.

»Wenn du Abnehmer findest, machen wir das Geschäft unseres Lebens!«, scherzt er zurück.

Da ich in einer kleinen Landwirtschaft im fruchtbaren Nördlinger Ries aufgewachsen bin, kann ich mir nicht vorstellen, wie in dieser Dürre sinnvoll Tierzucht möglich sein soll.

Titus führt uns als Erstes auf die Terrasse, zu seinem Lieblingsplatz. Nicht, weil er hier die Hütten der Arbeiter unter Kontrolle hat, sondern wegen des weiten Panoramablickes in den drei Farben der Kalahari. Rot für den Sand, Gelb für das verdorrte Gras und Blau für den wolkenlosen Himmel. Wir sind aber nicht gekommen, um auf der Terrasse zu faulenzen. Das ist eine Farm, und wir wollen mit anpacken.

Viele glauben, die Nomaden der Straße sind arbeitsscheue Gesellen, die den ganzen Tag im Schatten einer Palme dösen, sich von der Landesküche verwöhnen lassen und jeden Abend mit Schampus auf einen herrlichen Sonnenuntergang anstoßen – ein Nonstop-Paradies.

Aber wer das vorliegende Buch bis hierher gelesen hat, weiß, dass das so nicht ganz stimmt. Unsere Erfahrungen sind meist mit Strapazen und Anstrengungen verbunden.

Um hinter die Kulissen einer namibischen Farm zu blicken, machen wir uns die Hände gern schmutzig. Aber vorher besteht Titus auf einen Umzug von unserem Sechs-Quadratmeter-Heim ins große Farmhaus. Die Drohung, sofort wieder abzureisen, beeindruckt ihn überhaupt nicht. Gäste gehören ins Gästezimmer, basta!

Der Auszug aus unserem behindertengerechten HZJ fällt uns schwer. Nicht weil wir behindert sind, sondern weil dort alles so gemütlich klein und praktisch ist. Sogar als Beinamputierte könnten wir von unseren Sitzen aus alle Schubladen und Schränke erreichen.

Aber es gibt auch eine Kehrseite: Sechs Quadratmeter für zwei Menschen sind Legehennenbatterie-Verhältnisse. Wir sind selbst überrascht, wie gut wir darin miteinander auskommen. Heikel ist nur, dass keiner bei Ärger und Streit ausweichen kann. Je mehr wir uns übereinander ärgern, desto kleiner werden die sechs Quadratmeter, und der kleinste Funke führt zur Explosion.

Zu Hause würde ich bei Stunk zum Joggen, zu Freunden oder in die Kneipe gehen und meinen Frust hinunterspülen. Hier kann ich nur in die Toilette ausweichen und die Tür laut hinter mir zuziehen.

Mittlerweile ist es 15 Uhr. Die Hitze- oder Schlafpause, die Titus wegen uns heute versäumt hat, ist vorbei. Seine beiden Arbeiter warten vor der Tür.

Sie gehören zum Stamm der Ovambo. Die Ovambos gelten als fleißig, zuverlässig und so geschäftstüchtig, dass sie ihre Haare lieber vom

Friseur als von der eigenen Schwester schneiden lassen – der Friseur ist billiger.

Die beiden könnten unterschiedlicher nicht sein. Jonas ist kräftig und schaut uns mit fröhlichen Augen an. Tom dagegen ist ein Strich in der Landschaft mit eingefallenen Wangen und Augen, die tief in den Höhlen liegen. Er hat Aids im fortgeschrittenen Stadium.

Titus will wissen, ob es auf dem Weg hierher geregnet hat. Denn die Farmer warten sehnsüchtig auf Regen. Alle sechs bis sieben Jahre fällt die Regenzeit ganz aus und stürzt sie in Überlebensnot.

Die Existenz der Farmer ist mit hohem Risiko verbunden. Bei genügend Regen werden sie reich, und bei Trockenheit kämpfen sie gegen den Bankrott. Wer ein finanzielles Polster hat, kann es verlieren, und wer kein Polster hat, hat ohnehin alles verloren.

Titus spricht nur noch vom Regen. Jede Wolke wird analysiert. Er hofft auf den Vollmond. Als wäre Titus ein Regenmacher, wird der Regen von ihm herbeigeredet, ob der nun will oder nicht!

Die Hauptarbeit auf einer Farm besteht daraus, Zäune zu reparieren. Deshalb brechen wir mit der Toyota-Legende BJ 45 auf. Es ist mein Traumauto. Der BJ 45 ist das Vorgängermodell unseres HZJ 75, sieht verwegener aus und ist noch robuster. Der Toyota auf der Farm ist Baujahr 1956, genau wie ich.

Während wir morsche Holzpfähle gegen neue Eisenstangen auswechseln, niedergedrückte Zäune aufstellen und Erdferkellöcher mit Steinen auffüllen, sieht Titus in einiger Entfernung Warzenschweine. Das Rudel versucht, sich unter dem Zaun durchzugraben. Er schreit: »Werner, komm schnell!« Wir rennen zum BJ. »Halt dich gut fest, die gehören uns!« Er steigt aufs Gas, die Räder drehen durch, und das Auto rast über Büsche, Sandhügel und Löcher hinweg, schnurstracks Richtung Rudel. Die Warzenschweine rennen los, und wir jagen hinterher. Titus reißt das Lenkrad herum. Er hat große Mühe, den Erdferkellöchern und Bäumen auszuweichen. Die großen Büsche walzt der BJ nieder, verliert immer wieder den Bodenkontakt und hüpft wie ein Springbock dem Rudel hinterher. Abrupt steigt Titus auf die Bremse. Zu spät! Wir rasen in ein riesiges Erdferkelloch. Der BJ schlägt auf die Achse durch, hebt wieder ab, und wir knallen mit dem Schädel ans Dach. Der Pick-up neigt sich zur Seite, ich bin auf alles gefasst. Doch Titus, der Teufelskerl, fängt das Fahrzeug gekonnt ab. Seine Mimik hat sich verändert. Wild entschlossen starrt er durch die Windschutzscheibe. Der Jagdinstinkt vertreibt jeden Gedanken an Gefahr.

Das Rudel teilt sich. Titus muss sich entscheiden und nimmt den großen Keiler ins Visier. Nur noch einige Meter trennen uns. Mein Freund drückt das Gaspedal bis zum Anschlag durch. Ein weicher Rempler, wir haben den Keiler überfahren. Die Hatz ist vorbei.

Verdammt! Der Keiler hatte sich in ein Erdferkelloch geduckt, aus dem er sich mit erhobenem Kopf todesmutig stellt. Sofort wendet Titus und nimmt erneuten Anlauf. Im letzten Moment, so raffiniert spät, dass Titus nicht mehr reagieren kann, springt das Warzenschwein zur Seite und startet einen neuen Fluchtversuch. Wir folgen.

Während wir über einen trockenen Baumstamm rumpeln, schreit Titus wütend: »Ich muss ihn länger hetzen, bis er nicht mehr kann.«

Auf einer Grasebene kommt unsere Chance. Titus gibt Vollgas, der BJ heult auf, der Keiler ist tot, Titus und ich sind schweißgebadet. Das war ein Höllenritt, bei dem jeder verlieren konnte.

Warzenschweine sind die größte Zaunplage. Farmer lassen keine Chance aus, sie zu töten, obwohl die Warzenschweinjagd brutal und gefährlich ist. Deshalb heißt es in Namibia: »Farming is not a job for sissys«, das soll heißen: Weicheier gehören nicht auf eine Farm. Denn Farmer sind hartgesottene Haudegen, die ununterbrochen gegen Wildtiere, Trockenheit und ums Überleben kämpfen.

Diese Farm ist 6000 Hektar groß und wird durch Zäune in 35 Camps geteilt. Während die Rinder oder Schafe in einigen der Camps grasen, können sich die anderen erholen. Für die Camps braucht man etwa 200 Kilometer Zäune, die ununterbrochen von Kudus, Springböcken, Erdferkeln, Stachelschweinen und Warzenschweinen eingerissen oder untergraben werden. Das bedeutet: Zäune reparieren bis zum Jüngsten Tag.

Natürlich möchten die Wildtiere wie eh und je ohne diese Barrieren frei durch die Kalahari ziehen. Und die Farmer möchten ihre Schafe und Rinder ohne Futterkonkurrenz und Raubtiere züchten, denn sie leben davon. Wer hat Recht? Wildtiere oder Farmer? Beide! Es kommt auf den Standpunkt an.

Wenn Sie mich fragen, sind mir momentan Zäune und Wildtiere egal. Meine ungeteilte Aufmerksamkeit hat jetzt Hetis Warzenschwein-Sauerbraten mit Klößen, Salaten und gutem südafrikanischen Wein. Titus geht es ebenso. Für ihn ist Sauerbraten so fremdartig wie für mich Leberwurstbrot mit Quittenmarmelade.

Als Heti dieses Festmahl mit feierlicher Miene und der Bemerkung »Jetzt stoßen wir auf meinen Geburtstag an« auf den Tisch stellt, wird mir übel. Ich egoistischer Trottel habe tatsächlich ihren 55. Geburtstag vergessen. Ich fühle mich schlecht und minderwertig. Am liebsten möchte ich mich im nächsten Erdferkelloch verkriechen.

Wie kann ich den Geburtstag einer solchen Frau vergessen? Ich weiß, dass sie keine Geschenke erwartet, sie möchte nur, dass ich daran denke. Ich suche nach Ausreden wie »die Farm ..., Titus ..., die Warzenschweinjagd ...«, aber alles ist albern. Es gibt keine Ausrede: »Ich hab's versemmelt.«

Mit schlechtem Gewissen nehme ich sie in den Arm, drücke sie ganz fest und küsse sie. Sie lächelt mich an. Was für eine Frau habe ich an meiner Seite!!!

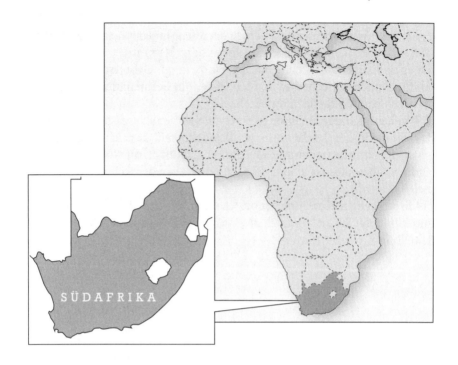

Südafrika

Johannesburg, im Dschungel der Gewalt

Ausgerechnet in der gefährlichsten Stadt Afrikas erwischen wir auf dem Stadthighway eine falsche Abfahrt und stehen in einer Straße zwischen Müllhaufen und herumlungernden Straßengangs. Wir blicken in Augen, die jede unserer Bewegungen kalt verfolgen. Das Zentrum Johannesburgs ist noch immer das gefährlichste Pflaster der Welt. Es ist ein gesetzloser Raum, in den sich die Cops nur in Mannschaftsstärke wagen. Mein Magensensor, der mich zuverlässig vor Gefahren warnt, springt an. Ich spüre, wie die Angst in mir aufsteigt. Viele Johannesburger haben aus Furcht vor einem Verbrechen noch nie einen Fuß in die Gewalt-Hotspots ihrer Innenstadt gesetzt. Dort gehört es zum Alltag, dass gewaltbereite Männer wie ein Piranha-Schwarm über ein Opfer herfallen und es ausrauben, um hinterher wieder blitzschnell in der anonymen Masse zu verschwinden.

Auf der Suche nach Arbeit kommen Männer zu Hunderttausenden aus Mosambik, Simbabwe, Sambia oder Nigeria und strömen nach Johannesburg. Sie sind überzeugt, in der Stadt des Geldes Arbeit zu finden, um ihre Familien daheim zu ernähren. Natürlich gibt es weder Arbeit noch eine Unterkunft für sie. Hungrig schlafen sie Nacht für Nacht auf der Straße mit dem Wissen, dass ihre Familie zu Hause verzweifelt auf Geld warten. Sie sehen nur einen Ausweg, und das sind Raubzüge und der Griff zu Messer und Schlagring.

Im Dschungel der Gewalt herrscht das Gesetz des Stärkeren. Der Einzelne ist verloren, wenn er sich nicht einer Gang anschließt. Ohne deren Schutz wird er von der Konkurrenz brutal aus dem Weg geräumt. Mit den Füßen ans Auto gebunden und durch die Stadt geschleift oder gleich bei lebendigem Leib verbrannt, das sind nur zwei Methoden.

Die Nigeria-Mafia ist so stark und brutal, dass sie ihre Drogengeschäfte ungestört in der Öffentlichkeit abwickeln kann, während die Polizei ängstlich wegschaut. Nicht umsonst hat Johannesburg das Autokennzeichen GP »Gangsters Paradise«.

In ganz Südafrika werden jährlich etwa 20 000 Menschen getötet, mehr als in so manchem Kriegsgebiet. Alle vier Minuten wird eine Frau vergewaltigt. Jeder vierte Mann gibt freiwillig zu, dieses »Kavaliersdelikt« ein oder mehrere Male begangen zu haben. Ich kann es nicht glauben, aber 75 Prozent der Vergewaltiger sind noch keine 20 Jahre alt.

Warum wird in Südafrika Vergewaltigung als Kavaliersdelikt verniedlicht? Und das in einem Land, wo aufgrund der Frauenquote 45 Prozent weibliche Abgeordnete im Parlament sitzen.

Bevor ich zur Neo-Apartheid, dem Konfliktthema Nummer eins in Südafrika komme, habe ich einen Wunsch: Bitte glauben Sie mir, dass ich kein Rassist bin. Ich habe Freunde mit jeder Hautfarbe und respektiere alle Kulturen.

Sie wundern sich, warum ich dies so klarstelle? Weil ich weiß bin und wir in Südafrika sind, wo Schwarz und Weiß mit griffbereitem Kriegsbeil am Gürtel noch immer auf Kriegsfuß sind. Obwohl die Apartheid seit 20 Jahren vorbei ist, werden Weiße ganz schnell für ihre ehrliche Meinung in die Rassistenecke gesteckt. Für mich als Reisenden hat das keine Konsequenz. Doch einen weißen Südafrikaner kostet es seinen Arbeitsplatz samt Existenz. Und gute Jobs für Weiße sind mittlerweile wie ein Sechser im Lotto.

Wenn wir als Reisende über die exzellenten Highways zu strahlend weißen Stränden düsen, an denen sich Pinguine tummeln, oder von Steilklippen aus weiße Haie beobachten und in erlesenen Weingütern feinen Cabernet Sauvignon kosten, werden wir von alldem auf den ersten Blick nichts bemerken.

Der zweite, genauere Blick auf hohe Mauern, Stacheldraht und Hochspannungszäune gibt uns dann schon zu denken. Ab jetzt begleiten uns diese Zeichen der Angst.

Ein dritter Blick hinter die schöne Kulisse zeigt eine gespaltene Gesellschaft mit unkalkulierbarem Gewaltpotenzial. Diese Gewalt macht uns zu einem scheuen Reh und stiehlt uns die Freiheit des unbeschwerten Reisens. Für gewöhnlich fahren wir an bewachten Campingplätzen vorbei und stehen oder übernachten dort, wohin uns der Tag und die Neugier treiben. Doch Freunde haben uns ausdrücklich gewarnt, auf keinen Fall in Südafrika »wild« zu übernachten. Sie verbrachten ihre erste Nacht auf einem hell beleuchteten Parkplatz bei einer Tankstelle und wurden überfallen. »Geld her oder wir killen euch!«, forderte die Gang. Nur der rote Alarmknopf des Tankwarts rettete sie. Das ist keine gestellte Tatort-Szene aus dem Fernsehen, sondern südafrikanischer Alltag, und der gibt uns zu denken.

In den vergangenen 16 Jahren, egal wo auf der Welt, fanden wir stets ein Plätzchen, an dem wir uns sicher fühlten. Nicht ein einziges Mal wurden wir bedroht, ausgeraubt oder mussten gar mit dem Messer an der Kehle um unser Leben fürchten. Ist das nichts als Glück? Liegt es an der Erfahrung? Oder an der Haltung, mit der wir den Menschen gegenübertreten? Vielleicht ist die Welt einfach besser, als sie uns gezeigt wird? Wir jedenfalls haben den Glauben an sie noch nicht verloren. Nur Südafrika macht eine Ausnahme und tanzt »gewaltig« aus der Reihe.

...

Zwei Dinge treiben uns nach Mossel Bay: Wellenreiten und »White Shark Diving«. Heti möchte Wellenreiten lernen. Ich würde gern beim »Hai-Tauchen« die einmalige Chance nutzen und einem Shark tief in den aufgerissenen Schlund oder zumindest in die Augen blicken. Denn hier tummeln sich die größten Weißen Haie.

Warum haben meine Frau und ich nur wirklich Spaß, wenn wir etwas gemeinsam erleben? Klar, das ist keine Frage, die die Welt bewegt. Uns beide dagegen beschäftigt sie ständig. Vielleicht liegt es an unserer ständigen Zweisamkeit, die wir brauchen wie ein Blinder seinen Krückstock? Es könnte doch so einfach sein – Heti geht zum Surfen und ich zu den Haien. Aber nein, wir gehen gemeinsam an den Strand und suchen einen Kompromiss.

Heti steckt den großen Zeh ins Wasser: »Brrr, saukalt!« Sie passt nicht auf und wird von einer großen Welle unfreiwillig gebadet. Nun weiß sie, weshalb alle Surfer im Wasser Neoprenanzüge tragen. Aber warum sitzen diese jungen, mutigen Modellathleten alle brav am Strand auf ihren Brettern, wenn draußen die besten Surfbedingungen herrschen? Irgendetwas stimmt nicht. Einer hetzt noch aus den Fluten und fuchtelt aufgeregt mit den Armen Richtung Wellen. Ein langer schwarzer Schatten zieht nur 50 Meter entfernt durchs seichte Wasser. Der Surfer ist leichenblass. Er hat die rote »Hai-Alarm-Fahne« übersehen.

Jacques, ein drahtiger Franzose, gesellt sich zu uns. Der Typ lebt nur wegen der hervorragenden Surfmöglichkeiten in Südafrika. Schwitzend zieht er seinen Neopren über die Schultern und klärt uns auf: »Hier gibt es zwei einmalige Dinge auf engstem Raum: hohe Wellen und große Weiße Haie. Die Wellen sind der pure Wahnsinn, und die Haie sind gefährlich. Deshalb haben wir da oben auf der Klippe Hai-Beobachter. Sobald sie einen Hai entdecken, geht die rote Fahne hoch. Das bedeutet, sofort raus aus dem Wasser!«

»So man schnell genug ist.« Mit Schaudern denke ich an unseren geplanten Surfkurs für Anfänger.

Sensibilisiert hake ich bei Jacques nach, ob er schon oft Probleme mit Haifischen hatte.

»Oh ja, diese Biester haben mich schon ein paar Mal bis kurz vors Ufer verfolgt. Aber ich hatte immer Glück. Es kann aber schon vorkommen, dass uns Haifische einen Arm oder ein Bein abknabbern. Doch richtig gefährlich ist es für uns erst, seit kommerzielles »White Shark Diving« an allen Ecken angeboten wird. Erst letzte Woche wurde ein junger Wellenreiter von einem sechs Meter langen Weißen Hai attackiert und durch mehrere Bisse getötet. Viel blieb von ihm nicht mehr übrig. Es war das erste Mal seit 20 Jahren, dass ein Mensch durch einen Hai getötet wurde. Ist auch kein Wunder, dass die Tiere aggressiv sind. Werden sie doch beim Hai-Tauchen mit Blut und Ködern in Rage gebracht, und sobald der Drahtkäfig im Wasser ist, beißen die gierigen Haie mit aufgerissenem Schlund in den Käfig. Natürlich ist das für die Käfiginsassen ein unvergesslicher Adrenalinstoß. Den Haifischen aber nimmt es den Respekt vor den Menschen, und uns degradiert es zu leckerem Futter.«

Heti und ich fanden unseren Kompromiss schneller als gedacht. Ich mag den Haien nicht mehr in den Rachen blicken, und Heti hat keine Lust, von ihnen auf dem Surfbrett verspeist zu werden.

Wir spazieren weiter. Ich frage einen jungen Mann, ob er einen Tipp für einen sicheren Übernachtungsplatz hat. Ohne zu überlegen, nimmt er uns mit zu sich nach Hause. Dort passieren wir ein kameraüberwachtes Eisentor. Ein hoher Starkstromzaun sichert das große freistehende Grundstück. Scharfe Schäferhunde patrouillieren am Zaun. Peter führt uns zu einem wunderschönen Haus und stellt uns seine Eltern Willem und Emily vor. Wir haben noch nicht richtig »Hallo« gesagt, schon sitzen wir mit der ganzen Familie beim Braai. Grillen ist bei den Buren eine Kulthandlung.

Dieses prächtige Haus hat Willem auf Wunsch von Emily außerhalb der Stadt gebaut. In der Stadt wurde es zu ungemütlich. Dreimal sind sie dort von den eigenen Nachbarn ausgeraubt worden. Deshalb ist Willem froh, dass seine vier Enkel durch den Zaun geschützt an der frischen Luft spielen können. Aus Angst vor Überfällen dürfen die Kinder das Grundstück nie allein verlassen. Mit dem Auto werden sie täglich zur Schule oder in den Kindergarten gefahren und wieder abgeholt. Die ganze Familie sitzt in einem goldenen Käfig. Aber nur in ihm fühlt sich Emily wohl. Sie erzählt:

»Ich saß im Auto, als ein großer Stein durchs Fenster flog und mich mit voller Wucht an der Schläfe traf. Danach lag ich ein halbes Jahr mit zerschmetterten Gesichtsknochen im Koma. Seither bin ich auf einem Auge blind und habe ununterbrochen Kopfschmerzen. Denn in meinem Gehirn steckt ein Knochensplitter, der nicht mehr entfernt werden kann. Und das nur wegen einer Geldbörse, die ich in meiner Hand hielt.« Dann bricht ihre Stimme.

TIA – THIS IS AFRICA!

Emily wurde wegen ein paar Südafrikanischen Rand in ihrer Geldbörse zum Krüppel. Gewalt hat in Südafrika sowohl auf der Straße als auch in der Politik Tradition. Als Beweis dafür blicken wir in die Zeit der Apartheid zurück. Dort wurde der Same der Gewalt gelegt.

Nur zwei von vielen Beispielen:

Zum einen das Massaker von Sharpeville. Dort wurden friedliche schwarze Demonstranten, die gegen die Apartheid demonstrierten, von weißen Polizisten grundlos niedergeschossen. Die weiße Regierung meinte, das Aufbegehren der Schwarzen nur mit Gewalt niederschlagen zu können.

Das andere Beispiel für Gewalt heißt Nelson Mandela, die südafrikanische schwarze Ikone der Freiheit. Hatte er bis zum Massaker von Sharpeville auf Gewaltlosigkeit gesetzt, glaubte er nach diesem grausamen Erlebnis, dass die Ohnmacht der Schwarzen nur mit Gegengewalt zu überwinden und die Apartheid ohne Waffen nicht zu bekämpfen sei. Mandela gründete den militärischen Zweig des ANC und ließ sich in Angola militärisch ausbilden. Unter seiner Führung wurden Anschläge auf Regierung und Wirtschaft durchgeführt. Selbst nach vielen Jahren im Gefängnis wollte er unter keinen Umständen der Gewalt abschwören.

Die Gewalt hat auf schwarzer wie auf weißer Seite Vorbildfunktion, mit der eine ganze Generation aufgewachsen ist. Gewalt wurde zum legitimen Mittel, Forderungen durchzusetzen, mit dem Ergebnis, dass Südafrika seinen Moralkompass verloren hat. Dafür ist der Präsident Jacob Zuma ein Paradebeispiel.

Zuma besuchte nur drei Jahre eine Schule, wurde als junger Mann gewalttätig und kam ins Gefängnis. Erst da lernte er lesen und schreiben.

Bereits Vizepräsident, vergewaltigte Zuma eine junge Frau, obwohl er genau wusste, dass sie HIV-positiv ist. Hinterher hat er sich gebrüstet, dass er kein Aids bekommen wird, weil er sich anschließend sofort geduscht hat. Der Polygamist mit kleinem Harem tanzt noch heute bei Parteiversammlungen zum Anti-Apartheid-Song »Awuleth Umshini Wami«, was übersetzt heißt »Bring mir mein Maschinengewehr«.

Wie soll sich da Südafrika von Korruption, Vergewaltigung und Mord verabschieden?

Mit der Zeit ebbt die Zuma-Euphorie immer mehr ab. Er steht seinen weltweiten Politikerkollegen in nichts nach, verspricht alles und hält wenig bis gar nichts. Seine schwarzen Gefolgsleute sind enttäuscht und lachen schelmisch über folgendes Rätsel: »Was ist der Unterschied zwischen Zuma und einem Vogel Strauß? Das Gehirn des Vogels wiegt 16 Gramm und ist schwerer als das des Präsidenten.«

Willem macht ein Bier auf. Wir werden mit Kudu, Springbock und anderen exotischen Fleischsorten verwöhnt, als würden wir zur Familie gehören. Alle, vom Enkel bis zum Opa, freuen sich über die Abwechslung hinter dem Starkstromzaun. Nach dem zweiten Bierchen macht sich Willem Luft: »Werner, würdest du acht Schwarze einstellen, die du gar nicht brauchst?«

»Welche Frage, nein, nie! Wieso denn?«

»Weil du überleben musst.«

»Jetzt verstehe ich gar nichts mehr.«

»Sei beruhigt, was ich dir jetzt erzähle, versteht kein normaler Mensch. Wir haben in Südafrika eine Verordnung, die sich BEE (Black Economic Empowerment) nennt, das man mit ›gezielte Förderung der Schwarzen‹ übersetzen kann. Diese Vorschrift ist der Untergang für unser Land. Die Regierung schreibt vor, dass Schwarze, entsprechend ihrem Bevölkerungsanteil, Arbeitsplätze und Führungspositionen besetzen müssen. Das bedeutet, 80 Prozent Schwarze in deiner Firma. Wenn das nicht der Fall ist, bekommst du weder einen Auftrag von irgendeiner großen Firma, geschweige denn von einem Staatsunternehmen. Konsequent benachteiligt der ANC jedes Unternehmen, das Geschäfte mit Firmen macht, die nicht BEE-zertifiziert sind.«

Willem ist 68 Jahre alt und arbeitet als Hotelmanager. Er erklärt uns diesen Schwachsinn an einem Beispiel aus seinem Hotel: »Wir brauchen dringend einen qualifizierten Finanzbuchhalter, den wir unter den Schwarzen nicht finden. Und weißt du auch, warum? Warum sollte ein Schwarzer eine mühsame Buchhalterlehre auf sich nehmen, wenn ihm der ANC auch ohne Ausbildung einen Job verschafft? Weiße Bilanzbuchhalter dagegen stehen auf der Straße. Sie wurden wegen ihrer Hautfarbe gefeuert.«

Willem steigert sich in Rage und trumpft auf: »Aber jetzt kommt das Abartigste: Hinsichtlich der Qualifikation waren wir gezwungen, einen Weißen zu nehmen. Wegen ihm musste ich heute acht schwarze Gärtner einstellen, obwohl im Hotel kein einziger Grashalm wächst. Sie stehen auf der Lohnliste, und ich habe keine sinnvolle Verwendung für sie. Und das alles für die BEE-Quote.«

Wir sind beim dritten Black-Label-Bier und beim zweiten Kudusteak angekommen. Willem nimmt seinen kleinsten Enkel auf den Schoß, blickt dem Blondschopf in die Augen und sinniert: »Für dich, kleiner Eric, wird es keine Arbeit und keine Zukunft in diesem Land geben. Du hast die falsche Hautfarbe.«

Zur Wahrheit gehört allerdings auch, dass Willem lange Zeit die Vorteile der Rassentrennung genossen hat. Er ist von allem umgeben, was zu einem guten Leben gehört. Trotzdem sitzt er in einem selbst gebauten Gefängnis und hat Angst vor der Zukunft. Verfolgt der böse Geist der Apartheid die Weißen vielleicht zu Recht?

Südafrika ist ein Pulverfass, an dem mehrere Lunten gleichzeitig brennen. Eine davon ist die Wirtschaft. Sie züngelt besonders gefährlich.

Wie soll eine freie Marktwirtschaft funktionieren, in der Arbeitsplätze nicht mehr nach Qualifikation, sondern nur nach Hautfarbe besetzt werden? Wenn Ausbildung überflüssig wird und die Arbeitsqualität sinkt? Dann wird die Marktwirtschaft zur Misswirtschaft. Und das alles, weil es die BEE-Quote fordert und nicht genügend qualifizierte Schwarze zur Verfügung stehen.

Internationale Investoren sehen es nicht gern, wenn auf Managerstühlen unmotivierte Taxifahrer sitzen. Sie ziehen ihr Geld ab, und die südafrikanische Währung, der Rand, verfällt.

Für uns bedeutet das bare Münze. Bekamen wir vor sechs Monaten für einen Euro nur zehn Rand, so sind es heute respektable zwölf Rand. Ein Hinweis, dass die Wirtschaft den Rückwärtsgang eingelegt hat. Firmen werden geschlossen. Die Jobs der einfachen Arbeiter lösen sich dabei als Erstes in Luft auf. Das reißt den Spalt zwischen den armen und den reichen Schwarzen immer weiter auf.

Am Ende dieser quotenkranken Misswirtschaft herrscht zwischen Schwarz und Schwarz derselbe soziale Konflikt wie während der Rassentrennung zwischen Schwarz und Weiß. Die nächste Gewaltexplosion ist nur eine Frage der Zeit.

Selbst der geachtete Erzbischof Desmond Tutu fürchtet sich vor dieser Gefahr. Er bezichtigt die ANC-Regierung öffentlich, dass sie unter dem Mäntelchen BEE eine kleine schwarze Oberschicht reich macht, während Armut und Zorn in den stinkenden Townships explodieren. Schon immer waren die Squatter, das sind die armseligsten Ecken der Elendsviertel, der Startpunkt für Gewaltlawinen.

Wenn die Regierung den Hass der schwarzen Massen gegen die Weißen nicht mehr aufrechterhalten kann, wird sie selbst das Ziel der nächsten Revolution werden.

Zwischenzeitlich ist das vierte Bier ausgetrunken und ein Springbockfilet verzehrt. Es ist Zeit, die Südafrikadebatte zu beenden. Die Black Labels schicken mich schnell und tief ins Reich der Träume, bis Sirenengeheul, Hundegebell und aufgeregte Männerstimmen jäh meinen Traum beenden. Willem und sein Sohn rennen aufgeregt umher. Der Alarm am Starkstromzaun ist angesprungen und hat erfolgreich den goldenen Käfig geschützt.

Schwarz und Weiß leben in getrennten Welten. Die eine ist feudal und gesichert wie Fort Knox, die andere besteht aus Wellblech, durch das der Wind pfeift. In der ersten wohnt ängstlicher Überfluss, in der zweiten zorniger Hunger.

Südafrika kann gerettet werden, wenn beide bereit sind, eine Wohngemeinschaft einzugehen. Doch ehe das passiert, wird Präsident Zuma zum Papst gewählt.

Der faule Neger

Die europäischen Kolonialisten prägten den rassistischen Begriff »Kaffer« für Schwarze, und noch heute sind abfällige Sätze wie diese zu hören:

»Die Kaffer leben relaxt, tun nichts, um aus ihrer Armut zu kommen und denken nicht an ihre Zukunft. Wir Weißen dagegen schuften, ziehen den Karren aus dem Dreck, bauen das Land auf und verzweifeln an ihrer Faulheit.«

Die Schwarzen auf der anderen Seite halten dagegen:

»Die weißen Herren besetzen unser Afrika, teilen es unter sich auf, und wir müssen für sie arbeiten. Dafür werden wir als faule Neger beschimpft. Wir und unsere Kultur sind ihnen egal. Sie denken nur an ihren Vorteil. Von ihrem gut gedeckten Tisch fallen für uns nur die Krümel ab.«

Diese oder noch schlimmere Sätze hallen in Afrika oft und laut in unseren Ohren.

Kann eine »Rasse« nur faul sein und die andere nur ausbeuten?

Ich wage einen Erklärungsversuch und höre schon den Aufschrei der unterschiedlichen Lager: »Das ist eine Anmaßung! Was erlaubt der sich, schreibt aus seiner schönen weißen Welt heraus über die Probleme zwischen Schwarzen und Weißen!«

Es stimmt, wir werden alle von dem Blick durch unsere Kulturbrille beeinflusst, durch die wir auf diese Welt blicken. Nur ein Marsmännchen hätte eine unvoreingenommene Sicht auf diese Erde. Trotzdem möchte ich mir auch als Erdenbürger meine Meinung bilden. Denn genau deswegen war ich lange Zeit in Afrika unterwegs.

Dem einen mag meine Meinung zusagen, dem anderen nicht. Jedem steht eine eigene Betrachtungsweise zu. Doch auf einige grundsätzliche Dinge sollten wir uns vorher einigen: Arm, reich, faul und fleißig sind keine allgemein gültigen Maßstäbe. Jeder versteht darunter etwas anderes. Weiße können fleißig oder faul sein, genauso wie die Schwarzen.

Die afrikanischen Sprachen haben für »Arbeit« kein Wort, höchstens für spezielle Tätigkeiten wie Sammeln und Jagen, wovon die Menschen früher gelebt haben. Plötzlich sollten sie für die Weißen arbeiten. Sie mussten etwas anpflanzen, das überall von allein wächst. Auch verstanden sie nicht, weshalb sie Tiere füttern sollten, obwohl Tiere doch da sind, um die

Menschen zu ernähren und nicht umgekehrt. Diese Denkweise stellte die Kolonialisten vor eine unlösbare Aufgabe. Wie konnten sie Menschen, die nichts wollen und zufrieden sind, zu harter Arbeit bewegen?

Zu Anfang holten die neuen Herren die Peitsche heraus. Doch Schlagen und Prügeln war für die Arbeiter demotivierend und somit kein System, auf das sich aufzubauen lohnte. Die Weißen waren ratlos. Irgendwie mussten sie die Schwarzen in eine Abhängigkeit bringen.

Macht und Gier brachte sie auf die seltsame Idee, mitten im afrikanischen Busch eine Hüttensteuer einzuführen. Ab sofort wurde jede Hütte besteuert. Diese Steuer musste in harter Währung bezahlt werden, und die besaßen nur die Kolonialisten.

Der Steuertrick funktionierte schon bei den Römern. Sie wandten ihn an, sobald sie ein Land erobert hatten. Das war die einfachste Möglichkeit, die Menschen schnell auszubeuten.

Das gleiche Prinzip funktionierte auch bei den Schwarzen. Ob sie wollten oder nicht, nun mussten sie für den weißen Mann schuften.

Ich befürchte, diese Zwangsarbeit führte nicht zu überschwänglicher Freundschaft oder gar zu einem ausgeprägten Leistungswillen.

Weshalb sich die Schwarzen seit 400 Jahren erfolgreich gegen das Leistungsprinzip und den Fortschritt wehren, hängt nicht nur mit der Kolonisation und der Zeit danach zusammen, sondern hauptsächlich mit dem Klima.

Um das besser zu verstehen, müssen wir kurz den afrikanischen Kontinent verlassen und machen uns auf den Weg in den klirrenden Winter nach Schweden. Wer dort in der kalten Jahreszeit überleben will, ist auf ein gut isoliertes Haus, ausreichend Heizmaterial und genügend Nahrung angewiesen. Die Schweden müssen im Sommer ihren Vorrat für den Winter planen und organisieren. Dafür müssen sie im Sommer schwer arbeiten. Wenn einer sehr gut plant und extrem hart arbeitet, kann er Überfluss erwirtschaften und reich werden.

Wir ziehen weiter ins sonnige Griechenland mit milden und kurzen Wintern. Der Aufwand für Vorratshaltung an Nahrung und Heizmaterial ist gering. Die Griechen leben ohne großen Plan und Überfluss meist direkt aus der Natur. Sie müssen wenig für die Vorratshaltung arbeiten und haben viel Zeit, ihr Leben zu genießen. Im mediterranen Lebensstil ist Gemütlichkeit und Geselligkeit wichtiger als Reichtum.

In Schwarzafrika sind Schnee und Eis unbekannt. Die Regenzeit ersetzt den Winter, und die Vegetationsperiode dauert meist das ganze Jahr. Warme Kleidung oder ein gut isoliertes Haus sind bei der Hitze überflüssig. Die Schwarzen waren noch nie auf einen Plan angewiesen, genauso wenig wie auf eine Vorratshaltung. Die Natur liefert ständig Nahrung. Vorsorge, Überfluss oder Reichtum interessiert sie nicht. Unbekümmert leben sie mit wenig Arbeit in den Tag hinein. Das bezeichnet der weiße Mann als faul.

Im Laufe der Evolution lernte das langsame Chamäleon, seine Hautfarbe der Umwelt anzupassen, damit es nicht gefressen wird.
    Die Schweden lernten: »Sorge vor, damit du überlebst«.
    Den Griechen wurden gelehrt: »Sorge nicht zu viel und genieße dein Leben«.
    Die Schwarzafrikaner existierten in der Evolution immer nach dem Prinzip: »Sorge nicht, lebe!«

Vielleicht sind unterschiedliche Evolutionen einer der Gründe für das schwarz-weiße Rassenproblem und sorgen für Konflikte, genauso wie wachsende Industrialisierung und Globalisierung. Die Welt wird mit Arbeit, Gewinn, Fortschritt und Reichtum vorangetrieben, jedoch nicht Afrika. Der größte Teil der Afrikaner verharrt sorglos in seiner einfachen Welt, denkt naturalistisch und nicht an Fortschritt. Deshalb driften beide Welten materiell und ideologisch immer weiter auseinander.
    Die Menschen in den entwickelten Ländern schaffen durch den Fortschritt einen Überfluss, was dazu führt, dass sie mit unwichtigen Dingen und Einflüssen überhäuft werden. Aber gleichzeitig vergessen die westlichen Menschen das Wesentliche in ihrem Dasein. Sie leben in einer Welt, die mit dem eigentlichen Sinn ihres Seins nichts mehr zu tun hat.
    Die afrikanischen Länder dagegen bewegen ihr Rad des Fortschritts, wenn überhaupt, lediglich unter der Mithilfe einer weißen Hand und dann auch nur langsam. Sie berufen sich auf ihre Tradition und wehren sich gegen fremde Einflüsse. Nur ungern lassen sie sich unsere für sie unlogischen oder fremdartigen Systeme überstülpen.
    Ein gutes Beispiel dafür ist das Okun'sche Gesetz, das den Zusammenhang zwischen Wachstum und Arbeit ermittelt. Es lautet sinngemäß: Ohne Wirtschaftswachstum steigt die Arbeitslosenzahl um 0,5 Prozent, oder anders gesagt, wir müssen ständig mehr arbeiten und produzieren, damit

wir unsere Arbeitsplätze nicht verlieren. Das heißt immer mehr Wachstum und Arbeit bis ans Ende aller Tage.

Wer davon einen Afrikaner überzeugen kann, hat meinen uneingeschränkten Respekt.

Im Hamsterrad »Rassismus« sitzen zwei Hamster. Sie laufen in entgegengesetzte Richtungen, und keiner kann es verlassen.

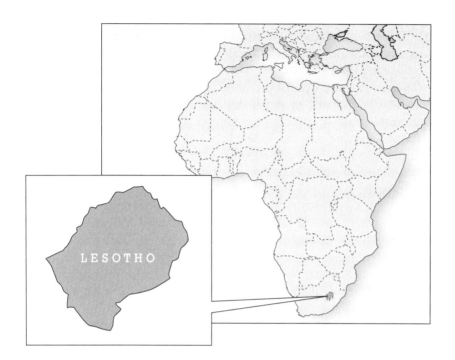

Lesotho

Die Kapuzenmänner

Im Hochland lädt uns ein Hirte in seine Behausung ein. Die aus groben Steinen aufgehäufte Höhle schützt nur wenig vor Kälte und Wind. In der Mitte flackert ein angenehmes Feuerchen, auf dem im verrosteten Topf Maismehlbrei blubbert. Obwohl Joshua noch so jung ist, dass er jetzt in der Schule sitzen müsste, ist seine Haut vom Wetter gegerbt. Er ist ein einfacher Hirte und meint, dass er das auch bleiben werde. Wie schon sein Vater lebt er mit den Ziegen, Schafen und Rindern. Nur sehr selten besucht er eine Schule. Wozu auch? Als Hirte umherzuziehen ist seit Menschengedenken ein einfacher Job, der kein Abitur verlangt. Was hat ein Hirte davon, wenn er ausrechnen kann, wie viel die Menschen in Südafrika verdienen? Zufriedener macht ihn das garantiert nicht.

90 Prozent der Menschen in Lesotho leben von der Landwirtschaft. Es

gibt keine nennenswerte Industrie. Wem nutzt in einem Agrarstaat ein Ingenieurstudium, wenn er hinterher auf der Straße sitzt oder als überqualifizierter Hirte gelangweilt Schafe hüten muss?

Joshua zieht mit den Tieren weiter. Uns führt die Piste ununterbrochen bergauf. Ständig muss ich den Druck auf den Ohren durch Schlucken ausgleichen, so steil fahren wir hinauf. Denn Lesotho erhebt sich aus Südafrika wie eine Burg auf hohem Fels. Das Land wurde dank der Berge und der Briten nie von den Südafrikanern erobert. Das ist der Grund, weshalb es von Apartheid, aber leider auch vom Fortschritt verschont geblieben ist.

Hätte der König Moshoeshoe 1868 nicht die Briten um Schutz vor den Buren gebeten, wäre das Liliput-Königreich während des Rassismus zum höchstgelegenen Township Südafrikas verkommen. Dafür bezahlt der Bauernstaat bis heute einen hohen Preis. Es fehlen Highways, Fabriken und moderne Supermärkte. Nach wie vor mühen sich Mensch und Tier auf alten Pfaden zu ihren Feldern, wo sie mit der Sichel jeden der dünn gewachsenen Hirsehalme einzeln abschlagen.

Lesotho und Südafrika liegen so nah beieinander, und trotzdem trennen sie Galaxien. Aber eines verbindet die beiden zum Leidwesen Südafrikas doch, und zwar ein großer unterirdischer Wasserkanal.

Lesothos Berge sorgen für einen außergewöhnlichen Wasserreichtum, auf den viele afrikanische Länder neidvoll blicken. Wenn die Wolken aus Südafrika in Lesotho ankommen, müssen sie die Berghänge emporklettern. Dabei kühlen sie ab und können die Feuchtigkeit nicht mehr halten. Das Wasser, das an den Hängen vom Himmel fällt, heißt Steigregen und ist einer der wenigen Rohstoffe des Landes, der hinter großen Staumauern gespeichert wird. Diese Wasserreservoire stellen das Trinkwasser für Südafrika, vor allem für den Großraum Johannesburg. Südafrika ist es ein Dorn im Auge, wie ein Kranker am Tropf Lesothos zu hängen.

Seit dem letzten Pass meldet unser HZJ jedes Schlagloch durch ein lautes metallisches »Dong«. Das ist der Grund, weshalb wir bei einer verstreuten Ansammlung steinerner Rundhütten anhalten. Für die Kinder sind wir eine tolle Abwechslung. Sie johlen und versuchen einen Blick in den angeschlagenen HZJ zu werfen.

Ich krabble unter den Patienten und suche die Ursache. Die steilen Kehren und tiefen Schlaglöcher haben den Armen in die Knie gezwungen. Ein Bolzen hat sich gelöst und die rechte vordere Blattfeder herausgerissen.

Ein Notfall der Kategorie eins. Wenn der zweite Bolzen ebenfalls bricht, macht sich die Vorderachse selbstständig samt uns und Auto. Soweit wird es nicht kommen, denn in meiner Ersatzteilkiste finde ich einen neuen Bolzen, über den ich mich ganz besonders freue. Endlich ist der Tag der Genugtuung da. Seit 16 Jahren fahren wir dieses Teil durch die Welt, und heute rettet es uns.

»Schlimm?«, fragt Heti und zwängt sich zu mir unters Auto.

»Kommt drauf an!«

»Auf was?«

»Darauf, wie lange es dauert, bis ich in der Hauptstadt Maseru bin.«

»Was willst du in Maseru?«

»Einen neuen Blattfederbolzen holen. Ich muss wohl dorthin trampen.«

»Was, per Autostopp? Du bist verrückt. Wir sind seit zwei Tagen keinem Fahrzeug begegnet.«

»Vielleicht hält ja ein Pferd an.«

»Das kann nicht dein Ernst sein. Du bist ja komplett übergeschnappt. Bis in die Hauptstadt sind es bestimmt 150 bis 200 Kilometer. Da bist du mindestens eine Woche unterwegs.«

»Ich hoffe nur, dass es in Maseru auch diesen Spezialbolzen gibt.«

»Und wenn nicht?«

»Dann muss ich ihn in Japan bestellen und warten, bis das Schiff kommt.«

Hetis Gesicht wird immer länger. Langsam zaubere ich den neuen Bolzen aus der Hosentasche, und ich bin ihr Held.

Jetzt aber an die Arbeit. Auf dem sumpfigen Boden ist es ein Problem, unser vier Tonnen schweres Baby anzuheben. Ich brauche eine feste Unterlage für den Wagenheber und bediene mich bei einem Steinhaufen. Eine Frau rennt entrüstet aus ihrer Hütte und will wissen, was ich mit ihren Steinen vorhabe. Ich zeige ihr das Problem, und sie ist zu Tode betrübt. »Das ist ja beinahe so schlimm, wie wenn sich ein Pferd das Bein bricht«, seufzt sie.

Freche Kinder, neugierige Hirten mit dem spitzen Lesotho-Hut und stolze Reiter auf ihren Basotho-Pferden belagern den HZJ in aufgeregter Erwartung. Was macht der weiße Mann da? Jede meiner Bewegungen wird kommentiert. Und nachdem die Blattfedern samt Bolzen wieder am richtigen Platz sind, sind alle traurig. Der spannende Film »Schafft er es?« ist vorbei.

Als ich die Steine wieder zurücklege, lädt uns Maria in ihre Steinhütte ein. Die Wände riechen nach kaltem Rauch, und die Sonne blinzelt verdächtig hell durchs Strohdach. Das Mobiliar beschränkt sich auf ein Regal, in dem Gläser mit eingemachten Pfirsichen stehen. Gegenüber der Tür liegt die einzige Matratze, auf der die zwei kleinen Töchter von Maria sitzen. Maria ist Witwe. Ihr Mann ist letzten Sommer mit 41 Jahren an Diabetes gestorben.

»Habt ihr hier kein Insulin?«

»Doch, wir haben Insulin, aber mein Mann hat sich nie gespritzt!«

»Und warum nicht?«

»Weil es so wehtut.«

Ich zeige ihr meine Insulinpumpe, die sie neugierig wie ein Kind untersucht und auf den Knöpfen herumdrückt.

»Jetzt aber stopp, Maria, sonst wird's gefährlich für mich.« Gespannt folgt sie meiner Katheterleitung bis zur Bauchdecke und schüttelt ungläubig den Kopf.

»Das ist ja stark. Du brauchst dich nicht mehr zu stechen. Das hätte meinem Sam gefallen. Aber zu spät.«

Die Witwe versprüht die Lebensfreude eines Optimisten. Sie ist zufrieden, sie hat Land. Es ist zwar klein, aber für einen Pfirsichbaum, ein paar Schafe und zwei Kühe reicht es. Sie muss nie hungern. Wer dagegen kein Land in Lesotho hat, das Essen kaufen muss und wie die meisten arbeitslos ist, hat ein hartes Los.

Maria nimmt ein Pfirsichglas aus dem Regal und drückt es Heti mit den Worten in die Hand: »Ich möchte euch helfen, ihr habt noch einen weiten Weg.« Wieder einmal sind wir sprachlos. Warum geben Arme so gern und Reiche so selten?

Nichts geben ist schlimm genug, aber ausbeuten ist niederträchtig. Dafür habe ich ein gutes Beispiel: Die Firmen GAP und Levi Strauss fertigen im armen Lesotho günstig Jeans, die sie weltweit in teuren Boutiquen verkaufen. In der Fabrik arbeiten 6000 Lesother. Die Arbeiter werden mit einem Hungerlohn von 80 Euro pro Monat abgespeist. In einem Land, wo alles außer Milch, Maismehl und Brot aus Südafrika importiert werden muss, liegt das Existenzminimum bei 300 Euro. Da kann jemand sagen, was er will, für mich ist das menschenverachtende Ausbeutung, die international verboten werden muss.

GAP, Levi's und Co verdienen clever am Elend der hohen Arbeitslosigkeit. Wenn fast jeder Zweite keinen Job hat, wird jede Arbeit für jedes Gehalt angenommen. Das ist ein äußerst erfolgreiches Geschäftsmodell und der schäbige Grund, weshalb hier jährlich 50 Millionen Jeans billig produziert werden.

Solange auf den Etiketten Ihrer Jeans als Herstellungsort die ärmsten Länder der Welt aufgedruckt sind, kann diese moderne Sklaverei nicht beendet werden.

Solches Geschäftsgebaren ist der Auswuchs der freien Marktwirtschaft. Die Spürhunde der Globalisierung finden immer den billigsten Anbieter, der ihre skrupellose Geldgier befriedigt und die Aktienkurse in die Höhe treibt.

Maria greift zu einem zweiten Glas, schenkt es mir und winkt uns hinterher.

Zum Glück gibt es noch viele Marias auf dieser Welt.

Wir wollen zum Maletsunyane-Wasserfall. Daher steigen wir vom HZJ auf die Rücken der legendären Bosotho-Pferde um. Es sind immer wieder die gleichen Landschaften, die uns auf Pferde umsatteln lassen, sei es in der Mongolei, im Altai oder in der Hochebene von Lesotho.

Wer auf einem Pferd durch weglose Weite zieht, berührt etwas aus vergangenen Zeiten in sich, den Wunsch nach Unterwegssein, Natur und Freiheit.

Unser Guide heißt Masut. Fragend schaut er über den Sattel: »Könnt ihr reiten?«

»Schneller als Dschingis Khan.« Er lacht und drückt uns die Zügel in die Hand.

Frech schaut mich mein namenloses Pferd an und wiehert. Ich interpretiere das als freudige Begrüßung und nenne das Schlitzohr Fury. Mein Fury ist kein wilder schwarzer Mustang wie in der Kindersendung vor 50 Jahren. Er ist eher ein großes braunes Pony. Doch gleich beim ersten Aufsitzen bäumt es sich auf wie ein wilder Hengst. Was mach ich falsch? Heti setzt sich relaxed in den Sattel, als bestiege sie ein Karussellpferd.

Masut schneidet aus einem Busch zwei Gerten: »Bitteschön, euer Gaspedal.« Beim ersten zaghaften »Gas geben« startet Fury durch, als müssten wir das Kentucky-Derby gewinnen. Mein Oberkörper fliegt nach hinten und die Beine in die Höhe. Keine Chance, an die Bremse zu kommen.

»Wie machst du das?«, will Heti erstaunt wissen. Ihr Pferd ignoriert stoisch ihre Gerte, und sie muss aufpassen, dass es nicht rückwärts läuft. »Lazy«, schimpft sie. »Das ist der richtige Name für dich, Faulpelz.«

Wir sind eine schwierige Karawane, und so werden wir nie gemeinsam das Ziel erreichen. Masut erkennt das auch und stellt um. Lazy wird zum Leittier, Fury zum Motor in der zweiten Reihe, und Masuts Pferd kontrolliert das Feld von hinten.

Lazy kann Fury nicht leiden und beißt ihn beim Überholen in die Seite. Fury lässt sich nichts gefallen und schnappt zurück. Mit aller Kraft ziehe ich die Trense bis zum Anschlag. Zum ersten Mal höre ich wildes Schnauben. Er zeigt mir die Zähne. Dann will dieses Biest an mein Bein. In letzter Sekunde reiße ich die Zügel nach links. Mit einer tiefen Fleischwunde und schmerzhaften Quetschungen durch einen Pferdebiss ist nicht zu spaßen.

Trotz wimmerndem Hinterteil und verkrampfter Beinmuskulatur ist die Zweisamkeit mit Pferden eine Seelenmassage. Vielleicht ist Reiten die perfekte Verbindung von Mensch, Tier und Landschaft. Sei es, wie es sei, Lesotho und Pferd gehören zusammen wie Straße und Auto.

Einmal nicht nach vorn geschaut, und schon verschwindet Heti vor meinen Augen im Abgrund. Hat sie die Kontrolle über ihr Pferd verloren? Erschrocken gebe ich Fury Vollgas. Am Abgrund angekommen, suche ich verzweifelt die Unglücksstelle. Mein Puls beruhigt sich schnell, als ich sehe, wie meine Frau vergnügt auf Lazys Rücken den schmalen Trampelpfad entlang in die Tiefe reitet. Fury entdeckt Lazy und stürzt sich mit einem schabenden Geräusch ebenfalls in die Tiefe. Der jähe Ruck wirft meinen Oberkörper nach vorn. Der Reflex meiner Füße und Furys Mähne bewahren mich vor einem Salto Mortale hinab in den Canyon.

Puh, der freie Fall hätte locker gereicht, mein ganzes Leben Revue passieren zu lassen.

Ich gebe die Zügel frei und überlasse mein Schicksal Fury, der sich durch Geröll und Fels hinabschlängelt. Diese trittsicheren Wundertiere tragen uns schlafwandlerisch und sicher durch tiefe Flüsse und die zerfurchte Bergwelt Lesothos. In dieser Landschaft ohne Markierung, ohne Gatter, ohne Straße und ohne Farmer fühlen wir uns frei. Eine Freiheit, die wir dem König und seinen Clanchefs zu verdanken haben. Da Lesotho nie wirklich von Fremden beherrscht wurde, verwalten der König und seine Chefs das Landrecht wie im Mittelalter. Grund und Boden gehören dem Staat. Wer heiratet, bekommt ein Stück Land für Haus und Hof.

Die Clanchefs bestimmen, wer wann wo seine Tiere weiden darf. Dadurch wird der Überweidung, Erosion und Spekulation mit Grund und Boden ein Riegel vorgeschoben. Wegen der hohen Berge kann Lesothos Fläche nur zu einem geringen Teil landwirtschaftlich genutzt werden.

Deshalb müssen Lesothos Männer beim ungeliebten Nachbarn Südafrika Geld verdienen. Auch Masut hat in einer südafrikanischen Mine für sechs Monate gearbeitet und erzählt: »Die lange Trennung macht jede Familie kaputt. Daheim fallen die Entscheidungen ohne dich. Wenn du zu Hause bist, fühlst du dich als Besucher, und in Südafrika bist du allein. Bald tröstest du dich mit Schnaps, und irgendwann gehst du zu einer anderen Frau.«

Mit den Pferden oben angekommen, sehen wir den Maletsunyane-Wasserfall. Wassermassen stürzen in den Abgrund und fressen eine tiefe und breite Schlucht in das Land.

Ich zähle bis 20. So lange dauert es, bis der alte Baumstumpf am Ende des Wasserfalls zersplittert. Nach dem Naturgesetz des freien Falls fällt das Wasser etwa 200 Meter.

Wir sitzen auf einer Klippe und genießen das Hiersein. Masut ist auch froh, hier zu sitzen, aber nicht wegen der Aussicht. Sein Grund ist Geld. Touristen zu führen ist für ihn die einzige Chance, sporadisch Geld zu verdienen. Leider sind Besucher selten, und seine Familie ist immer hungrig. Er ist 36 Jahre alt, verheiratet, hat drei Kinder und seine Frau ist Vollwaise.

»Eigentlich bin ich schon zu alt, trotzdem habe ich noch ein Lehrerstudium begonnen, das wir uns vom Mund absparen. Es ist unsere einzige Chance. Wenn ich es schaffe, sind wir gerettet. Lehrer und Pfarrer sind sichere Jobs, weil Staat und Kirche regelmäßig zahlen.« Er gibt mir klar zu verstehen, dass er lieber ins trockene Lesothobrot beißt, ehe er wieder südafrikanische Torte genießt. In Südafrika wird er nie wieder arbeiten, zu viel Gewalt und Zwietracht.

Südafrika und Lesotho zeigen auf engstem Raum klar den Unterschied zwischen schwarzer und weißer Lebensmentalität. Welche Mentalität einem näher steht, hängt von der Offenheit, dem persönlichen Standpunkt und der kulturellen Färbung ab.

Mein Wohlfühlthermometer schlägt auf alle Fälle in Lesotho viel weiter aus als in Südafrika.

Aufgrund der Höhenlage herrschen in Lesotho für Afrikas Verhältnisse arktische Temperaturen. Durch diese Bergwelt fahren wir zurück Richtung Südafrika.

Hoppla, ist hier Krieg? Stacheldrahtrollen und Steinbarrieren blockieren die Straße. Davor stehen vermummte Gestalten. Sie sind in lange Wolldecken gewickelt, die bis zum Boden reichen. Aus den Sehschlitzen ihrer Kapuzenhauben starren uns dunkle Augen an. Ansonsten zeigen sie keinen Quadratzentimeter nackte Haut. So getarnt, geben sie mir keine Chance, ihr Vorhaben richtig einzuschätzen. Eine ungute Situation.

Bisher war Lesotho nach dem konfliktgeladenen Südafrika das Land der lächelnden Menschen, der Heimeligkeit und Herzenswärme. Was wir deshalb nicht erwartet haben, sind Straßenblockaden und Kapuzenmänner.

Einer der Vermummten zieht etwas aus dem Umhang. Es sieht aus wie ein Gewehr. Heti schreit: »Fahr zurück!«

Da greifen auch die anderen unter ihre Wolldecken, und jeder zieht ein Musikinstrument, eine Gitarre der besonderen Art, hervor. Erleichtert steigen wir aus.

Die vermeintliche Flinte ist ein alter Fünf-Liter-Ölkanister, der als Resonanzkörper dient. In ihm steckt ein schmales Brett, auf dem fünf Saiten gespannt sind, eine einfach-moderne Variante der Urform der Gitarre. Wie einst Frank Zappa greifen die Männer wild in die Saiten und begleiten ihr Spiel mit melodischem Singsang. Dabei funkeln ihre Augen vor Stolz.

Nachdem die drei ihr fröhliches Konzert beendet haben, erklären sie, das Bollwerk auf der Straße sei der Rest einer Demonstration gegen die Regierung, die wie überall nicht hält, was sie verspricht. Gemeinsam räumen wir die Barrikaden zur Seite. Als kleines Dankeschön an die Hirten für ihre Hilfe und das Ständchen gebe ich in der Rasthütte am Wegrand eine Runde Cola aus. Mit Kopfschütteln beobachte ich, wie der Wirt mit zwei schmalen Bambusrohren Brote aus dem Ofenloch jongliert. Natürlich fällt die Hälfte davon in den Staub. Der Wirt hebt die Brotfladen auf, klopft sie gegen die Wand und greift erneut nach den Bambusrohren.

Da schießt mir die Frage durch den Kopf:

»Müssen wir einen Kontinent entwickeln, der nicht entwickelt werden will?«

Das Paradoxe unseres Zeitalters

Wir haben größere Häuser, aber kleinere Familien,
mehr Annehmlichkeiten, aber weniger Zeit.
Wir haben eine höhere Bildung, aber weniger Gefühle,
mehr Wissen, aber weniger Urteilsvermögen,
mehr Fachleute, aber auch mehr Probleme,
mehr Medikamente, aber weniger Gesundheit.
Wir sind auf den Mond und wieder zurück geflogen,
haben aber Schwierigkeiten, die Straße zu überqueren, um den neuen
    Nachbarn zu treffen.
Wir bauen mehr Computer, um mehr Informationen zu erhalten.
Wir produzieren mehr Kopien als je zuvor und haben dennoch weniger
    Kommunikation.
Wir haben viel Quantität, aber wenig Qualität.
Dies sind Zeiten von Fast Food und schlechter Verdauung.
Großer Mann, aber kleiner Charakter,
hohe Profite, aber oberflächliche Beziehungen.
Es ist eine Zeit, wo sich alles mehr um den Schein als um das Sein dreht.

Dalai Lama

Der Dalai Lama ist ein Mann, der einer Religion vorsteht, die noch nie Krieg geführt hat.

Diese Worte hängen an der Tür von unserem HZJ, seit wir mit ihm unterwegs sind. Sie haben mich auch auf dem Weg durch Afrika begleitet und holen mich immer wieder zu den wichtigen Dingen des Lebens zurück.

Ein Dankeschön

... ist die Ehre für empfangene Hilfe. Ohne die Hilfe vieler Menschen hielten Sie *Afrika hautnah* nicht in den Händen.

Einige dieser Menschen kamen darin mit ihrer Meinung zu Wort. Andere, wie der alte Mann, der mit einem Hammer bewaffnet, unseren HZJ die ganze Nacht bewachte, oder die vielen Leute und Kinder am Straßenrand, die uns mit Winken und Lachen bei Laune hielten, haben das Buch indirekt beeinflusst. Ich vermisse euch alle. Ihr habt Afrika ein Gesicht, ein Herz und eine Seele gegeben.

Ohne einen herauszuheben, verneige ich mich in tiefer Dankbarkeit vor euch, meinen »Protagonisten des Lebens«. Danke für die gemeinsame Zeit und die Einblicke in euren faszinierenden Kontinent.

Das Buch schrieb ich zum größten Teil in Afrika, damit die Zeit die intensiven Erfahrungen und Erlebnisse nicht trübt.

Und nun last, but not least zu meiner »African Queen«.

Du durchstreifst mit mir die unwirtlichsten Wüsten und steigst mit auf die höchsten Berge. Du hattest beim Entstehen dieses Buches unendliche Geduld mit mir und hast viel Zeit vor dem Laptop verbracht. Du zeigtest mit dem Finger auf Sätze, die nur ich verstand, und fingst meine Fantasie wieder ein, wenn ihr zu große Flügel wuchsen.

Ich weiß, es kostete viel Energie und war nicht immer leicht. Umso mehr gehört dir mein größter Dank.

Darüber hinaus danke ich allen Menschen, die an dieses Buch geglaubt haben.

Danke, thank you, merci, dankie, obrigado, assante, na gode, enkosi, ngiyabonga kakhulu.

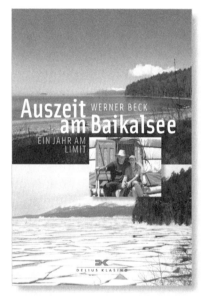

Werner Beck
Auszeit am Baikalsee
Ein Jahr am Limit

ISBN 978-3-7688-3346-2

Mit dieser Frage im Gepäck bricht der Autor in die Wildnis Sibiriens auf. Im Selbstversuch testet er, wie man dort fern jeder Zivilisation überleben kann. Spannend und schonungslos erzählt Beck in diesem Reisebericht von seinem Jahr in einer Jurte, in der er sogar den sibirischen Winter mit Extremtemperaturen von 35 Grad minus übersteht.
Ein Jahr am Baikalsee: sibirische Eiswüste, ursprüngliche Natur, ein Ort abseits der Hektik unserer zivilisierten Welt. Das ultimative Buch für Abenteuerlustige und Liebhaber von Extremreisen.

Erhältlich im Buch- und Fachhandel oder unter www.delius-klasing.de/shop

DELIUS KLASING

Cees de Reus
Um die Welt mit einem Lächeln
Humorvoller Törnbericht

ISBN 978-3-7688-3573-2

Cees de Reus, Privatier, Segler und Besitzer der wunderschönen 12 Meter langen Yacht "Borracho", beschließt gemeinsam mit seiner Frau zum Ende seines Berufslebens, das bisherige Luxusleben aufzugeben und den neuen Lebensabschnitt mit einer Weltumseglung unlimited zu feiern. Einzige Bedingung: Jeder Tag sollte mit einem Lächeln erhellt werden. Nebenbei bietet der Autor einen individuellen Blick auf die sattsam bekannten Wasserpfade um den Globus. Ein Buch, das dank seiner charmanten Sprache, der guten Beobachtungsgabe des Autors und dem Humorfaktor ungetrübtes Lesevergnügen auch Nicht-Seglern verspricht und dieses Versprechen auch einlöst.

Erhältlich im Buch- und Fachhandel oder unter www.delius-klasing.de/shop

DELIUS KLASING

Joe Glickman
Hai Heels
Freya Hoffmeister – eine Frau paddelt rund Australien

ISBN 978-3-7688-3587-9

Freya Hoffmeister, attraktiv, bewundernswert, spektakulär leistungsfähig mit dem gewissen Etwas. Sie benötigte für die 13 714 km lange Umrundung Australiens 332 Tage und damit 29 Tage weniger als Paul Caffyn, der Anfang der 1980er-Jahre als Erster diese besondere Leistung vollbrachte.
Meist ohne Begleitung, aber immer im Blick ihrer vielen Bewunderer, die ihren Fortschritt Tat für Tag im Blog verfolgt und kommentiert haben. Ihre Aufeinandertreffen mit Krokodilen, widrigen Wellen, ungünstigen Winden, Walen – und Männern – waren nicht ohne.

Erhältlich im Buch- und Fachhandel oder unter www.delius-klasing.de/shop

DELIUS KLASING